JN160987

刑事弁護の理論

辻本典央著

成文堂

はしがき

刑事弁護の理論的検討、これが、私が研究者として最初に選んだテーマである。きっかけは、刑法読書会の夏季合宿に参加するに当たり、報告テーマとして「法治国家的刑事手続における弁護の現在と未来」(*Roxin*, in FS-Hanack, S. 1-25, 1999) というドイツ語論文を選んだことであった。この論文を選んだ動機は単純で、研究会で当時共同研究の課題とされていた記念論文集の最初に掲載されていたから、というにすぎなかった。しかし、大学院に入ったばかりの私に、案の定、この論文を正確に読み解くことができず、恩師の鈴木茂嗣先生より研究会で報告できるレベルにないとのご指導を頂いたのであった。そのため、私は、引き続き同論文の読解に励むこととなり、鈴木先生からようやく及第点を頂いたのは、それから約1年後のことであった。もっとも、そのおかげで、関連する論文や著書を読み進めるうちに、刑事弁護論への関心を深めることができ、何とか修士論文（本書第２章）の執筆までこぎつけることができたのである。それゆえ、本書の上梓に当たり、何よりも鈴木先生に、その厳しくも懇切丁寧なご指導を頂いたことに御礼申し上げたい。

本書は、その理論的基礎を、「限定的機関説」に置くものである。この理論は、ボイルケ教授 (*Prof. Dr. Werner Beulke*) が提唱され、ドイツでは今でも有力な見解と位置付けられているものである。私がこの理論に最初に触れたのは、やはり、前掲ロクシン論文によってであった。この論文では、限定的機関説は徹底的に批判の対象とされていたのであるが、私は、読み解くうちにぜひこの理論をきちんと理解したいと思い、ボイルケ教授が博士号取得論文として公刊された著書 (*Beulke*, Der Verteidiger im Strafverfahren, 1980) を読み始めたのである。そうすると、私は、すぐにボイルケ理論の魅力に取りつかれ、ボイルケ教授の弟子にでもなったような気分で、以後ボイルケ説を基に刑事弁護論の研究を進めるようになった。その後、加藤克佳教授の御紹介で、ボイルケ教授と直接に連絡を取り合うことができるようになり、また、加藤教授との共同作業として、ボイルケ教授の教科書や論文を邦訳する機会を得たこともあり、ボイルケ教授より多くのことを学ばせて頂くことができた。改めて、ボイルケ教授に御礼申し上げたい（また、ボイルケ教授をご紹介いただき、共同研究にお誘いいただいた加藤教授にも御礼申し上げる）。

なお、本書の出版にあたり、2016年度近畿大学学内研究助成金（刊行助成）を受けた。常に良好な研究環境が提供されることに、感謝する次第である。また、厳しい出版事情の折、前著に引き続き本書の出版をお引き受け頂いた成文堂の阿部成一社長及び同編集部の篠崎雄彦氏に、御礼申し上げる。

2017年３月　今なお惑うばかりであるが､知命の齢を迎えた今､新たな一歩を踏み出したいと願う。

あきのの里の雪解けを感じつつ

辻　本　典　央

目　次

第6章　真実義務

第7章　刑事弁護人の公判在廷義務

第8章　弁護活動と刑事制裁

第3編　弁護権の実質的保障

第9章　被疑者・被告人の弁護権

第10章　捜査手続における弁護人の関与

第11章　接見交通権の課題と展望

第12章　国選弁護制度の現状と課題

第13章　弁護活動における瑕疵の被疑者・被告人への帰属

第14章　弁護人数の制限

第4編　ドイツの刑事弁護

第15章　ドイツの刑事弁護の沿革と実態

第16章　参審裁判における弁護人の最終弁論

凡　例

法　令

（日本）

刑	刑法
刑訴	刑事訴訟法
刑事収容	刑事収容施設及び被収容者等の処遇に関する法律
職規	弁護士職務基本規程

（ドイツ）

ド基	基本法
ド刑	刑法
ド刑訴	刑事訴訟法
ド裁	裁判所構成法
ド弁護士	弁護士法
ド民	民法

文　献

酒巻	酒巻匡『刑事訴訟法』（有斐閣、2015年）
鈴木	鈴木茂嗣『刑事訴訟法』（青林書院、改訂版1990年）
田口	田口守一『刑事訴訟法』（弘文堂、第６版、2012年）
田宮	田宮裕『刑事訴訟法』（有斐閣、新版、1996年）
団藤	団藤重光『新刑事訴訟法綱要』（創文社、７訂版、1967年）
平野	平野龍一『刑事訴訟法』（有斐閣、1958年）
松尾・上、下	松尾浩也『刑事訴訟法・上巻』（弘文堂、新版、1999年）、『刑事訴訟法・下』355頁（弘文堂、新版補正第２版、1999年）
松尾・弁護人の地位	松尾浩也『総合判例研究叢書刑事訴訟法・第11巻・弁護人の地位』（有斐閣、1961年）
三井	三井誠『刑事手続法Ⅱ』382頁（2003年、有斐閣）
光藤・Ⅰ、Ⅱ	光藤景皎『刑事訴訟法Ⅰ』（成文堂、2007年）『刑事訴訟法Ⅱ』（成文堂、2013年）

講座類

刑事訴訟法講座１巻	日本刑法学会編『刑事訴訟法講座』第１巻（有斐閣、1963年）
争点○版	松尾浩也編『刑事訴訟法の争点』（有斐閣、1979年）（有斐閣、新版、1991年） 松尾浩也・井上正仁編（有斐閣、第2版、1991年）（有斐閣、第３版、2002年）
現代の刑事弁護○巻	後藤昭他編著『実務体系現代の刑事弁護』第１巻（第一法規、2013年）、第３巻（第一法規、2014年）
憲法的刑事手続	憲法的刑事手続研究会編『憲法的刑事手続』（日本評論社、1997年）

【判例評釈】

最判解刑（民）（年）	最高裁判所判例解説刑事編○年度刑事編（民事編）（法曹会）
百選○版	刑事訴訟法判例百選（有斐閣、初版・1965年、第5版・1986年、第6版・1992年、第7版・1998年、第8版・2005年）
憲法百選2版	憲法判例百選（有斐閣、第2版、1988年）

【注釈書】

条解	松尾浩也監『条解刑事訴訟法』（弘文堂、第4版、2009年）
大コンメンタール○巻	河上和雄他編『大コンメンタール刑事訴訟法』（青林書院、第2版、第1巻・2013年、第6巻・2011年）
注解中巻	平場安治他『注解刑事訴訟法・中巻』（青林書院新社、全訂新版、1982年）
注釈○巻	河上和雄他編『注釈刑事訴訟法』（立花書房、第3版、第1巻・2011年、第4巻・2012年）
ポケット下巻	小野清一郎他『ポケット註釈全書刑事訴訟法・下巻』（有斐閣、新版、1986年）

ドイツ

Beulke	*Beulke*, Strafprozessrecht 13 Aufl, 2016
Beulke, Strafbarkeit	*Beulke*, Die Strafbarkeit des Verteidigers, 1989
Beulke, Verteidiger	*Beulke*, Der Verteidiger im Strafverfahren, 1980
Dahs	*Dahs*, Handbuch des Strafverteidigers 8 Aufl, 2015
Dornach	*Dornach*, Der Strafverteidiger als Mitgarant eines justizföfmigen Strafverfahrens, 1994
Meyer-Goßner	*Meyer-Goßner*, Strafprozeßordnung 59 Aufl, 2016
Roxin	*Roxin*, Strafverfahrensrecht 25 Aufl, 1998.
Roxin/Schünemann	*Roxin/Schünemann*, Strafverfahrensrecht 28 Aufl, 2014.
HK-*Lemke*	Heidelberger Kommentar zur Strafprozessordnung 3 Aufl, 2001.
LR-*Lüderssen*	*Löwe/Rosenberg*, Die Strafprozessordnung und das Gerichtsverfassungsgesetz 24 Aufl, 1988
LR-*Lüderssen/Jahn*	*Löwe/Rosenberg*, Die Strafprozessordnung und das Gerichtsverfassungsgesetz 26 Aufl, 2007

既出論文

第１編

①ドイツにおける刑事弁護人の法的地位論について／法学論叢（1）154巻１号51頁（2003年）、（2）154巻２号118頁（2003年）

②刑事弁護人の法的地位について／法学新報123巻9=10号1頁（2017年）

第２編

③刑事裁判例批評・弁護人が被告人の主張と異なる弁論を行うことの当否——最（三小）決平成17.11.29刑集59巻９号1847頁、判時1916号158頁、判タ1197号153頁／刑事法ジャーナル５号139頁（2006年）

④弁護人による誠実義務違反・弁護権侵害と、刑事訴訟内におけるその是正（東京高等裁判所平成23年４月12日判決）／新・判例解説 Watch 16号189頁（2014年）

⑤刑事弁護人の真実義務序論／立命館法学310号227頁（2007年）

⑥刑事弁護人の公判在廷義務／浅田和茂先生古稀祝賀論文集・下巻291頁（2016年）

⑦弁護活動と刑事制裁／近畿大学法学53巻３＝４号132頁（2006年）

第３編

⑧弁護権の実質的保障について／犯罪と刑罰20号27頁（2010年）

⑨捜査手続における弁護人の関与／近畿大学法学64巻１号1頁（2016年）

⑩接見交通権の課題と展望／近畿大学法学54巻２号180頁（2006年）

⑪国選弁護制度の現状と課題／自由と安全の刑事法学・生田勝義先生古稀祝賀論文集476頁（2014年）

⑫弁護活動における瑕疵の被疑者・被告人への帰属／立命館法学327号550頁（2010年）

⑬3人を超える弁護人の数の許可につき刑訴規則27条１項但書にいう「特別の事情」があるとされた事例（最決平24・５・10）／新・判例解説 Watch 13号155頁（2013年）

第４編

⑭ドイツの刑事弁護—ドイツの刑事弁護の沿革と実態—／現代の刑事弁護・第3巻——刑事弁護の歴史と展望275頁（2014年）

⑮参審裁判における最終弁論／季刊刑事弁護55号90頁（2008年）

序　章　本書の目的と検討対象

「刑事訴訟の歴史は、刑事弁護の歴史である」[1]。このよく引用される格言が示すように、刑事弁護の問題は、我々が刑事訴訟の歴史を振り返る上で重要な観点であり、また、現在の刑事手続の本質を検討する上でも核心的な問題の一つである。

筆者は、このような書き出しで、刑事法研究者としての第一歩となる処女論文において、刑事弁護人の法的地位に関する問題を検討すべき緒に就いた。そこでは、ドイツ法を範として、この問題に関する歴史的展開と、近時の判例・学理における議論動向を精査し、「以上のような考察を更に深めることにより、弁護人の法的地位論は、単なる観念的なモデル論にとどまらず、刑事訴訟法に確たる根拠を持つモデル論として、実務上の具体的場面においても明確な指針を提示しうるものとなるのではないかと思われる」とまとめて、日本法の検討を将来の課題とした。

その後、学会報告[2]を初めとして、いくつかの関連論文で刑事弁護人の法的地位に関する議論に言及してきたが、正面から日本法の下での検討を行うことができていなかった。この間、裁判員裁判や司法取引制度等が導入されるなど、日本の刑事司法は大きな変容を見せている。正に新時代を迎えようとしている刑事司法において、弁護人はいかなる役割を果たすべきかという問題は、各論的考察にとどまらず、基礎理論に遡った考察が求められている。

本書は、このような問題関心に基づいて、刑事弁護人の法的地位を明らかにし（第1編）、刑事手続におけるその一般的な責務の分析（第2編）を経て、個別具体的な問題点の検討（第3編）を行う。その際、比較法的視点として、ドイツの刑事弁護人論を参照する（第1編第2章、第4編）。

1）　*Glaser*, Handbuch des Strafprozesses Bd. 2, S. 223, 1885.

2）　日本刑法学会関西部会個別報告「刑事弁護人の法的地位について」(2004年7月25日、於・神戸学院大学)。

第１編

刑事弁護人の法的地位

第１章　問題の所在

１．被疑者・被告人は、刑事手続における当事者として、その主張・立証を自律的になし得るため様々な権利を与えられている。しかし、被疑者・被告人は、国家より追及を受ける立場にあり、通常は法的素養に乏しく、自己の権利を十分に行使し得ない。そこで、憲法及び刑事訴訟法は、被疑者・被告人に、「弁護人に依頼する権利」を保障した（以下、「弁護人依頼権」ともいう。憲34条、37条３項、刑訴30条１項）。これを受けて、刑事訴訟法は、被疑者・被告人だけでなく弁護人にも様々な手続的権利を保障するなど、刑事弁護制度を法的に確立することによって、被疑者・被告人の弁護人依頼権の実効化を図っている。

２．弁護人は、このような意義を持つ刑事弁護の担い手として、いかなる役割を担うべき者であるか。この点を明らかにするためには、弁護人は刑事手続においていかなる地位を与えられているか、という問題の検討が不可欠である。この問題につき、我が国の刑事訴訟法学理では、次のように議論されてきた。

まず、「弁護人は、被疑者・被告人の能力を補い、その正当な利益の擁護を任務とする、被疑者・被告人の補助者である」[1)]とされる。刑事手続において国家から追及を受ける被疑者・被告人は、身柄拘束を初めとする様々な人権制約を受け得るが、そのような人権制約は、憲法が許容する範囲にとどまるようコントロールされなければならない。加えて、被疑者・被告人は、自己の刑事手続において、単に客体とされるだけでなく、主体的な地位をも与えられる必要があるが、彼自身は通常は法的素養に乏しく、特に身柄を拘束され外界と遮断されている場合には、自らの手続的権利を十分に行使し得ない。そこで、弁護人は、被疑者・被告人の権利を擁護し、手続におけるその主体的地位を確立するために、刑事手続に関与する者であるとされている。

１）　鈴木47頁。

他方で、「弁護人は、公的地位を有する」[2]ともされる。すなわち、「弁護人も訴訟手続の不可欠の構成分子であるから、司法の目的である正義と真実に奉仕すべき使命も帯びる」[3]というのである。そして、弁護人は、この公的地位ゆえに、いわゆる真実義務を負うとされる（職規５条参照）。裁判例においても、身代わり犯人の事例において、弁護人は被告人が真犯人の身代わりであることを知っていた場合その事実を法廷に顕出する義務があるとしたもの[4]や、被告人のために第三者に証拠の偽造を指示した行為が証拠偽造教唆罪に当たるとしたもの[5]があるが、これらは、弁護人に一定の真実義務があることを前提とするものである（第８章）。

そうすると、弁護人の地位に関して、「〔被疑者・〕被告人の保護と弁護人としての真実義務とは、どのような調和の下におかれればよいのであろうか」[6]という点が、本質的な問題として生ずる。この点については、弁護人の真実義務は「積極的な〔真実〕提供開示義務ではなく、消極的な妨害回避義務」[7]にすぎないと理解して解決するのが一般的である。すなわち、弁護人の公的地位は、「決して弁護人が国家的立場において行動すべきことをいうのではな」く[8]、刑事司法への「協力というのは妥協的なそれではなくいわば闘争的なそれであり」[9]、「弁護人の一次的な任務は被告人の保護を通じての正義への奉仕であって、〔弁護人に対して〕『第二の裁判官』、『第二の検察官』たるべきことを要求するのは制度の自殺を意味」[10]することになる。要するに、弁護人の公的地位とは、「〔被疑者・〕被告人の正当な利益を保護することによって刑事司法に協力する任務をもつ」[11]ということを意味するにすぎず、それゆえ、「弁護人は、真実の発見にとらわれて、〔被疑者・〕被告

２）　鈴木48頁。
３）　田宮36頁。
４）　大判昭５・２・７大刑集９巻51頁。
５）　千葉地判昭34・９・12判時207号34頁。
６）　松尾・弁護人の地位26頁。
７）　田宮36頁。
８）　鈴木48頁。
９）　団藤115頁。
10）　田宮36頁。
11）　団藤115頁。

人の保護をゆるがせにしてはならない」[12]、とされるというのである[13]。

以上のような形で、我が国における弁護人の法的地位に関する議論はほぼ固まったかに見えた。しかし、近年、とりわけ司法制度改革における中心課題の一つである「公的弁護制度」の在り方との関係で、弁護人の刑事手続における役割はどのように理解されるべきかという問題が、再び活発に議論され始めている[14]。中でも、弁護人は、被疑者・被告人の利益を追求することに徹するべきか[15]、又は、それに加えて法の適正な実現という公的利益の追求も義務付けられるか[16]という問題は、「司法制度全体の存在目的の理解」[17]にかかわるものであることから、激しい論争を呼んでいる。

３．我が国で議論されてきた弁護人の法的地位をめぐる論点は、次のとおりである。

①弁護人は、被疑者・被告人を援助するだけでなく、公的利益にも配慮すべき地位を担う者でもあるか。

②（①が肯定されるとして）弁護人が配慮すべき公的利益とは、いかなるものであるか。

③弁護人が配慮すべき公的利益が被疑者・被告人の利益と衝突する場合、どのように調整されるべきか[18]。

以上について、我が国では、前述のような議論が行われてきたが、その際には、弁護士倫理論、あるいは観念的なモデル論に傾いていたように感じられる。しかし、弁護人の法的地位の問題は、抽象的な倫理やモデルとしてだけではなく、憲法や刑事訴訟法の規定に基礎を置いた文字どおりの「法的」地位論として論じられなければならない。この課題は、特に法的地位と弁護

12)　松尾・弁護人の地位25頁。
13)　弁護人の公的地位ないし被疑者・被告人からの独立的地位を認める見解として、石井吉一「弁護人の責務」争点３版28頁、田口240頁、平野79頁、光藤・Ⅰ260頁。
14)　季刊刑事弁護22号「特集刑事弁護の論理と倫理」、現代刑事法37号「特集刑事弁護の現代的在り方」など。
15)　村岡啓一「被疑者・被告人と弁護人の関係①」刑弁22号23頁。
16)　上田國廣「被疑者・被告人と弁護人の関係②」刑弁22号31頁。
17)　後藤昭「刑事弁護の役割と存在意義」刑弁22号16頁。
18)　1999年に、国内外の弁護士を対象に、弁護活動と真実追求という問題に関するアンケート調査が実施された（刑弁22号特集（前掲注14）62頁）。

人の具体的権利義務とを結び付けようとする場合には、いっそう重要となる。

第２章　ドイツにおける刑事弁護人の法的地位論

我が国の刑事訴訟法学は、第二次世界大戦後、主にアメリカ法に範を得てきており、被疑者・被告人の弁護権に関しても、ミランダ・ルールをめぐる一連の研究を中心として、一定の成果を残してきた[19]。しかし、ミランダ・ルールに関する議論は、被疑者・被告人の権利いかんという観点を中心とするものであり、弁護人が刑事手続においていかなる役割を担うべきかという点を正面から論じるものではなかった。

この弁護人の役割いかんという問題についてこれまで盛んに議論を行ってきたのが、ドイツの刑事訴訟法学である。ドイツでは、刑事手続における弁護人の法的地位自体に注目し、そこから弁護人の具体的権利及び義務を導こうとする議論が古くから積み重ねられてきた[20]。

Ⅰ．歴史上の二つの弁護人モデル

ドイツにおける弁護人の地位に関する議論は、基本的に、歴史上登場した弁護人モデルをベースにしている。

1　私的代理人としての弁護人

民事と刑事がまだ分離されておらず、また当事者の主導で運営されていた古代ローマ期（特に共和制時代）の裁判では[21]、弁護人は、私人の利益だけに

19）代表的なものとして、田宮裕『捜査の構造』（有斐閣、1971年）、渡辺修『被疑者取調べの法的規制』（三省堂、1992年）、小早川義則『ミランダと被疑者取調べ』（成文堂、1995年）。

20）簡潔に紹介したものとして、井戸田侃「弁護人の地位・権限」刑事訴訟法講座１巻93頁、松尾浩也『刑事訴訟の原理』4頁（東京大学出版会、1974年）、吉村弘「刑事「弁護権」の本質と機能——ドイツ理論状況の一断章」井上正治追悼『刑事実体法と裁判手続』245頁（九州大学出版会、2003年）。弁護士一般に関するものとして、ロルフ・シュナイダー〔石川明訳〕『弁護士—独立の司法機関』（ぎょうせい、1986年）。

21）*Roxin*, § 67.

配慮すべき地位に置かれるとされていた。そこでの弁護人は、パトロニ、アドヴォカティ、ラウダトールの３類型に区別される。

パトロニは、感銘的な演説により当事者（原告又は被告）の主張を代弁する者である。キケロー、クインティリアヌス、タキトゥスといった有能な人物が、司法における雄弁家として人々の尊敬を集め、パトロニとしての活動は、やがて高級官僚への道を開くまでに至った。ただし、被告側の演説には原告側よりも相当多くの時間が与えられるなど、被告の弁護の方が比較的優遇されていた。アドヴォカティは、訴訟当事者に法的助言を与えることによりこれを援助する者である。その専門知識に基づく活動は、パトロニ同様、訴訟において高い価値を認められ、ただ在廷しているだけで判決に影響を与えることもあったといわれる。ラウダトールは、過去から現在に至るまでの被告の人格を賞賛し、国民や裁判所の同情を集めるという責務を持つ者である。一つの訴訟において、多数のラウダトールが被告を援助したといわれる。

いずれにせよ、この時代の弁護人（被告を弁護する者）は、当事者の純粋な代理人であり、訴訟における真実発見を義務付けられる者ではなかった。

2　公的利益に拘束される弁護人

(1)　ゲルマン法における代弁者

民事と刑事の分化が広まった中世初期の裁判手続においても、なお弁論主義が強く妥当し、裁判所は当事者の主張に拘束されるとされていた。そこでは、当事者の主張の巧拙が訴訟の勝敗を分けたため、法的素養のある援助者の必要性は非常に高く、当事者のために訴訟で弁論を行う代弁者が登場した。

もっとも、代弁者は当事者の利益のためではなく法の利益のために活動する者であり、厳格な中立性を求められるその職務は、公的なものとされた。すなわち、代弁者の責務は、当事者の立場から事実を都合よく述べることではなく、当事者のために真実の発言を行うことであった。代弁者は、裁判所から任命を受け、その受託者として正しい判決の発見に寄与すべき者と考えられていたのである。

しかし、代弁者のこのような職務は、名誉的活動として無報酬とされていたため、これを引き受ける者が次第にいなくなっていった。そのために報酬制が導入されたが、そうすると、今度は、代弁者が彼に報酬を支払う当事者の意思に拘束され、真実の発見を妨害するといった状況も見られるようになった。そこで、代弁者に官吏としての地位を与え[22]、国庫より報酬を与える一方で、国家が監督も行うように変わっていった。

（２）　フリートリッヒ時代

刑事手続における弁護人の地位は、糾問主義の発展につれて低下し、18世紀には、かつての「自由な弁護」の時代とは明らかに異なるものとなった。例えばオーストリアでは、その当時に弁護人が刑事手続から完全に排除されたほどである。

プロイセンでも、オーストリアほど徹底的ではなかったが、やはり、弁護人の地位が徐々に貶められていった。1710年に弁護士の定員が法定され、1713年には全弁護士の３分の２が罷免され、弁護報酬も４分の１に減額された。同時に、弁護人は裁判において黒いローブの着用を命じられたが、これは弁護人を悪党とみなし、市民がこれを見分けることができるようにするためのものであったとされている。1775年に「フリートリッヒ法修正案」が作成され、弁護士は真実だけを追求すべき者であり、私人から報酬を受ける場合でさえ裁判官の真実発見を援助しなければならないとされた。本修正案は、激しい反対に遭ったため実現しなかったが、1780年の「司法制度に関する国王への提案」によって、弁護士制度が廃止され、「補助官」制度に置き換えられた。翌1781年に新たな訴訟規定として「司法法規集第一編」が公布され、補助官は完全に中立であるよう努めなければならず、真実発見へ配慮する義務を負うべき者であると規定された。しかし、訴訟当事者が補助官に不信感を抱き、むしろ非公式の司法員の招聘を求めることが増えたため、1793年の「一般裁判所法」において補助官制度が廃止された。

22）　多くの裁判所規則において、「公的代弁者」と規定された。

3　小　　括

以上のとおり、歴史上、弁護人の法的地位に関して、純粋な私的代理人とするものと、専ら公的利益のために活動するものとの、二つのモデルが存在する。ドイツでは、19世紀以後も、この二つのモデルを基礎に議論が展開されることになる。

Ⅱ．機 関 説

1　機関説の概要

「機関説」は、弁護人は被疑者・被告人の利益にのみ奉仕する私的な代理人ではなく、公的利益への配慮を（も）義務付けられた公的地位を担う者であるとする見解である。機関説は、現在、ドイツの判例及び学理の通説である。

（1）　機関説の確立

（i）　第二帝国〜ヴァイマル共和国時代

機関説は、既に19世紀半ば頃、ドイツの刑事訴訟法学に登場している。近代ドイツにおける弁護人の法的地位に関する議論は、18世紀におけるモデルを基にして、弁護人を公的地位にある者とする見解から始まった。当時の学理において、刑事弁護人の法的地位は、「正義を司る機関」[23]、「公的地位」[24]、「公職の担い手」、「公法の機関」、「公共の法的安定を促進する機関」[25]などと表現されていた。

ライヒ裁判所も、1893年の弁護士懲戒裁判[26]において、ドイツの近代裁判史上初めて、弁護士は「司法機関」であると判示した。その後、ライヒ裁判所は、1926年決定[27]において、刑事弁護人についても「司法機関」という概念を用いたが、その際、弁護人の司法機関たる地位は「近代法学において自

23）　*Abegg*, Lehrbuch des gmeinen Kriminalprozesses, S. 254, 1833.

24）　*Zachariae*, Die Gebrechen und die Reform des deutschen Strafverfahrens, S. 153 Fn 1, 1846.

25）　*Frydmann*, Systematisches Handbuch der Vertheidigung im Strafverfahren, 1878.

26）　EGH I, 140.

27）　RG JW 1926, 2756.

明のものである」と判示した。これは1928年決定[28]にも引き継がれ、刑事弁護人は被疑者・被告人の利益を擁護するにとどまらず、更に特別の公的責務を負う「司法機関」であるという見解が、判例上定着していった。

（ⅱ）　ナチス第三帝国時代

ナチス第三帝国の時代に入ると、公共の福祉への配慮という規範が全法秩序を支配するようになり、刑事弁護についても、それが国家の利益にかなうべきことが強調され、その理論的根拠付けのために機関説が援用されるようになった。すなわち、社会秩序の維持のため犯罪者に的確な刑罰を与えることを至上命題とする刑事手続において、弁護人は裁判所や検察官とともに正しい法の発見に奉仕しなければならないとする考え方の根拠として、機関説が用いられたのである。そこでは、弁護人は公権力の担い手であり、依頼者に不利益となる場面であっても実体的真実を追求しなければならないとされた。

（ⅲ）　第二次世界大戦後

機関説は、第三帝国時代におけるナチス政府の刑事政策との強い結び付きにもかかわらず、第二次世界大戦後もその生命を失うことはなかった。それどころか、1959年に連邦弁護士法１条が「弁護士は独立の司法機関である」と規定したのを契機に[29]、学理における支持は以前にも増して高まっていった。

判例においても、連邦通常裁判所は、1956年決定[30]において、初めて弁護人は特別な任務を負う司法機関であると述べ、1959年決定[31]では、弁護人は被疑者・被告人との間においても独立した関係に置かれると述べ、更に1961年決定[32]では、独立した司法機関である弁護人は刑事手続の厳格な司法形式性[33]を追求しなければならないと述べている。連邦憲法裁判所も、1963年決

28）　RG DRiZ 1928, 470.

29）　BGBl I S. 565. 本規定は、1948年に、当時の英国統治地区における弁護士規則１条において「弁護士職は司法機関である」と定められていたものを継承したものである。なお、制定過程の当初は、「弁護士職は司法に協力する職務を有する」とされていた（シュナイダー（前掲注19）81頁）。

30）　BGHSt 9, 20.

31）　BGHSt 12, 367.

32）　BGHSt 15, 326.

定[34]以来、弁護人を「司法機関」と表現している[35]。

(iv)　機関説の3類型

以上のように、機関説は、判例及び学理において長らく支配的な見解となっているが、その内容は必ずしも一義的ではなく、次の二点において差異が見られる。

第一に、弁護人は「国家機関」であるか（国家機関説）、又は「司法機関」であるか（司法機関説）という点である。この対立は、弁護人の国家に対する独立性を肯定するか否かにかかわる。当初は、国家機関説が有力に主張され、弁護人の活動は国家目的への奉仕にとどまらずそれ自体が国家の活動であると理解されていた[36]。その後、ライヒ裁判所が「司法機関」と表現し、学理上も司法機関説が有力となるが、ナチス第三帝国時代に入ると再び国家機関説が支配的となった。しかし、第二次世界大戦後は、国家機関説は見られなくなり、司法機関説、すなわち弁護人の国家からの独立性を肯定する見解が、判例及び学理上支配的となった。

第二に、弁護人の機関としての地位はその具体的な活動に影響を与えるかという点である。判例及び通説は、当初からこれを肯定し、機関的地位が真実義務を初めとする弁護人の義務の根拠となることを認めてきた[37]。これに対して、機関的地位は弁護人が刑事訴訟の中で何らかの役割を担うということを示す以上のものではなく、その具体的な活動には影響を与えないとする見解がある[38]。この見解は、特に弁護人除斥の問題に関して、司法を妨害し

33）「司法形式性」とは、刑事手続が法律に則って運営されるべきことを意味する。
34）BVerfGE 16, 214.
35）しかし、連邦憲法裁判所は、弁護人のそのような地位から具体的にどのような権利及び義務が導かれるかについて明確に述べていない。むしろ、当時まだ法定されていなかった弁護人除斥が問題となった1973年決定（BVerfGE 34, 293）では、機関的地位が弁護人の営業の自由を制限する根拠とはならないと判示した。弁護人除斥の問題について、ユルゲン・ザイアー〔辻本典央訳〕「国選弁護人の任命取消」立命278号216頁参照。
36）*Dix*, Die rechtliche Stellung des Verteidigers zum Angeklagten, S.10, 1907.
37）例えば、当時まだ法定されていなかった弁護人除斥（現行ド刑訴138a条以下）の根拠として主張された（BGHSt 9, 20; 15, 326; 26, 221; *Henkel*, Strafverfahrensrecht 2 Aufl, S. 158, 1968）。
38）*Groß*, ZRP 1974, 25, 30.

てはならないという弁護人の義務の根拠として機関的地位を援用する判例の動向に反対して述べられたものであったが、弁護人除斥規定が法定されて以後はほとんど見られなくなった。

このように機関説の中でも違いは見られるが、現在では、弁護人は司法機関であり、機関としての地位は弁護人の具体的活動に影響を与えるという見解が、判例及び学理上支配的となっている。

（２）　機関説の法的根拠

ドイツの刑事訴訟法は、弁護人の法的地位について明示的には何も述べていない。しかし、機関説は一私人である弁護人を刑事手続上の公的地位に位置付けるものであるから、そのような公法的関係を基礎付ける法的根拠をどこに求めるかが問題となる。

この点に関して、差し当たり、連邦弁護士法１条の「弁護士は独立の司法機関である」という規定が目に留まる。実務上大半の刑事弁護が弁護士によって行われることから、この規定を弁護人の公的地位の根拠として援用することが考えられる。しかし、それは、以下の理由で否定されるべきであるとされる。すなわち、第一に、弁護士資格を持たない者も弁護人となることができるが（ド刑訴138条）、それらの者は連邦弁護士法の適用を受けないので、弁護士たる弁護人との間で法的地位に差異が生ずることになる。第二に、連邦弁護士法１条は民事事件の弁護士にも適用されるが、民事訴訟では処分権主義が妥当し、弁護士は当事者の代理人であるとされ、公的地位は刑事弁護人固有のものと理解されている。第三に、刑事手続における関係者の法的地位は刑事訴訟法によって定められるべきものであり、職業法たる連邦弁護士法がこれを定めるというのは、訴訟法の存在意義を蔑ろにするものである[39]。

そうすると、弁護人の公的地位は、明文の根拠規定を持たないこととなり、このことが、弁護人の法的地位に関する議論を複雑にする一因となっている。

39)　*Dornach*, S. 41 f; *Roxin/Schünemann*, § 19 Rn 6; *Roxin*, in FS-Hanack, S. 1, 9, 1999.

2　弁護人の二重的地位

機関説における現在の支配的見解によると、弁護人は、被疑者・被告人からも、また国家からも独立した地位にある「司法機関」である。弁護人は、その地位に基づき、被疑者・被告人を援助する責務だけでなく、公的利益を擁護する責務をも負う者である。そうすると、具体的場面において弁護人の擁護すべき利益、すなわち、被疑者・被告人が援助を受ける利益と、真実発見を初めとする社会公共の利益とが衝突する場合もあり得る。そこで、そうした状況における弁護活動の内容ないし範囲を確定するための衡量が必要となる[40]。この利益衡量について、判例及び学理上、様々な議論が行われている。

（1）学　理

この問題について、学理の主な見解は、次のとおりである。

・弁護の目的は、真実と法の発見に対する保障の強化であり、被疑者・被告人の保護は、彼ら自身のためだけのものではなく、公的利益にかなうものでもある。無実の者はなおのこと実際に罪を犯している被疑者・被告人にも保護が保障されることは、法共同体の要請であり、弁護人は、その要請を実現することによっていわば法の従者となる。したがって、その責務を遂行する弁護人を、法の敵対者と見ることはできない[41]。

・弁護人は、被疑者・被告人のための片面的な利益代理人ではなく、刑事司法の機能的運営という利益の擁護をも義務付けられ、その活動範囲は被疑者・被告人の私的利益と公的利益との衡量によって決せられる。もっとも、刑事訴訟法の諸規定に鑑みると、弁護人は、被疑者・被告人に法的に承認された手続上の利益を擁護することが要求されている。したがって、弁護人は、一方では被疑者・被告人の立場から無罪推定の原理が有効に機能するように配慮し、他方では法の立場から手続の司法形式性を監視するという公的責務を担う者である。法治国家として承認されるために、国家は双方の点に関心を持ち、弁護人はそれに奉仕すべき地位にある。このような地位を担う弁護人は、権限濫用に至らない限り、被疑者・被告人の利益を実現するため

40）　*Peters*, Strafprozess 4 Aufl, S. 213, 1985; *Roxin/Schünemann*, § 19 Rn 3.
41）　*Henkel*（Fn 37）, S. 152.

のいかなる行為をも許される[42]。

・弁護人は、私選であるか国選であるかを問わず、被疑者・被告人の私的利益とともに、法治国家思想にかなった刑事司法という公的利益にも資するべき法的責務を負う者である。したがって、弁護人は、刑事司法の敵対者ではなく、その共同従事者であり、裁判所や検察官と並ぶ独立した機関として、手続が法に則って運営されることに配慮する義務を負う。しかし、そのような責務は、本来的には国家が担うものであり、弁護人は、手続の妨害をしないこと、すなわち自身に与えられた権限を濫用しないことという義務を負うにすぎない。弁護人は、被疑者・被告人の権利を片面的に擁護することをその本質的な責務とし、そのために、被疑者・被告人に有利となる法律上ないし事実上のあらゆる事情を検討し、また被疑者・被告人に不当な不利益が生じないよう、手続の厳格な司法形式性を監視する義務を負う[43]。

（２）判　　例

連邦通常裁判所は、1979年判決[44]において、前述のような利益衡量が必要となる事件を扱った。本件は、テロ組織に所属する依頼者に一定の捜査情報を伝えた行為がテロ組織の維持に寄与したとの理由で、弁護人自身がテロ組織支援罪（ド刑129a条）により訴追されたという事案である。連邦通常裁判所は、弁護活動とその可罰性について次のように述べ、被疑者・被告人の保護のための活動が広く認められるべきことを判示した。すなわち、「刑事弁護とは、その本質上、起訴、勾留、有罪判決から被疑者・被告人を保護することに向けられるもの」であり、そのための「活動が〔当該犯罪構成要件〕に包摂される危険が常に存在する」。しかし、「弁護人は、……その実現が被疑者・被告人のためだけではなく法治国家思想にかなった刑事司法の利益ともなるところの法的責務を果たさなければならず、弁護人のそのような責務は、それがたとえ真実発見や本件のようなテロ撲滅に向けた政策に対して一定の危険を生じさせる場合であっても、〔防御の目的で〕弁護人が被疑者・被告人に記録内容を十分に伝達することを要求し、正当化するのである」。そ

42）　*Roxin/Schünemann*, § 19 Rn 3 f.
43）　*Meyer-Goßner*, Vor § 137 Rn 1.
44）　BGHSt 29, 99.

れゆえ、本件のような諸利益の衝突に際して、「組織的犯罪を刑法によって撲滅するという試みは、自由かつ実効的な刑事弁護を可能にするという法治国家的要請の前に後退する」。本判決は、前述の学理と同様、被疑者・被告人の擁護を公的利益にもかなうものとみなし、弁護活動の他の公的利益に対する本質的な優越性を認めるものである。

連邦通常裁判所は、他方で、被疑者・被告人に不利となる場合でも、手続の運営に協力する義務を弁護人に課している。まず、被告人自身による濫用的な証拠申立てが問題となった1991年決定[45]では、次の判示のとおり、弁護人において裁判所の手続遂行に協力する義務が認められた。すなわち、「弁護人は、公判において被告人が気ままに振る舞い訴訟を撹乱させることを許してはならないのであり、そのために、弁護人には、手続が適切にかつ訴訟上予定されたとおりに進行されるよう配慮する義務が課せられる」、なぜなら、「弁護人の責務は、専ら被疑者・被告人の利益のためだけにあるのではなく、法治国家思想にかなった刑事司法のためにもある」からである。

また、1992年決定[46]では、弁護人は一定の場合に手続的瑕疵を適時に是正する義務を負うことが肯定された。本件は、警察の取調べに際して法律上要求される供述拒否権の告知（ド刑訴136条1項2文）がなされずに行われた被疑者供述の証拠能力が問題となった事案である。連邦通常裁判所は、このような手続的瑕疵は原則として証拠使用禁止に該当するとしつつも、それが適時（個々の証拠調べの終了後＝ド刑訴257条）に指摘されなければ、被告人側はそれ以後に証拠能力について争うことができないと判示した。すなわち、本決定は、弁護人の適時の責問義務を肯定するものである[47]。

これらの判例は、自己に有利な証拠の提出につき量的制限を受けないとか、責問権の行使につき時間的に制約を受けないといった被疑者・被告人の利益は、公的利益にかなうものではなく、むしろ迅速な手続運営という公的利益に対して劣後するものであり、弁護人もこのような利益衡量に従って活動する義務があるということを認めたものである。しかし、学理上（機関説

45）　BGHSt 38, 111.
46）　BGHSt 38, 214.
47）　同旨の判例として、BGHSt 42, 15.

の立場からも）、これらの判例は弁護人に手続遂行へ能動的に協力する義務を負わせるものであるが、かかる能動的協力義務を認めるのは妥当ではないと批判されている[48]。もっとも、そうした学理自身、どのような場合に利益衡量が必要となり、またどのような基準でそれを行うべきかについて見解の一致があるわけではなく、具体的問題の解決は論者によって分かれている[49]。

3　機関説の問題点

機関説は、判例及び学理において支配的見解として長らく主張されてきたが、それに対する批判も同じく長い歴史を持つ。

まず、第一次世界大戦前は、弁護人を国家の機関とする国家機関説に対して、①弁護人が国家の利益に配慮しなければならないのは、それが被告人の利益と一致する場合に限られるべきである[50]、②弁護人は国家機関などではなく、手続に関与することで公法的関係に置かれるにすぎない[51]、などの批判が向けられた。

その後、司法機関説が有力になると、それに応じた批判も行われ始めた。すなわち、機関を持つのは司法ではなく国家であるが、弁護人は被告人と同じく国家機関ではない[52]、弁護人の責務が公法的性質を持つことは否定し得ないが、それは弁護人が国家から一定の拘束を受けることを意味するにすぎず、司法機関概念は弁護人を国家機関とすることにつながる虞がある[53]、司法機関と表現することにより、弁護人が客観的真実の探求に向けて活動すべき裁判所の援助者と位置付けられることになる[54]、といったものである。第二次世界大戦後も同様に、機関説を支持する裁判例は弁護関係への介入のために機関概念を濫用している、司法機関と位置付けることは弁護人を国家の組織に包摂することを意味する、弁護人は国家の活動を行う者ではないから

---

48)　*Roxin* (Fn 39), 19 f; *Dornach*, S. 19 f.
49)　裁判例の動向について、*Beulke*, in FS-Roxin S. 1173 ff, 2001; *Widmaier*, in FG-BGH 50 Jah., S. 1043 ff, 2000.
50)　*Mehlich*, Verteidigung und Begünstigung, S. 13, 1910.
51)　*Ludwig*, Die Stellung des Verteidigers im Strafverfahren, S. 10, 1912.
52)　*Beling*, LZ 1927, 518.
53)　*Nickol*, Wesen und Grenzen der Verteidigung, S. 14, 1931.
54)　*Alexander*, ZStW 51 (1931), 54; *Gallas*, ZStW 53 (1934), 256.

その自由を制限する標語は必要ない、などの批判が寄せられている[55]。

これらの批判は、主に代理人説の論者より述べられてきたものである。そこで次に、代理人説の内容を検討する。

Ⅲ．代理人説

1　代理人説の概要

「代理人説」とは、刑事弁護人は被疑者・被告人の私的利益の代理人であるから、公的利益への結び付きを一切否定されるとする見解であり、機関説に反対する論者らにより主張されているものである。それによると、弁護人は被疑者・被告人を国家権力に服従させないための「社会的抵抗勢力」の一部であり、彼らの意思に拘束される純粋な利益代理人である[56]、ドイツ基本法12条1項は弁護士職の自由な活動を保障し、国家の義務的拘束に対する代理的責務の優越を確立するものであるから、弁護士職の自由な活動に対する国家の介入及び制限は禁止される[57]、弁護人の責務は依頼者の利益を擁護し国家による介入を阻止することであり、弁護人の活動範囲は依頼者の利益によって画されるものであるため、弁護人が依頼者の意思に反して活動範囲を拡張又は制限することは許されない[58]、などというのである。

この代理人説の実践的意義は、弁護人の公的利益への拘束を排することで、その真実義務を否定する点にあった。論者らによると、刑事手続において被疑者・被告人自身は「嘘をつく権利」を有するところ[59]、その代理人である弁護人もこの権利を行使し得るというのである。具体的には、例えば、弁護人は依頼者の偽りの抗弁でさえも真実と見せかけてそれと対立する全ての主張を否認しなければならない、なぜなら、弁護人は被疑者・被告人とは

55）　*Knapp*, Der Verteidiger –Ein Organ der Rechtspflege?, S. 123 ff, 1974.
56）　*Holtfort*, Strafverteidiger als Interessenvertreter [in Holtfort], S. 45, 1979.
57）　*Schneider*, in Holtfort, S. 35.
58）　*Eschen*, StV 1981, 365.
59）　被疑者・被告人は嘘をつく権利を有するかという問題について、ネモ・テネテュール原則の実質的保障という観点から、これを肯定するのが通説である（*Beulke*（Fn 49), S. 1184）。否定説として、*Roxin/Schünemann*, § 19 Rn 14; *Welp*, ZStW 90(1978), 804.

いわば一心同体であり、彼らと統一の意思の下でのみ行動し得る地位に置かれる者だからである[60]、などと述べられている。

もっとも、その後、代理人説から派生した新たな展開が見られるようになった。

2　代理人説の新たな展開

（1）　自律性説

「自律性説」[61]は、*Welp* により主張された見解である。弁護人は、被疑者・被告人の利益代理人であり、その活動において被疑者・被告人の意思に拘束されるとする点で、代理人説の一類型である。しかし、従来の代理人説が被疑者・被告人と弁護人の一体性を重視していたのに対して、自律性説は、刑事手続における被疑者・被告人の主体的地位の確立という点を重視するところに特徴がある。

Welp は、当時争点となっていた、国家による弁護関係への介入という問題との関係でこの見解を主張したのであるが、彼は、この見解が支持されるべき理由として、次のように述べている。すなわち、必要的弁護事件における国選弁護制度は貧困者への「訴訟扶助権」と「手続保全」という二つの機能を有するが、被疑者・被告人の意思に反してでも弁護人が付され（ド刑訴140条、141条）、「重大な理由」があれば被疑者・被告人の望まない者であっても弁護人に任命され得る（ド刑訴142条１項）ことからすれば、現行法は後者の機能を重視している。しかし、そうすると、実効的な弁護に不可欠である被疑者・被告人と弁護人との間の信頼関係の構築が困難となり、更には裁判所が自らに都合のよい弁護人を任命することで弁護関係に介入することさえ可能となる[62]。そのような場合において、機関説が主張するように弁護方針の最終決定権限を弁護人に与えるとするならば、もはや刑事手続における被疑者・被告人の主体的地位は確保され得ない。それゆえ、被疑者・被告人の手続主体としての地位を確立するためには、被疑者・被告人に対する弁護人

60）　*Ostendorf*, NJW 1978, 1345.
61）　*Welp*, ZStW 90（1978）, 101 ff; ders (Fn 59), S. 804 ff.
62）　国選弁護の解任の場面でも同様の問題は生じる（ザイアー（前掲注35）216頁）。

の従属性が肯定されなければならない。つまり、弁護人は、被疑者・被告人の信頼を得るよう努力し、弁護方針について必ず彼らの同意を得なければならないのである。そして、被疑者・被告人の主張と弁護人の方針との間に齟齬が生じ、もはや信頼関係の確立が期待できないような場合には、機関説が述べるように弁護人は被疑者・被告人の意思とは独立して活動し得るとするのではなく、むしろ被疑者・被告人の主導による解任を認める（必要的弁護事件における国選弁護の場合でさえ）ことによって解決が図られなければならない[63]。

もっとも、*Welp* は、このような「自律性」が尊重されるべきであるのは刑事手続における被疑者・被告人の「正当な」利益の擁護に資する場合に限られるのであり、被疑者・被告人自身が真実に反する主張をする場合はこれに当たらないことから[64]、被疑者・被告人が嘘の主張をした場合には弁護人はその主張に拘束されないと述べる。*Welp* は、端的に弁護人は真実義務を負うとも述べている[65]。

（２）　契約説

「契約説」[66]は、*Lüderssen* により主張された見解である。この契約説は、弁護人は被疑者・被告人の代理人であり被疑者・被告人の意思に拘束されるとする点で代理人説の一つであるが、弁護人と被疑者・被告人間のこのような従属関係は私法上の契約によってのみ基礎付けられるとする点に特徴がある。この見解は、弁護人の援助を受ける権利（ド刑訴137条１項）を十分に保障し、被疑者・被告人の主体的地位を確保するためには、弁護人が被疑者・被告人の意思に従って行動するのでなければならないとする点で、基本的には前述の自律性説を基礎に置くが、その法的根拠として、私人間におけるそのような従属関係は契約によってしか生じ得ないと主張する。そして、私人

63)　*Welp* (Fn 61), S. 113.

64)　*Welp* は、被疑者・被告人が嘘をついても処罰されないのは、彼に嘘をつく権利が与えられているからではなく、いわば免責的緊急避難の状況に置かれるからであると述べる（*Welp* (Fn 59), S. 818)。

65)　*Welp* は、被告人が嘘をついた場合に妥当する免責的緊急避難の法理は、弁護人には妥当しないと述べる（*Welp* (Fn 59), S. 818)。

66)　*Lüderssen*, in FS-Sarstedt, S. 145 ff, 1981; LR-*Lüderssen*, Vor § 137 Rn 33 ff.

は法的根拠なしに公法関係に拘束されないという自由主義的観点から、弁護人の公的地位を否定するのである。

Lüderssen は、この契約説を次のように説明する。弁護人は被疑者・被告人との弁護契約により弁護人としての地位に就くが、これは民法上の雇用契約（ド民611条以下）及び委任契約（ド民662条以下）に当たり、弁護人の刑事手続における責務はそのような契約の効力から導かれる。それゆえ、弁護人は原則として被疑者・被告人の意思に拘束される（ド民665条[67]）ものの、他方で契約の効力から導かれる制約にも服する。*Lüderssen* は、その例として、違法行為が契約の目的とされる場合（ド民134条）、契約の内容が公序良俗に反する場合（ド民138条）、不法行為法に基づく客観的注意義務に違反する場合（ド民276条）を挙げ、弁護人は例えばかかる客観的注意義務の一つとして職業法に基づく義務（特に「真実義務」（ド弁護士43a 条２項））にも拘束されると述べている。

（３）　刑事訴訟改革研究会改正草案

Welp や *Lüderssen* らを主要メンバーとする刑事訴訟改革研究会[68]は、1979年に、刑事弁護に関する改正草案[69]を提案した。本草案は、信書検閲や電話傍受、未決勾留に関する権利制限、反テロリズム法など刑事手続における被疑者・被告人や弁護人の権利を制限する一連の立法に対抗して、1964年の刑事訴訟小改正のような法治国家的かつ自由主義的な刑事手続の実現を目指したものであった。本草案は、立法に結び付かなかったが、自律性説を基礎に置き[70]、弁護人の地位や責務に関して次のような具体案を示していた。

まず、第１章では、「弁護の基礎」として、弁護人は独立でありかつ被疑者・被告人の信頼に基づいてその利益を代理する者である（１条）とした上で、弁護人数制限の撤廃（２条）、弁護費用の国庫負担（３条）、必要的弁護事

67）　ただし、同条によると、依頼者（被疑者・被告人）が事態を認識したならば承認したと考えられる場合には、指示からの逸脱が許される。

68）　本研究会は、被疑者・被告人の自律性を基礎にした刑事弁護を目指す立法提案を行うため、研究者のみで構成された私的なものである。

69）　Arbeitskreis Strafprozeßreform, Die Verteidigung –Gesetzentwurf mit Begründung, 1979.

70）　Arbeitskreis Strafprozeßreform (Fn 69), S. 59.

件の拡張（例えば被疑者・被告人の身柄が拘束されている全ての場合（4条）[71]）などの提案を行っている。第2章では、「弁護人の選任と任命」[72]に関して、弁護人の補助者の選任（5条）、弁護人任命に際しての被疑者・被告人の意思の尊重（6条）、私選弁護人と国選弁護人が並存する場合の前者の優越（8条）など、第3章では、実効的弁護にとって重要な「弁護人の情報に関する権利」として、原則無制限の記録閲覧権（11条）、被疑者・被告人と弁護人との接見に対する監視の禁止（12条）、秘密交通を侵害された場合の証拠使用禁止（14条）など、第4章では、「弁護人の確保」として、長期にわたる手続において弁護人が欠ける場合に備えた補充弁護人に関する規定（16条以下）が、それぞれ提案されている。最後に第5章で、「弁護の制限」に関して、弁護人除斥は当該手続で訴追されている犯罪に彼が関与した場合に限られる（18条）、多重弁護禁止は共同被疑者・被告人相互の利益相反が明白な場合に限られる（19条）とし、現行法より制限の範囲を限定している。

3　代理人説の問題点

代理人説に対しては、主に機関説の立場から、次のような批判が向けられている。すなわち、弁護人を被疑者・被告人の単なる利益代理人と位置付けることは弁護人の権威や信頼を失墜させ、その結果、法的素養に乏しい被疑者・被告人に法律の専門家を付すことで訴追側との実質的な「武器対等性」[73]を図るという弁護制度の目的が達成されなくなる[74]、被疑者・被告人からの独立性を否定することは本来代理人説が目指そうとした援助者的機能の拡充を実現するものではなく、むしろ後退させるものであり、弁護人が被疑者・被告人から独立した地位に基づいて後見的に活動することこそ援助者的機能の遂行に必要である[75]、弁護人のみに与えられている手続的権利（例

71）　この点は、2009年改正によって現行法に導入されているが、従来は勾留開始から3か月か経過した後に初めて任命されることになっていた（金尚均他〔辻本典央〕『ドイツ刑事法入門』138頁（法律文化社、2015年）。

72）　本書では、私選弁護人の選任を表す“Wahl”を「選任」、国選弁護人の選任を表す“Bestellung”を「任命」と表す。

73）　判例においても、「武器対等性」は刑事手続の目標の一つであると理解されている（BVerfGE 38, 105）。

74）　*Dornach*, S. 74.

えば、記録閲覧権（ド刑訴147条１項)、弁護人固有の証拠提出権（ド刑訴244条３項)、裁判官の審問行為への同席権（ド刑訴168c 条１項、163a 条３項２文)）は、弁護人の公的機能を肯定して初めて正当化されるのであり、弁護人が被疑者・被告人の代理人にすぎないとするとこうした固有の権利を与えられる根拠がなくなる[76)]、被疑者・被告人が自己の利益を自律的に決定できると考えるのは現実的でなく、独立した立場から援助がなされることで初めて自律的決定が可能となる[77)]、といった批判である。

Ⅳ．機関説の新たな展開

1980年代に入り、通説である機関説を基礎に置きつつ、それを展開ないし修正する見解が登場している。これらは、弁護人の具体的権利及び義務を明確にするために、その法的地位をより詳細に分析しようとするものである。

1　限定的機関説

（１）　限定的機関説の概要

「限定的機関説」[78)]は、*Beulke* より主張された見解である。これは、弁護人がテロ犯罪者と結託して手続妨害行為を行う、左翼団体の政治的活動として刑事手続を利用するなどといった状況が1970年代に頻発したことに応じて、弁護人が刑事手続において担うべき責務を明確に示すべく主張された理論である。限定的機関説は、その実質的内容において弁護人に公的地位を認める点で機関説の一つと位置付けられるが、その具体的権限の決定に当たっては被疑者・被告人の援助者としての地位を本質とし、公的地位は「限定的」にしか作用しないとする点に特徴がある。*Beulke* の見解によると、①特に法規定がない限り、弁護人が配慮すべき公的利益とは刑事弁護の実効性の意味でのそれに限られる、②弁護人は例外的に司法の実効性という公的利

75)　*Dornach*, S. 75.
76)　*Dornach*, S. 77.
77)　*Dornach*, S. 80.
78)　*Beulke*, Verteidiger, S. 200.

益に対しても配慮する義務を負うものの、それは司法の核心領域を侵害しないという義務にとどまる、③弁護人は原則として司法以外の国家的利益に配慮する義務を負わない、④独立した司法機関である弁護人の活動に対する国家による介入は、法律上規定された場合[79]に限られる[80]。

Beulke の見解は、その方法論においても従来の機関説とは異なる。すなわち、従来の機関説は、まず弁護人が公的地位に置かれることを前提とし、そこから演繹的に弁護人の具体的権利及び義務を導いていた。しかし、*Beulke* によると、立法者は弁護人の法的地位そのものについて沈黙しているため、およそ「公的地位」なるものは議論の結果として導かれることはあれ、議論の出発点とはなし得ない。*Beulke* は、また、従来の見解は自らの結論を都合よく導くために「公的地位」を援用していたにすぎず、かかる地位の内容も各論者の結論に合うように様々に形作られてきたと批判する。これに対し、*Beulke* 自身は、現行刑事訴訟法における弁護人の権利及び義務に関する規定を議論の出発点とし、それら規定の分析から帰納的に弁護人の「公的地位」の肯定という結論を導く。このような方法論からすると、公的地位に結び付けられる公的利益は制定法上の具体的権利及び義務を決定する際に立法者によって既に考慮されているのであり、したがって、制定法上一義的に定められた弁護人の権限を「公的地位」や「公的利益」を根拠として制約することは原則として許されないということになる。

（2）　限定的機関説における弁護人の責務

Beulke によると、弁護人は次のような責務を負う。

（i）　援助者としての弁護人

Beulke は、まず、従来の機関説と同様に、弁護人は被疑者・被告人の意思から独立した立場から彼らに援助を行う責務を負うということを強調する。すなわち、*Beulke* は、ドイツ刑事訴訟法137条の「援助者」という用語について、「弁護人は被疑者・被告人の片面的な援助者として活動する者であるが、その権限は依頼者の利益に拘束されないことを的確に表すものであ

79)　*Beulke* は、その例として「弁護人除斥」（ド刑訴138a 条以下）を挙げる（*Beulke*, Verteidiger, S. 201）。
80)　*Beulke*, Verteidiger, S. 200 f.

る」[81]と述べ、代理人説が立法者の意思にそぐわないことを指摘する。

Beulke は、更に、弁護人の援助者的機能は刑事手続における被疑者・被告人の主体的地位の確立に資するとも述べる[82]。すなわち、刑事手続における被疑者・被告人には、公正かつ法治国家的な手続を求める権利が与えられるが（ド基2条1項、20条3項）、この権利の実現のためには、被疑者・被告人は単に手続の客体であるにとどまらず、その主体として、自らが手続の進行及び結果に対して決定的な影響を及ぼす機会を与えられるのでなければならない。そのような被疑者・被告人の主体的地位を確保するためには、刑事訴追機関との武器対等性が不可欠の条件となるが、一方で被疑者・被告人自身は手続の客体でもあり、また通常の場合は法的素養を持たず、更に未決勾留等によって主体的に活動する機会を事実上制約される。そのような点を補うのが弁護人の役割であり、弁護人は単に被疑者・被告人の指示に服従して活動するのではなく、援助者として被疑者・被告人に有利となる全ての活動を（彼らの意思に反してでも）行う責務を負う[83]。

（ⅱ）　公的利益の担い手としての弁護人

Beulke は、更に、弁護人は次のような公的利益に配慮すべき公的機能をも担うと述べる。

ⅰ）刑事弁護の実効性への配慮　　弁護人が配慮すべき第一の公的利益は、弁護の実効性である[84]。*Beulke* によると、この利益は弁護人が援助者として配慮すべき被疑者・被告人の利益と多くの点で重なり合うが、刑事弁護の実効性は被疑者・被告人の私的利益だけでなく、いわば潜在的な被疑者・被

81）　*Beulke*, Verteidiger, S. 184.

82）　*Beulke*, Rn 147.

83）　*Beulke* によると、弁護人は、援助者として、①被疑者・被告人が有する実体的・手続的権利に関する助言、②被疑者・被告人の利益となる事情の指摘、③被疑者・被告人と弁護人双方に与えられている手続的権利（例えば証拠調べ請求権）の行使、④法律で定められている被疑者・被告人の代理（送達の代理受領：ド刑訴145a 条、公判への代理出頭：ド刑訴234条、350条2項、387条1項、411条2項）、⑤弁護人固有の手続的権利の行使（記録閲覧権：ド刑訴147条、公判停止の請求権：ド刑訴145条3項、証人・鑑定人に対する交互尋問権：ド刑訴239条、共同被告人に対する尋問：ド刑訴240条2項2文）、⑥弁護人自らが行う捜査、⑦刑事訴訟法153a 条以下による手続打切りを求めてする訴追機関との折衝、などの活動を行う（*Beulke*, Rn 149）。

84）　*Beulke*, Verteidiger, S. 81.

告人である共同体の利益にも資するものであり、それゆえ、公的利益と位置付けられる。弁護人は、手続が司法形式的に遂行されるよう監視及び監督し、場合によっては被疑者・被告人の意思に反してでもかかる任務を果たさなければならないが、このことは、刑事弁護が被疑者・被告人の私的利益だけではなく、社会共同体の公的利益をも擁護するという性質を持つものであることを示す。

Beulke は、かかる主張の実定法上の根拠として、特に必要的弁護制度（ド刑訴140条）を挙げる。すなわち、刑事訴訟法が一定の要件（事件の重大性や複雑性など）が充たされる場合に被疑者・被告人の意思にかかわらず強制的に弁護人を付すべきことを定めたのは[85]、実効的な弁護に関する公的利益への立法者の関心の表れである。*Beulke* は、その他にも、弁護人資格が原則として法的素養を持つ者（弁護士及び大学の法学教員）に限定されること（ド刑訴138条1項）[86]、共同被疑者・被告人相互の利益相反性を理由とする多重弁護の禁止（ド刑訴146条）、弁護人自身が対象犯罪への関与を疑われる場合の弁護人除斥（ド刑訴138a 条1項）などの規定は、被疑者・被告人の意思を無視してでも弁護の実効性に配慮すべきだとする立法者意思の表れであると述べる[87]。

ⅱ）刑事司法の実効性への配慮（弁護人に対する「特別な義務付け」と「核心領域公式」）　弁護人が配慮すべき第二の公的利益は、刑事司法の実効的な運営である[88]。実定法上、弁護人がこのような利益に配慮すべきことを直接に定めた規定はないが、*Beulke* は、法律上一定の訴訟的権利[89]が弁護人だけに与えられていることを指摘し、そのような規定は弁護人が刑事司法の実効性に配慮する責務を負うこと（「特別な義務付け」[90]）を前提としていると述

85）被疑者・被告人自身が弁護士である場合でさえ、他の者が弁護人として付される（BGH NJW 1954, 1415）。

86）その他の者は、裁判所の許可を得たときに限り弁護人に選任され得る。ただし、必要的弁護事件においては、国選弁護人に選任される資格を有する弁護人と併せて選任される場合に限られる（ド刑訴138条2項）。

87）*Beulke*, Verteidiger, S. 82 f.

88）*Beulke*, Verteidiger, S. 88.

89）記録閲覧権（ド刑訴147条）、証人及び鑑定人に対する交互尋問権（ド刑訴239条1項）、共同被告人に対する質問権（ド刑訴240条2項）など。

べる[91]。すなわち、弁護人は刑事司法が実効的に運営されることへ配慮をする責務を負わないとするならば、弁護人は被疑者・被告人が罪を免れるよう嘘をつき、証拠を偽造及び隠滅し、被疑者・被告人の逃走を援助することさえも禁止されないことになるが、立法者は弁護人がそのような行為を行わないという信頼を基礎に弁護人に広範な手続的権利を与えているのであり、その行使に当たって司法の実効性を妨害しないといういわば弁護活動一般に内在する義務を弁護人に課しているというのである。

Beulke は、その一例として、記録閲覧権（ド刑訴147条）を挙げて説明する。すなわち、この権利は弁護人固有のものとされているが、もし弁護人が記録閲覧によって獲得した情報を（口頭による伝達又はコピーの交付によって）被疑者・被告人に無制約に伝えること[92]を許されるのであれば、立法者が被疑者・被告人には記録閲覧を制約した目的（被疑者・被告人が捜査情報を得ることによる罪証隠滅や逃亡の防止）が損なわれる。それゆえ、記録閲覧によって獲得した情報を被疑者・被告人に伝達することが刑事司法の実効性を危殆化させる場合には、弁護人はそのような伝達を自粛する義務を負うというのである。

もっとも、弁護人にこのような責務を課すことは、援助者的機能との間で一定の緊張関係を生じさせる。そこで、*Beulke* は、次のような理論（「核心領域公式」[93]）を用いて援助者的機能の本質的な優越性を認めることにより解決を図っている。すなわち、弁護人が担う刑事司法の実効性への配慮という責務は、刑事司法が実効的に機能するよう積極的に協力する義務（例えば、被疑者・被告人に有利となるか否かを問わず手持ちの資料を全て裁判所へ提出する義務）ではなく、刑事司法の核心を侵害してはならないという消極的な義務にとどまる。なぜなら、刑事弁護の本質は援助者的機能にあり、被疑者・被告人の利益の擁護が弁護人の第一次的な責務だからである。そうした弁護活動は、起訴、勾留、有罪判決等の処分から被疑者・被告人を保護することに向けら

90）*Beulke*, Verteidiger, S. 88.

91）*Beulke*, Verteidiger, S. 89, 92.

92）判例・通説によると、内容の伝達自体は可能である（BGHSt 29, 99; *Meyer-Goßner*, § 147 Rn 9 ff）。

93）*Beulke*, Verteidiger, S. 149.

れるものであり、本来的に司法妨害的性質を持つ[94]。その上で、もはやその本来予定された「妨害」の範囲を逸脱するに至るほどの妨害、すなわち、司法の核心を侵害するような弁護活動のみが禁止されるにすぎないというのである。*Beulke* は、この公式により禁止される活動の具体例として、捜査手続の目的を危殆化させる行為[95]、嘘を用いる行為[96]、刑事手続を致命的に遅延させる行為[97]などを挙げている[98]。

ⅲ）国家の治安への配慮　*Beulke* は、弁護人の担う第三の公的責務として、国家の治安に配慮する責務を指摘し、その根拠として刑事訴訟法138b条を挙げる[99]。すなわち、同条は、国家の安全にかかわる犯罪に関する手続への関与がドイツ連邦共和国の安全を危うくすると認められる弁護人は除斥されると規定するが、*Beulke* は、立法論としては、本規定は弁護人の行為がまだ可罰的ではない段階で（すなわち、国家の治安に対する危険がまだ具体化していない段階で）弁護関係に介入するものであって妥当ではないと批判しつつも、解釈論としては、この規定によって弁護人には国家の治安という公的利益への配慮が義務付けられているということを認めざるを得ないと述べる[100]。

（3）　限定的機関説に対する批判

限定的機関説に対しては、次のような批判がある。

第一の批判は、この理論が一見すると非常に不明確であるというものである[101]。しかし、この批判に対しては、*Beulke* の弟子である *Dornach* が、限定的機関説は従来の機関説がなし得なかった公的機能の内容の具体化及び明

94）　同旨の判例として、BGHSt 29, 99.

95）　例えば、記録閲覧によって得た勾留の予定に関する情報を被疑者・被告人に伝達し、逃亡のきっかけを与える行為。

96）　例えば、証拠偽造や偽証教唆。

97）　例えば、専ら手続の遅延を目的とした濫用的な証拠提出。

98）　*Beulke*, Verteidiger, S. 147 f.

99）　*Beulke*, Verteidiger, S. 103 f.

100）　*Beulke*, Verteidiger, S. 104.

101）　*Heinicke*, Der Beschuldigte und sein Verteidiger in der Bundesreprblik Deutschland – Die Geschichte ihrer Beziehung und die Rechtsstellung des Verteidigers heute S. 313, 1984. *Beulke* 自身も、不明確さがあることは認めている（*Beulke*, Strafbarkeit, S. 14）。

確化を実現しており、禁止される弁護活動の基準となる核心領域公式も従来の見解に比べればはるかに明確なものであると反論している[102)]。

第二の批判は、限定的機関説の主張する公的機能に基づく弁護人に対する義務付けは、公的利益への過度の拘束（例えば、連邦通常裁判所の1991年決定及び1992年決定が認める弁護人の手続協力義務）へつながるというものである[103)]。これに対しては、*Beulke* 自身が次のように反論している。すなわち、限定的機関説は、むしろ手続の遂行に一般的に協力することの義務などによって正当な弁護活動を制限してはならないと主張するものであり、正当な範囲を逸脱する活動だけが、公的利益の名の下で禁止されるとするにすぎない、弁護人の担う援助者的機能の優越に鑑みると、弁護人の公的機能は例外的なものであり、その意味であくまで「特別な義務」として課されるにとどまるのである[104)]。

2　包括的機関説

（1）　包括的機関説の概要

「包括的機関説」[105)]は、*Heinicke* より主張された見解である。すなわち、弁護人は公的機能を担う司法機関であるが、その公的機能とは、被疑者・被告人の基本権を（当該刑事手続に関連する権利か否かに関わらず）包括的に擁護することであり、弁護人をいわば基本権の包括的保証人であるとする点に特徴がある。また、この見解によると、従来の機関説が認めるような被疑者・被告人の意思から離れた客観的利益というものは否定され[106)]、その意味で、実質はむしろ *Welp* の自律性説に近い。

Heinicke は、この理論を、①職業運転手で飲酒運転による過失傷害罪を犯した夫の身代わりとして、その妻が一家の生計を維持するために罪をかぶろうとする事例、②実際には重罪に当たる罪を犯した被告人が、アリバイ主

---

102)　*Dornach*, S. 118 f.

103)　*Roxin* (Fn 39), S. 13.

104)　*Beulke* は、弁護人の能動的な手続協力義務を認める近時の判例の動向を批判している（*Beulke* (Fn 49), S. 1193. *Dornach*, S. 190も同旨）。

105)　*Heinicke* (Fn 101), S. 466.

106)　*Dornach*, S. 130.

張のためより軽微な犯罪を実行したとの弁解を行う事例を挙げて説明する。事例①は身代わり犯となる妻にとって自身の財産権（ド基14条）及び夫婦関係を維持する権利（ド基6条1項）を、事例②は被告人にとってより重い罪を免れることによる身体の自由（ド基2条2項）及び財産権をそれぞれ守る行為であるが、このような形で追求される当事者の基本権は、訴訟における実体的真実の発見よりも優越し、その保護は公的利益にもかなうのであるから、刑事弁護人はかかる被疑者・被告人の意思及びその主張を（虚偽と知りつつも）尊重し擁護することを公的機能として要求される、というのである[107]。

もっとも、*Heinicke* は、常に被疑者・被告人の意思が貫徹されるべきわけではないともいう。すなわち、*Heinicke* によると、被疑者・被告人の刑事手続における主張は自律的決定に基づいていることが前提であり、被疑者・被告人が心神の故障等により自律的決定をなし得ない又は有罪判決の意味を誤解しているといった場合には、司法機関である弁護人が被疑者・被告人の意思に反してでも彼らの社会的に価値のある利益を擁護しなければならない、とされている[108]。

（2）　包括的機関説に対する批判

しかし、包括的機関説は、少数説にとどまっている。それは、次のような批判が妥当するからである。すなわち、① *Heinicke* の理論は、刑事弁護の意義及び目的を見誤っている、刑事弁護とは起訴、勾留、有罪判決といった刑事手続上の処分から被疑者・被告人を保護するためのものであるが[109]、*Heinicke* の理論は、それとは無関係な権利まで擁護する責務を弁護人に負わせている[110]、②この見解のいう被疑者・被告人の保護されるべき利益の内容が不明確である、基本法上保護されるべき利益とは何か、それはどの程度保護されるのか、利益の存否をどのような基準で判定するのかといった点が明確にされていない[111]、③理論の実用性に乏しい、すなわち、被疑者・被告人が虚偽の有罪判決を求める場合、それが被疑者・被告人の自律的決定

107）　*Heinicke*（Fn 101）, S. 374.
108）　*Heinicke*（Fn 101）, S. 383.
109）　BGHSt 29, 99.
110）　*Dornach*, S. 131.
111）　*Dornach*, S. 132.

に基づいているか否かを判断するにはそうした要求の動機まで探求しなければならないが、かかる責務を弁護人に課すことはおよそ現実的ではない[112]。

Ｖ．小　　括

1　ドイツにおける議論のまとめと近時の動向

以上、本章では、弁護人の役割を論じる上で検討することの不可欠な弁護人の法的地位という問題について、詳細な議論が積み重ねられてきたドイツの状況を概観した。これをまとめると、以下のようになる。

歴史上に現れた弁護人像は、古代ローマ期における私人たる依頼人の意思に完全に拘束されるモデルと、糾問主義が普及した中世から近世における公的利益に拘束されるモデルとに大別される。それ以後、この両モデルを理念型として、弁護人の法的地位に関する議論が展開されてきた。

まず、弁護人に公的地位を認める「機関説」が、判例及び学理において多くの支持を受けてきた。かかる「機関説」も一義的ではなく、①国家機関か司法機関か、②機関的地位が弁護人の具体的権利及び義務の根拠となるかという点でバリエーションがあるが、現在では、弁護人は独立した司法機関であり、その地位に基づいて被疑者・被告人を援助する機能と公的利益に配慮する機能という二重の機能を担うとする見解が、判例・通説となっている。

他方で、弁護人は公的利益に拘束されず、むしろ被疑者・被告人の意思に拘束される私的な代理人であるとする「代理人説」も、有力に主張されている。この見解は、本来機関説に対抗するものとして唱えられ、被疑者・被告人の意思への従属という点に重点が置かれてきたが、*Welp* により自律性説が主張されて以来、被疑者・被告人の主体性の確立という点に重点が移されている。また、*Lüderssen* による契約説の主張や、刑事訴訟改革研究会改正草案による具体的提言も見られる。

加えて、機関説の内部でも、公的地位の実質的内容を探求しようとする、従来とは異なる見解が主張されるに至っている。代表的なものとして、

112)　*Dornach*, S. 133.

Beulke の限定的機関説と、*Heinicke* の包括的機関説が挙げられる。限定的機関説は、実定法規定及び立法者の意思の分析から弁護人の援助者的機能と公的機能を導出し、後者の機能に関して、①弁護の実効性への配慮、②刑事司法の実効性への配慮、③国家の安全への配慮という三つの責務を認めつつも、援助者的機能の優越から、そうした公的利益への配慮という責務（特に②の観点）は司法の核心を侵害してはならないという限りでのみ肯定されるにとどまるとする。包括的機関説は、弁護人は、被疑者・被告人の利益（基本権）の包括的保証人であり、被疑者・被告人の意思決定が自律的に行われている限りそれに拘束されるとする。

このように、ドイツにおける弁護人の法的地位の問題について、今なお緻密で複雑な議論が展開されている。そうした状況の中で、1990年代に入り、更に新たな展開が見られる。例えば1992年に連邦弁護士会刑事法委員会が作成した「刑事弁護についての提言」[113]は、その冒頭において、弁護人の法的地位については言明しないと述べている。また、機関説の有力な論者からも、「弁護人の法的地位は、予め定められた一義的な理論から導き出すことはできず、刑事訴訟法の個々の規定から導かれなければならない」[114]との見解が述べられている。このように、弁護人の法的地位を確定すれば、それにより全ての問題が演繹的に解決されるわけでもないという理解も浸透し始めており、今後の議論がどのように展開されるかが注目される。

2　若干の検討

本章で取り上げた以上の見解のうち、まず、代理人説（特に自律性説）及び包括的機関説は、被疑者・被告人の主体性の尊重という点については見るべきものがあるが、それぞれに向けられる批判を克服し得ない。また、従来の機関説も、以前からの批判に加えて、弁護人が公的地位に基づき配慮すべき公的利益の内容が不明確であり、結論を都合よく導くために「公的地位」を

113）Strafrechtsausschusses der Bundesrechtsanwaltskammer, Thesen zur Strafverteidigung, 1992. 本提言は、刑事弁護に関する実務上の指導準則として提唱されたものである。

114）*Roxin/Schünemann*, § 19 Rn 9.

援用していたにすぎず、かかる地位の内容も各論者の結論に合うように様々に形作られてきたという批判を免れることはできない。これに対して、*Beulke* の限定的機関説は、弁護人が担うべき公的地位の内容を明確に分析し、その二重的地位に由来する利益衝突の問題ついても明解かつより説得的な解決を示している。同説は、方法論的にも、刑事手続に関する実定法規定及び立法者の意思を議論の基礎とし、弁護人の権利を制限し又は義務を課すには原則として法規定によらねばならないとする点で、「法治国家的刑事手続」という観点から見て優れている。

では、限定的機関説は、我が国の議論にいかなる影響を与え得るであろうか。まず、この見解の実質的内容に基づいて冒頭で示した論点を検討すると、以下のような明確な解答が得られる。第一に、弁護人は、被疑者・被告人を援助する任務を負うだけでなく、公的利益への配慮をも義務付けられる公的地位に置かれる。第二に、弁護人がその公的地位に基づいて配慮すべき公的利益とは、①刑事弁護の実効性、②刑事司法の実効性、③国家・社会の治安という内容に分析され得る。第三に、右のような公的利益（特に②）と、被疑者・被告人の私的利益とが衝突する場合の処理に関しては、弁護人の責務の本質があくまで被疑者・被告人の援助とされることから、弁護人の活動がもはや刑事弁護の本質から逸脱する場合、つまり司法の核心を侵害するような場合に限り制限されることになる（すなわち、弁護人は被疑者・被告人の不利益となるような真実の解明を積極的に義務付けられるわけではなく、また手続遂行に能動的に協力する義務もなく、ただ司法を著しく妨害するような行為だけを禁止されるという意味で消極的義務を負うにすぎない）。

もっとも、こうした限定的機関説における実質的帰結（弁護人モデル）を、我が国の議論にそのまま引き写してよいかは問題である。なぜなら、*Beulke* の方法論は、ドイツの実定法規定の分析から帰納的に弁護人モデルを導くというものだからである。したがって、かかる方法論を前提にする限り、我が国の刑事手続において弁護人がいかなる地位に置かれ、いかなる役割を担うべきかという問題は、我が国の刑事訴訟法を中心とする法規定の分析を通じて検討されなければならない。

第3章　日本法下での刑事弁護人の法的地位

以上のドイツ法における議論を参考に、本章では、*Beulke* の方法論に倣い、日本法の下での刑事弁護人の法的地位を検討する。

I．日本国憲法

日本国憲法34条1文後段及び37条3項1文は、明文で、「弁護人」に依頼する権利を保障している。また、同37条3項2文は、被告人自身が依頼できない場合の国選弁護の制度も定めている。これらの規定は、もとより憲法の保障する適正手続（憲31条）を具体化するものであるが、弁護人依頼権が憲法上の基本的人権として明文で保障されている点が重要である。

すなわち、憲法は、基本的に国家と市民との関係において国の根本原理を定めるものであるが[115)]、その際、統治機構の構成と基本的人権の保障とをもって、主権者である国民の理想たる社会を実現することを目的とする。それゆえ、基本的人権として保障される諸権利は、国家がこれを不当に侵害してはならないだけでなく、必要に応じて、その実現に資することまで義務付けられる[116)]。この前提からは、刑事弁護は、このような主権者である国民の基本的人権として保障されるための、刑事司法における本質的な制度と位置付けられる。それゆえ、弁護人の刑事司法における活動は、単なる私的利益の実現にとどまるものではなく、本質的に公的利益をも実現すべきものと理解される。

ただし、このような理解からも、弁護人が実現すべき私的利益又は公的利益の内容が直ちに導かれるわけではない。その内容は、刑事弁護人の諸権限について定めた刑事訴訟法の諸制度から考察されるべきものである。とはい

115)　芦部信喜〔高橋和之補訂〕『憲法』9頁（岩波書店、第6版、2015年）、佐藤幸治『日本国憲法論』20頁（成文堂、2011年）。
116)　最判平17・4・19民集59巻3号563頁参照。

え、弁護人の上記のような憲法上の位置付けに鑑みると、刑事司法の適切な運営という社会の利益はなおのこと、被疑者・被告人の私的な利益の保護という場面においても、そのこと自体が憲法の保障する基本的価値秩序を維持するものとして、公的利益に（も）かなうものといってよい。

以上から、日本国憲法上の弁護人依頼権の保障は、弁護人を公的地位に位置付ける根拠になる。

Ⅱ．刑事訴訟法

1　弁護人の選任

被疑者・被告人は、何時でも弁護人を選任することができる（刑訴30条1項）。また、被疑者・被告人の法定代理人等も、本人から独立して弁護人を選任することができる（刑訴30条2項）。刑事訴訟法上、弁護人の選任は私選が原則であり、被疑者・被告人と弁護人との関係は、私法上の契約関係（委任又は無名契約）によって基礎付けられる。私選弁護の場合、弁護活動に対する報酬は被疑者・被告人本人又はこれに代わって選任した法定代理人等から支払われ、この限りで、弁護人の選任における私法上の効力が認められる。

これに対して、国選弁護の場合は、裁判所が被告人に代わって弁護人を選任する（刑訴36条本文）。国選弁護人選任行為の法的性格として、第三者のためにする契約と解する見解もある[117]。この見解によると、国選弁護の場合も、選任の根拠は私法上の効力に基づくものとなる。しかし、判例[118]は、この見解を採らないことを明らかにし、裁判の一種であるとする[119]。国選弁護人の選任は、「裁判長が訴訟法によって与えられた権限に基づき一方的に行う選任の意思表示によりその効力を生ずるもの」であることから[120]、私法上の契約とは異なるのである。

このように、私選弁護と国選弁護とでは、選任時の法的構成に違いはある

117）　高木敏夫・最判解刑（昭54）219頁、吉本徹也・最判解刑（昭63）472頁参照。
118）　最判昭54・7・24刑集33巻5号416頁。
119）　高木（前掲注117）221頁。
120）　最判昭61・9・8裁判集民148号425頁。

が、選任後の地位や権限に違いはない[121]。そこで、刑事弁護人の法的地位の考察に当たっては、選任後の諸規定の検討が必要となる。この点で、弁護人となるべき資格が原則として「弁護士」に限定されており（刑訴31条1項）、弁護士以外の者を弁護人に選任する場合には裁判所の許可を要する（刑訴31条2項）。これは、刑事手続において被疑者・被告人の権利を適切に擁護するためには、法律実務の専門家である弁護士に限定すべきと考えられたことによるものであり[122]、この限りで、弁護人依頼権を保障すべき国家が後見的にその資格を限定したのである。また、弁護士選任の原則からは、弁護人の法的地位の基礎付けに当たり、後述する弁護士法や弁護士職務基本規程も（それだけで結論付けられるものではないとしても）考察に取り込まれるべきこととなる。

更に必要的弁護制度（刑訴289条1項）は、弁護人の法的地位の基礎付けに当たり、弁護人の選任が純粋な私法上の効力にとどまらないことを示すものである。必要的弁護制度は、被疑者・被告人の意思にかかわらず一定要件の下で弁護人の関与を必要的とするものであり、「強制弁護」ともいわれる[123]。必要的弁護制度は、一義的には被疑者・被告人の権利保護を目的としたものであるが、同時に公判審理の公正さを確保することをも目的としており、このような利益は、被疑者・被告人個人の利益にとどまらない[124]。ドイツ法上も、必要的弁護制度の存在は、機関説の立場からこれを基礎付けるものと解されており[125]、日本の法規定も大陸法を継承したものとの前提[126]からは、同義に解することができる。

2　弁護人の諸権限

弁護人の訴訟活動は、基本的に、被疑者・被告人のためにこれを行うべき包括的代理権[127]がその根拠となる。それゆえ、弁護人は、刑事訴訟法及び

121）　松尾・上234頁、酒巻366頁。
122）　大コンメンタール1巻〔永井敏雄〕328頁。
123）　大コンメンタール6巻〔高橋省吾〕53頁。
124）　条解587頁、最判昭23・10・30刑集2巻11号1435頁。
125）　*Roxin/Schünemann*, § 19 Rn 5.
126）　松尾・弁護人の地位94頁。

他の法規定によって禁止されていない限りで、自己の判断に従い自由にその活動を決定・遂行することができる。このような理解は、弁護人を被疑者・被告人の代理人と位置付けるべき考え方に結び付きやすい。もっとも、刑事訴訟法上、弁護人の重要な諸権限については、その行使の要件及び特に被疑者・被告人の意思との関係で詳細な定めがある。これを分析すると、次のとおりとなる。

すなわち、日本の刑事訴訟法が定める弁護人の具体的権限には、①被疑者・被告人の意思に反しない限りで行使し得る「包括代理権」（忌避申立て（刑訴21条２項）、上訴申立て（刑訴355条、356条））、②被疑者・被告人の意思に反してでも行使し得る「独立代理権」（勾留理由開示請求（刑訴82条２項）、勾留取消し・保釈請求（刑訴87条、88条、91条）、証拠保全請求（刑訴179条）、公判期日の変更請求（刑訴276条）、証拠調べ請求（刑訴298条）、証拠調べや裁判長の処分に対する異議申立て（刑訴309条））、③その性質上代理に親しまない「固有権」（被疑者・被告人と重複して持つ権限として、各種立会い（刑訴113条１項、142条、157条１項等）、証人尋問（刑訴157条３項、304条２項）、弁論（刑訴293条２項）等。弁護人のみが持つ権限として、書類の閲覧・謄写（刑訴40条、180条）、鑑定立会い（刑訴170条）、上訴審での弁論（刑訴388条、414条）等）に分類される[128]。また、日本の刑事訴訟法は、弁護人は一定の場合に「独立して訴訟行為をすることができる」（刑訴41条）とする一般規定を置いている。

以上の諸規定を見ると、刑事訴訟法は、弁護人の活動に際して基本的に被疑者・被告人の意思を尊重しているが、弁護人をこれに完全に従属させるのではなく、重要な場面では弁護人の独立した判断に基づく活動を許している。このような制度構造からすると、弁護人は、特定の場面においては、被疑者・被告人の意思から一定程度独立した地位に置かれるべきものである。

ただし、刑事弁護の本質が被疑者・被告人の援助であることに鑑みると、弁護人のこのような独立した地位も、あくまで被疑者・被告人の援助、ひい

127）　最大決昭63・２・17刑集42巻２号299頁。

128）　弁護人の権限についてこのように３種に分類するのが一般的である（鈴木53頁、田宮35頁、平野80頁）。光藤・Ｉ270頁は、②と③を分ける必要があるかは疑問であるとし、両者は「ともに弁護人の固有権と考えその固有権の中に、被告人・被疑者の意思を尊重すべきもの……がある」とする。

てはその主体性の確保・尊重のためのものであって、弁護人が資するべき公的利益も、一義的には被疑者・被告人の利益保護を通じて導き出されるものである。

Ⅲ．弁護士法、弁護士職務基本規程

弁護士法は、弁護士となるべき資格及び欠格事由を規定し（弁護士4条～7条）、弁護士としての活動を行うには日本弁護士連合会の弁護士名簿への登録を求めている（弁護士8条）。そして、弁護士の使命として、基本的人権の擁護と社会正義の実現を明示し（弁護士1条1項）、そのために、弁護士に対して誠実に職務を行い、社会秩序の維持と法律制度の改善に向けた努力を義務付けている（弁護士1条2項）。弁護士に非違行為があった場合には、懲戒処分（弁護士56条以下）や刑罰による制裁（弁護士75条以下）が予定され、厳重に規律されている。なお、懲戒処分に当たっては、弁護士会にその権限が委ねられ（弁護士65条以下）、これによって弁護士自治が確立されている。

弁護士の具体的活動に当たっては、その指針として、弁護士職務基本規程が定められている。そこでは、「弁護士は、その使命が基本的人権の擁護と社会正義の実現にあることを自覚し、その使命の達成に努める」こととし（職規1条）、以下、職務の自由と独立の重視、弁護士自治の意義の自覚と維持発展、司法独立の擁護と司法制度の健全な発展、真実の尊重と信義誠実かつ公正な職務遂行、名誉と信用の保持、教養及び法令等の精通に向けた研鑽、公益活動の実践等の一般的使命が列挙されている。刑事弁護の心構えとして、「被疑者及び被告人の防御権が保障されていることにかんがみ、その権利及び利益を擁護するため、最善の弁護活動に努める」ものとされている（職規46条）。ここで、「最善の弁護活動」とは何かが問題となるが、弁護士は「良心に従い、依頼者の権利及び正当な利益を実現するように努める」とされ（職規21条）、かつ「事件の受任及び処理に当たり、自由かつ独立の立場を保持するように努める」ものとされていることから（職規20条）、弁護士が依頼者の正当な利益が何かを自由かつ独立の立場から判断すべきものと解される。ただし、その際には、依頼者の意思を尊重し、秘密の保持等に配慮しなければならない。

以上から、弁護士法及び弁護士職務基本規程は、弁護人は依頼者との関係において単なる代理人の地位にとどまるものではなく、これが公的地位に位置付けられるべきことを前提にしたものである。

Ⅳ. 小　括

以上、日本国憲法、刑事訴訟法、弁護士法及び弁護士職務基本規程の分析から、刑事弁護人の法的地位が公的なものであり、その活動が公的利益に資するべきものであることが導かれた。この結論は、ドイツ法の通説的見解と一致し、かつその方法論からも現行法解釈に基づいて地位が導かれるとするものである。もっとも、日本国憲法を初めとする弁護人の選任及び具体的活動に向けた現行諸規定は、基本的に、被疑者・被告人の正当な利益の擁護に資するべきことを示しており、公的利益の実現も、そのような活動において果たされるべきものである。

もとより、弁護人の活動は、本質的に、被疑者・被告人の処罰を否定する方向で行われるものであり[129]、被疑者・被告人の正当な利益擁護に向けた片面性を有するものである。それゆえ、刑事手続における弁護人の役割も、被疑者・被告人に対する援助者としての地位が一義的であり、公的利益への配慮も、被疑者・被告人の援助がひいては公的利益に資するべきものと理解するものである。ただし、弁護人は、その過程でも社会正義の実現に努めるべきものとされ、被疑者・被告人の援助者としての地位に反しない限りで、刑事司法の実効性にも配慮することを義務付けられる。もとよりそのような限定性からは、刑事司法の実効性への配慮という側面においても、あくまで弁護人は刑事司法の核心を侵害してはならないという限りで具体的行為を制限されるのみであり、より積極的に被疑者・被告人の正当な利益を制約してまで義務付けられるものではない。

このように考えると、結論において、弁護人の法的地位は、日本法の下に

---

129)　*Beulke*（Fn 49）, S. 1173 ff.

おいても *Beulke* の限定的機関説に基づく理解が妥当である。この見解によると、弁護人は、真実義務に関しても、被疑者・被告人に不利となる方向でこれを義務付けられるものではなく、あくまでその正当な利益の実現に向けられた場面でのみ、当該事実を訴訟で明らかにすべきことを義務付けられる。また、刑事手続の適切な運営に向けた配慮という点についても、やはり、それによって被疑者・被告人の正当な利益の実現につながるかどうかという視点から判断される。その際、弁護人は、公的地位にある者として被疑者・被告人の指示に拘束されるものではなく、弁護方針の最終的な決定権を有している（第5章）。もとより被疑者・被告人との意思疎通が前提であり、意見が分かれた場合には、弁護人は懇切丁寧に状況等を説明し、理解を求めるよう努力すべきであるが、そのような努力が尽くされた限りで、弁護人の独立性が肯定されるのである。そして、以上の教示・説得が行われ、かつ刑事司法の核心を侵害しない限りで、弁護人は、被疑者・被告人の最善の利益を実現する方法について、その専門的な知識と経験を踏まえた判断に基づき、具体的弁護活動を決定、実践すべき地位にある。

第4章　小　　括

以上、本編では刑事弁護人の法的地位について検討し、その具体的帰結を示すに至った。その際、ドイツの議論を参考にして、あくまで現行法の規定から解釈によって導くという手法によることで、解釈論としての法的地位論を示すことができた。これにより、日本の現行憲法及び刑事訴訟法は弁護人の公的地位を承認しており、それは被疑者・被告人の援助者としての役割を本質とすることを前提とし、真実義務等の公的地位に基づいて課せられる義務も限定的なものであるとの理解（限定的機関説）が導かれた。

もとより、弁護人の法的地位の問題の考察に当たっては、本章で示した帰納的考察による現状説明にとどまるものではなく、いわばそもそも論として演繹的推論を行う必要性も否定できない。ただし、従来の議論がともすればそのような演繹的推論、つまり結論先取り型に尽きるものであったため、論者により問題とすべき対象も一定せず、そのことが議論のための議論に陥いることにつながっていたことも否定できない。本書の提示する考察法により、この問題に関する議論の進展が促されることとなれば幸いである。

第２編

刑事弁護人の義務

第５章　誠実義務

Ⅰ．総　　論

被疑者・被告人に対する弁護人の誠実義務は、従来、弁護人の公的地位を肯定するかどうかにかかわらず、その本質的役割として一般的に承認されてきた。弁護人は、被疑者・被告人との間で十分に意思疎通を図り、当該手続での被疑者・被告人の利益を的確に説明し、被疑者・被告人が納得のいくよう懇切丁寧に説得しなければならない。

Ⅱ．最高裁平成17年決定

弁護人の誠実義務について、最高裁として正面から検討を求められたのが、最高裁平成17年決定[1)]である。本件は、殺人等の公訴事実について被告人が第一審公判の終盤において従前の供述を翻し全面的に否認する供述をするようになったが、弁護人が被告人の従前の供述を前提にした有罪を基調とする最終弁論を行い、裁判所がそのまま審理を終結したという事案である。本決定は、その補足意見も含めて弁護人の訴訟活動の在り方いかんという刑事訴訟の根幹に関わる問題を検討し、最高裁として初めて上記問題について明確な判断を示したものである。

１　事件の概要

本件被告人は、他２名との共謀による①営利略取罪及び逮捕監禁罪、②殺人罪、③死体遺棄罪の公訴事実により起訴された。被告人は、上記公訴事実について、捜査段階では基本的に認める供述をしていたが、公判に入ると、

１）　最決平17・11・29刑集59巻９号1847頁。

公訴事実②について、被害者の頸部に巻かれたロープの一端を自ら引っ張ったという事実は認めるが、殺意はなく、また共犯者らとの殺害についての共謀もなかった旨を主張した。更に、被害者の遺体が発見されず、死体遺棄の犯行場所が特定されていなかったことから、第六回公判期日の冒頭に犯行場所を拡張する趣旨の訴因変更手続が行われた際、従前の供述を翻し、公訴事実①の一部を否認するとともに、②及び③については全面的に否認する旨を主張した。第七回公判期日において、弁護人の要求に基づいて被告人質問が実施されたが、その際、被告人は、公訴事実①について前述同様に一部否認の供述を行うとともに、②及び③については、「共犯者２名と共に現場に赴いたが、自分も共犯者も被害者にロープを使った事実はない。自分は共犯者の１人が被害者にけん銃を向けて撃ち、被害者ががけ下に落ちていったのを見ただけである」と供述した。第八回公判期日において、検察側の論告に引き続き弁護人の最終弁論が行われたが、罪体部分に関するその要旨は以下のとおりである。すなわち、弁論の罪体に関する部分は、①被告人の全面否認について、②被告人の殺意の有無について、③被告人の殺意発生時期について、④殺人及び死体遺棄の場所、⑤その他として構成され、中でも①の点について、当初の自白を撤回して否認に至った「被告人の供述には明らかに無理がある。多弁な被告人に、無実を訴える言葉の一つもなかった。殺人、死体遺棄の重大犯罪であるから、弁護人としては、一般的には被告人に同調して全面否認の弁護をすべきである。しかし、公判の最終段階で初めて否認した本件の場合、被告人に同調して上記力説すべき弁護方針を主張せず、撤回することは、弁護人の任務放棄であると思われる」、②の点について、「法的評価、裁判所の認定として被告人に殺意なしとは到底言えない。……被告人は、……心情として『殺意なし』と強調しているものである。被告人が、法的に、裁判所の評価として殺意ありと認定されることを強く否定しているとまで弁護人は思っておらず、殺意について、これを否定する被告人と認める弁護人との間に、乱暴な主張のようであるが、実質的には差異がないと思っている」、⑤の点について、直接の死因については疑問を呈しつつ、「被告人らの行為と被害者の死亡には疑問の余地のない因果関係がある」と述べるなど、全体を総合してみると、第六回公判期日以後の被告人の供述と実質的に矛盾する内容であった。なお、弁護人の右最終弁論に引き続き、被告人自身も最終意見陳述を行ったが、そこでは、公訴事実②及び③を否認する点については明確に述べず、また弁護人の右最終弁論に対する不服も述べられてはいない。以上の経過を経て、第一審[2]は、弁護人の右最終弁論について特に訴訟指揮上の措置を講じることなく、弁護人の第一次的な主張は否認に転じた被告人の第六回公判期日以降の供述に関して慎重な検討を求めるものであり、あくまで第五回公判期日までの自白を前提とする主張は訴訟経過に鑑みて第二次的なものとして行われたにすぎないこと、弁護人の一連の訴訟活動、審理経過、被告人の第六回公判期日以降の供述に信用性がないことなどを総合考慮すると、被告人の防御権ないし弁護人選任権が侵害されたとまで評価できる事情はないと判示し、上記公訴事実について有罪判決を下した。

被告人側が控訴したが、これは棄却された[3]（ただし、被告人の防御権ないし弁護人選任権の侵害という点については、控訴趣意書で言及されておらず、裁判では争点とされなかった）。そこで、弁護人（国選、控訴審判決後に選任）は、本件第一審の最終弁論は被告人の第六回公判期日以降の供述を前提とせず、第五回公判期日までの供述を前提として有罪の主張をするものであることは明らかであり、それにもかかわらず裁判所は弁護人に更に弁論を尽くさせるなどの措置を採らず、右主張を放置して結審したものであって、当該訴訟手続は被告人の防御権ないし弁護人選任権を侵害する違法なものであったなどと主張し、上告を提起した。最高裁第三小法廷は、右主張は適法な上告理由に当たらないとした上で、職権により以下のとおり判示し、上告を棄却した。

2　最高裁決定要旨

「なるほど、殺人、死体遺棄の公訴事実について全面的に否認する被告人の第六回公判期日以降の主張、供述と本件最終弁論の基調となる主張には大きな隔たりがみられる。しかし、弁護人は、被告人が捜査段階から被害者の頸部に巻かれたロープの一端を引っ張った旨を具体的、詳細に述べ、第一審公判の終盤に至るまでその供述を維持していたことなどの証拠関係、審理経

2）　宇都宮地判平16・３・16刑集59巻９号1855頁。
3）　東京高判平16・９・22刑集59巻９号1881頁。

過を踏まえた上で、その中で被告人に最大限有利な認定がなされることを企図した主張をしたものとみることができる。また、弁護人は、被告人が供述を翻した後の第七回公判期日の供述も信用性の高い部分を含むものであって、十分検討してもらいたい旨を述べたり、被害者の死体が発見されていないという本件の証拠関係に由来する事実認定上の問題点を指摘するなどもしている。なお、被告人本人も、最終意見陳述の段階では、殺人、死体遺棄の公訴事実を否認する点について明確に述べないという態度を取っている上、本件最終弁論に対する不服を述べていない。〔原文改行〕以上によれば、第一審の訴訟手続に法令違反があるとは認められない。」

なお、本決定には上田裁判官の補足意見が付された。以下、その要旨も引用する。

「刑事訴訟法が規定する弁護人の個々の訴訟行為の内容や、そこから導かれる訴訟上の役割、立場等からすれば、弁護人は、被告人の利益のために訴訟活動を行うべき誠実義務を負うと解される。したがって、弁護人が、最終弁論において、被告人が無罪を主張するのに対して有罪の主張をしたり、被告人の主張に比してその刑事責任を重くする方向の主張をした場合には、前記義務に違反し、被告人の防御権ないし実質的な意味での弁護人選任権を侵害するものとして、それ自体が違法とされ、あるいは、それ自体は違法とされなくともそのような主張を放置して結審した裁判所の訴訟手続が違法とされることがあり得ることは否定し難いと思われる。〔原文改行〕しかし、弁護人は、他方で、法律専門家（刑訴31条1項）ないし裁判所の許可を受けた者（同条2項）として、真実発見を使命とする刑事裁判制度の一翼を担う立場をも有しているものである。また、何をもって被告人の利益とみなすかについては微妙な点もあり、この点についての判断は、第一次的に弁護人にゆだねられると解するのが相当である。更に、最終弁論は、弁護人の意見表明の手続であって、その主張が、実体判断において裁判所を拘束する性質を有するものではない。〔原文改行〕このような点を考慮すると、前記のような違法があるとされるのは、当該主張が、専ら被告人を糾弾する目的でされたとみられるなど、当事者主義の訴訟構造の下において検察官と対峙し被告人を防御すべき弁護人の基本的立場と相いれないような場合に限られると解するのが相当である。〔原文改行〕本件最終弁論は、証拠関係、審理経過、弁論内容の全体等からみて、被告人の利益を実質的に図る意図があるものと認められ、弁護人の前記基本的立場と相いれないようなものではなく、前記のような違法がないことは明らかというべきである。」

3　後継裁判例

最高裁平成17年決定を後継する裁判例として、東京高裁平成23年判決[4)]が挙げられる。

本件は、最高裁平成17年決定（特に上田裁判官補足意見）で示された基準に基づき、弁護人の誠実義務違反性を認めた事例である。本件弁護人（差戻し後の第一審で選任）は、証人尋問において被告人の意思を十分酌み取った尋問を行わず、また被告人が無罪を主張しているにもかかわらず有罪を前提とした糾弾的な弁論に終始した。裁判所は、以下のとおり判示し、弁護人の誠実義務違反性（及びこれを放置して結審した裁判所の手続の違法性）を肯定した。すなわち、「原審弁護人は、その最終弁論に現れているように、被告人の有罪を確信するとともに、被告人の弁解は不合理・不自然であると断じ、差戻し前控訴審判決による「破棄・差戻し」は無意味であると批判する姿勢を堅持している。原審の証人尋問において、原審弁護人が、当初こそ被告人の意向を酌んだ反対尋問を行っていたものの、その後は、被告人の意向に沿った反対尋問を行わず、更には、被告人質問において、被告人から回答を拒絶されるに至ったのは、上記のような姿勢に由来するものと看取することができる。殊に、原審弁護人は、差戻し前控訴審判決により原審で行うべきであるとされていた、被告人の現行犯逮捕手続及びそれに引き続いて行われた被告人から口腔内細胞を採取した手続の適法性に関し十分な証拠調べを行うことについて、全く意義を見出さなかったため、被告人の主張に即した弁護活動を行う意欲を欠いていたとみざるを得ない。〔原文改行〕そうすると、原審弁護人は、被告人の利益のために訴訟活動を行うべき誠実義務に違反し、被告人の防御権及び実質的な意味での弁護人選任権を侵害しているというほかなく、

4）　東京高判平23・４・12判タ1399号375頁。

それを放置して結審した原審の訴訟手続には法令違反がある（引用判例省略）。原裁判所は、少なくとも、原審弁護人の違法な訴訟活動が明らかになった最終弁論の時点で、国選弁護人である原審弁護人を交替させるなどして、不適切に行われた証人に対する反対尋問の部分及び被告人質問並びに最終弁論をそれぞれ補完する必要があったというべきである。原裁判所は、上記の違法がある状態をそのままにして、有罪の判断をすることは許されなかったのであるから、原審の訴訟手続の法令違反が判決に影響を及ぼすことは明らかである」。

このようにして、判例上、誠実義務は、弁護人がその弁護活動の方針を最終的に決定すべきであるとしても、決して独断的であってはならず、被疑者・被告人と十分な意思疎通を図り、その意思を十分酌み取った上で、その利益を最善のものとすべく努めるべきものであると理解されている。この点において、被疑者・被告人への説明と説得が、誠実義務の履行に際して必要不可欠の要素である。

Ⅲ．検　　討

1　問題の所在

弁護人の訴訟上の義務として、一般に、弁護人は被疑者・被告人の権利及び利益を擁護するために誠心誠意弁護活動を行うべきであるという意味での「誠実義務」[5]と、弁護人は訴訟活動において刑事訴訟の目的の一つである真実発見に寄与すべきであるという意味での「真実義務」（後述）とが挙げられる。双方の義務はいかなる関係に位置付けられるべきかは、弁護人が刑事訴訟において置かれる地位及びそれに伴って課されるべき役割をどのように理解すべきか、つまり、被疑者・被告人の私的利益の擁護に尽きるのか又は公的利益へ配慮する義務も負うのかという刑事訴訟法における本質的な問題である。この点で、誠実義務に純化されるべきであるという見解[6]と、双方の

5）　佐藤博史「弁護人の真実義務」争点新版32頁。
6）　村岡啓一「被疑者・被告人と弁護人の関係①」刑弁22号23頁、同「弁護人の役割」法セミ563号87頁。

義務の存在を認める見解[7]とが対立している。

最高裁平成17年決定のように、弁護人が公訴事実を否認する被告人の供述は訴訟の経過に照らして虚偽であると判断した場合、最終弁論においてなおも被告人の当該供述を支持する内容の陳述を行うべきか、又は本件弁護人のように自身の心証に基づいた内容の陳述を行うべきか。この点について、前述の議論を前提にして、正に誠実義務と真実義務という二つの利益が対立する場面であると分析する見解[8]や、弁護人の真実義務は被告人の主張を離れて真相解明に協力すべきものではなく、本決定も弁護人は「被告人に最大限有利な認定がなされることを企図したと解しうること」などから真実義務には反しないと評価したと分析する見解[9]が見られる。しかし、最高裁平成17年決定の事案は、最終弁論というあくまで意見陳述を行う訴訟活動が対象とされたものであり、真実義務の問題は生じない[10]。つまり、弁護人の真実義務が問題となるのは、弁護人自身が情報源として主張及び立証活動を行う場合であり、既に行われた証拠調べに対する評価である意見陳述は、「真実」云々の問題ではない[11]。その意味で、最高裁平成17年決定の事案は、誠実義務の問題であり、弁護人は被疑者・被告人のためであればその意思に反する訴訟活動を行うことも許されるか、又は被疑者・被告人の意思に完全に従属すべきものであるかが問題とされるべきものであり、この点で、弁護人と被疑者・被告人との関係、つまり弁護人の法的地位の内実が問われるのである。

7）　大野正男編〔大野正男〕『講座現代の弁護士第２巻——弁護士の団体』2頁（日本評論社、1970年）、大野正男「楕円の論理」判タ528号7頁、上田國廣「被疑者・被告人と弁護人の関係②」刑弁22号31頁。

8）　判例時報及び判例タイムズの本件紹介記事。

9）　徳永光「否認事件において有罪を基調とする弁護が行われた事例」法セミ614号126頁。

10）　佐藤博史・平17重判204頁は、弁護人の積極的真実義務（裁判所の真実発見に協力する義務）の問題として捕捉した上で、弁護人にはそのような義務が存在しないとの理解から、「本件で真実義務は問題になっていない」と主張する。

11）　*Widmaier*, in FG-BGH 50 Jah., S. 1043, 1048, 2000.

2　弁護人と被疑者・被告人との関係

前述のとおり、弁護人は、訴訟において被疑者・被告人の利益を擁護するため誠心誠意弁護活動を行う義務、つまり被疑者・被告人への誠実義務を負う。このような弁護人の被疑者・被告人に対して負うべき誠実義務について判示した裁判例として、東京地裁昭和38年判決[12]（損害賠償請求事件）が注目される。この事件は、被告人を死刑に処する第一審判決後に就任した弁護人（国選）が、第一審の訴訟記録を閲読したのみでそれ以上の調査を行うことなく、「控訴の理由なし」、「〔被告人の〕行為は戦慄を覚ゆる」、「死刑は止むを得ない」とする控訴趣意書を提出し、かつそのような訴訟活動について被告人に告知せず、また被告人自身が控訴趣意書を提出すべくその書き方の教示を求めてきた際にも、控訴趣意書は自分の方で提出するからとだけ返事をしたのみで、それ以上何ら措置を採らなかったというものである。当該刑事裁判[13]では弁護を受ける権利が実質的に侵害されていたとする被告人の主張は却下されたが、その後に被告人から自身の弁護人に対して提起された本件損害賠償請求事件では、弁護人は、①訴訟記録及びその他の資料から極力被告人に有利となる事情を調査する義務を負い、②上記のような調査を尽くしてもなお適当な控訴理由を発見できないときには、被告人に対して率直にその旨を告げ、その言い分を十分に聴取した上で、最終的に被告人の主張に沿うべき協力ができない場合には被告人に対して善処を求める義務を負うべき者であると判示され、本件弁護人はそのような義務を果たしていなかったとして、被告人からの請求が認容された。この民事判決では、具体的訴訟状況における弁護人の被疑者・被告人のために行うべき活動いかんという問題（当該事件では、第一審後の控訴趣意書提出に際しての、被告人に有利な事実についての弁護人の調査義務）と、上記のような活動によっても被疑者・被告人に有利な事情が発見されなかった場合の弁護人が採るべき態度いかんという問題とが区別して検討されている。この二つの問題は、従来、しばしば混同して議論されてきた[14]。確かに、両者は、弁護人の被疑者・被告人に対する誠実義務の要

12）　東京地判昭38・11・28判時354号11頁。

13）　最判昭36・３・30刑集15巻３号688頁。

14）　田宮裕『刑事手続とその運用』389頁（有斐閣、1990年）。

素であるという点では共通するが、その意義において次元を異にするものであることから、区別して検討されるべき問題である。

3　誠実義務に基づく具体的活動

（1）　事実審における弁護人の調査義務

まず、弁護人に、被疑者・被告人の援助者として、刑事手続における彼らの正当な利益が実現されるよう最大限の努力を行うことが要請される。憲法34条１文後段及び37条３項に定められた弁護人依頼権は、国家機関と対等の地位及び権限を有するべき弁護人によって援助を受けることにより、被疑者・被告人が刑事手続において「個人として尊重される」（憲13条１文）ことを保障するために不可欠の権利である。弁護人は、この基本権を実現させるべき立場にあるものとして、被疑者・被告人の保護に向けて誠心誠意努力することが要求される。このような弁護人の義務は、本質的に被疑者・被告人を援助すること、すなわち被疑者・被告人を「起訴、勾留、有罪判決から守ること」にある[15]。したがって、弁護人は、訴訟が終結するまで、被疑者・被告人に有利な事情を探求し、裁判所の心証形成に対して被疑者・被告人に有利に働きかけていくよう活動することが求められる。最高裁平成17年決定の事案においても、弁護人は、被告人が否認に転じた場合はなおのこと、仮に犯行を自認している事件であっても、訴訟資料を十分慎重に検討し、被疑者・被告人に有利となる事情を探求すべきであった[16]。

もっとも、弁護人が全訴訟資料を十分かつ慎重に検討しても、被疑者・被告人に有利となる事情を一切発見できない場合もあり得る。被告人自身が犯行を否認しており、弁護人がその主張にかなうべく誠心誠意調査を行ったが、被告人の否認供述を裏付ける根拠が全く発見できなかった場合、弁護人はどうすべきか。このような場合、確かに、法律及び刑事訴訟に精通した弁護人の立場からすると、説得的な裏付けもなく否認する被告人の態度はおよ

15）　BGHSt 29, 99.

16）　本件第一審の裁判調書及び判決書等の訴訟記録からは、共犯者に対する証人尋問が行われた形跡はなく、その供述は専ら調書によるものであったと推測されるが、本件のように被告人が自身の犯行関与を否認しているような場合には、弁護人としては、共犯者に対する証人尋問を請求すべきであった。

そ不合理なものと映ることであろう。しかし、弁護人は、それでもなお被疑者・被告人の援助者として、彼らを切り捨てるようなことをしてはならない。このような状況に際して、学理上、「そこには理外の理が働く。被告人の不服が主観的、恣意的なものであっても、被告人としては、その不服を聞いてもらいたい利益を持ち、法上聞いてもらいうるように協力してやるのが弁護人の仕事だ」[17)]、「たとえ自分の良心に従って上訴理由がないと確信する場合でも、被告人に会ってその求める気持ちをきき、これを上訴理由に法律的に構成してやるのが、弁護人の必須の義務だと思われる。とくに被告人自身が上訴しているのは、何か主張したいことがあったからに違いない。その被告人の真意を十分くんで、これに専門家として法律的な表現を付与してやるべきである」[18)]といった指摘がなされている。これらの指摘を最高裁平成17年決定の事案に当てはめると、弁護人の見地からおよそ被告人の否認を裏付ける資料が発見できない場合であっても、弁護人は被告人の主張を十分酌み取り、可能な限りでその主張を法的に構成するよう努力する義務を負うということになる。つまり、弁護人は、当該訴訟状況について自身の見地からするとおよそ被告人の否認供述を裏付ける資料が発見できないとしても、接見等の機会を通じて被告人がなぜそのような供述をするに至ったのか（特に被告人が手続の途中から否認に転じた場合）という点について被告人自身の意思を十分に聴き取り、その主張が法的に主張可能なものであるかどうかを吟味し、それが聞き容れられるように、法的専門家としての自身の能力をフルに発揮して再構成することを試みなければならない。

最高裁平成17年決定の事案では、確かに、第一審判決の判示によると、被告人が否認に転じた際、弁護人は、直ちにその意を探求すべく被告人質問を請求し、その際にも「被告人の言い分を引き出す被告人質問を粘り強く行って」いる。しかし、そもそも被告人の供述変更について弁護人との間で意思の疎通が図られていたかは、訴訟経過を見る限りでは不明であり、被告人質問によって弁護人が被告人の真意を十分酌み取ることができたかは定かではない。判決文からは接見等の訴訟外の事情が明らかではないが、もし弁護人

---

17)　平場安治・判評66号29、31頁。
18)　田宮（前掲注14）391頁。

が（特に被告人が否認に転じた時点で）被告人と十分な意思疎通を図ることなく、自身の見解を最終弁論において一方的に展開したにすぎないものであったとすると、被告人の防御権ないし弁護人依頼権は実質的に侵害されていたと評価することができる。

（２）　弁護方針の最終決定権限

弁護人は、前述した調査義務を十分に果たした結果として被告人の供述を法的に構成する（理由付ける）ことがおよそ不可能であると判断した場合、又は被告人の供述を訴訟で貫き通すことが可能であるとしても、なお自身の立てた弁護方針の方が結果的に見て被告人に有利であると判断した場合（例えば、否認したまま有罪になるよりも、自認して情状に訴えることで量刑上有利となると判断した場合）、どのような弁論を行うべきか。

弁護人の最終弁論は、弁護人固有の権限であり、その内容について被告人の意思に拘束されるものではない[19)]。それゆえ、弁護人は、被告人が犯行を否認しているにもかかわらず、それが被告人の利益にかなうと判断する場合には、被告人の主張と異なる自身の見解を弁論することも許される。もっとも、その前提として、弁護人は上記のような被告人との意思疎通を十分に図る義務を負うのであり、被告人の主張と異なる弁論をすべきと判断した場合には、そのことを事前に被告人に告知し、その理解を求めて十分な説得を行うよう努力しなければならない。弁護人がおよそ専断的に自身の考えを押し通すことは許されない。

このようにして、弁護人が合理的な説明により被告人を十分に説得する場合、実際上、両者の見解が異なったまま訴訟の終結を迎えることは考え難い。最後まで意思の疎通が図れなかった場合、被告人は、私選弁護の場合であれば弁護人を解任し、弁護人が自身の納得しない弁論を行うという事態に対処することが可能である。

もっとも、国選弁護の場合、被告人に弁護人の解任権は認められておらず、上記の場合とは事情が異なる。また、私選弁護の場合でも、意思の疎通

---

19)　青柳文雄他〔佐々木史朗〕『註釈刑事訴訟法・第３巻』144頁（立花書房、1978年）、注解・中巻〔高田卓爾〕499頁、条解617頁、ポケット下巻716頁、大コンメンタール６巻〔高橋省吾〕153頁、光藤・Ⅱ85頁。

が図られないまま、しかし金銭面や人的関係など何らかの事情で被告人が弁護人を解任しない（又はできない）状況が生じ得る（第12章）。このような場合、弁護人は、どう対応すべきか。この点について、日本弁護士連合会は、かつて、適切な上告理由が発見できない場合には弁護士法24条でいう「正当の理由」に該当するものとして、国選弁護を辞任すべきであるとの「統一解釈」（1960年10月５日付）を発表した[20)]。学理上も、弁護人は自身の弁護方針が万策尽きた場合、又は被告人と意思の疎通が図れない場合には辞任すべきであるとの見解が、有力に主張されている[21)]。しかし、国選弁護の場合、「国選弁護人は、裁判所が解任しない限りその地位を失うものではなく」[22)]、弁護人の自発的な辞任は認められていない点に注意が必要である[23)]。私選弁護の場合でも、弁護人からの被告人との意思疎通が図れないことを理由とする自発的な辞任は、弁護人は単なる私法契約上の代理人にとどまらず、独立の司法機関としての地位にも置かれるべきこと（第１編）を考えると、被疑者・被告人の弁護を受ける権利の実質的侵害につながり、妥当ではない[24)]。

筆者は、弁護人が自身の弁護方針を被疑者・被告人に十分に告知し、被疑者・被告人の説得に努めた結果、当該弁護方針について被疑者・被告人より同意を得ることはできなかったが、それでもなお解任されずに弁護人としての地位にとどまるという場合には、弁護人がどのような訴訟活動を行うべきかについて最終的に決定するのは弁護人自身であり、その限りにおいて、弁論に際して被告人の意思に拘束されないという通説的見解も支持し得ると考える。すなわち、弁護人は、被疑者・被告人の援助者ではあるが、その私的代理人ではないという場合、弁護活動に際して基本的に被疑者・被告人の意思に拘束されるものではなく、独立の司法機関としての法的専門家の立場から客観的かつ大局的に、面前の被疑者・被告人にとってどのような弁護活動

20)　金末多志雄「国選弁護人問題の経緯」ジュリ213号9、10頁、野間繁「社会保障としての国選弁護」自正11巻11号1頁。
21)　田宮（前掲注14）398頁。
22)　最判昭54・７・24刑集33巻５号416頁。
23)　国選弁護人解任の問題について、ユルゲン・ザイアー〔辻本典央訳〕「国選弁護人の任命取消」立命278号216頁。
24)　松尾浩也『刑事訴訟の原理』21頁（東京大学出版会、1974年）、千種達夫「弁護人の弁護の限界」判時236号2、3頁。

が適切であるかを判断すべき立場にある。そして、そのような弁護人の活動は、被疑者・被告人の利益を図るという目的を第一義としつつも、公的利益にもかなうべきものである。最高裁平成17年決定に付された上田裁判官の補足意見でも、「何をもって被告人の利益とみなすかについては微妙な点もあり、この点についての判断は、第一次的に弁護人にゆだねられると解するのが相当である」と判示されているが、このような見解は、私見と同様の見解に立つものである。

（３）　裁判所の対応

最後に、弁護人が最終弁論において被告人の供述と異なる陳述を行った場合に裁判所がとるべき対応について言及しておく（最高裁平成17年決定の事案では、この問題が直接の争点であった）。

この点で、裁判所が被告人と弁護人との関係に不当に干渉してはならないのは当然であり、弁護人と被告人との主張に齟齬が生じた場合でも、それ以降の対応について基本的には当事者に委ねるべきである。例えば、私選弁護の事案で表向きは相互の意思疎通が図られない事情が生じても、なお被告人が弁護人を解任しないという場合、そこには他の訴訟関係人が干渉することを許されない事情が存在している可能性があり、裁判所としては、意思の齟齬が訴訟法上特に問題がなければ（例えば書証についての同意問題を参照[25]）、意思疎通を図るよう促すことまでは許される（刑訴規208条）としても、それ以上干渉すべきではない。

もっとも、国選弁護の場合、前述のとおり当事者の主導による辞任が認められないという前提からすると、裁判所は、被告人の弁護を受ける権利ないし防御権の観点から、その後見的立場において弁護関係に関与すべき一定の義務を負う。ただし、国選弁護もその選任後は私選弁護と同じく他の機関からの不当な干渉から保護されるべきとの前提からは、裁判所における弁護関係への介入義務も、限定的なものにとどめられるべきである。したがって、弁護人と被告人との見解に齟齬が生じた場合でも、それだけでは国選弁護人

25)　最判昭27・12・19刑集６巻11号1329頁、仙台高判平５・４・26判タ828号284頁、大阪高判平８・11・27判時1603号151頁、福岡高判平10・２・５判時1642号157頁、大阪高判平13・４・６判時1747号171頁、広島高判平15・９・２判時1851号155頁。

の解任等の干渉が正当化されるものではなく、当事者からの解任の申立てを待って解任手続を採るべきである。なお、被告人本人からの申立ての場合は格別として、弁護人から解任の申立てを行う場合には、当該弁護人はその時機等を十分に考慮し、被告人の不利とならないよう配慮すべきであり、裁判所としても、解任申立ての理由については当事者の主張する限りにとどめ、それ以上積極的に追究することは避けるべきである。

Ⅳ. 小　括

以上から、最高裁平成17年決定のような（国選）弁護人が被告人の主張と実質的に矛盾する弁論を行うという事案を念頭に、弁護人の被疑者・被告人に対する誠実義務について、①被疑者・被告人に有利な事情を徹底的に調査し、かつ被疑者・被告人本人の意思を十分に酌み取る義務、及び②①が尽きた場合における弁護人が被疑者・被告人のために採るべき対応について、最終的には弁護人自身が決定するとしても、その前提として、被疑者・被告人と十分な意思疎通を図るよう努力し、かつ具体的弁護活動が行われるに際して被疑者・被告人側にそれに対応する機会（例えば国選弁護人の解任）を保障すべきことが確認された。弁護人が上記の義務を十分尽くさず、いわば専断的に自身の見解を弁論したにすぎなかったという場合、被疑者・被告人の防御権ないし弁護人依頼権が侵害されたと評価できる。特に裁判員制度の下では、弁護人の最終弁論は、法律専門家からの素人に対するメッセージとして強い影響力を持つものであり、その重要性が高まっていることからも（第16章）、弁護人としてより一層慎重な対応が期待される。

ただし、被疑者・被告人の防御権ないし弁護人依頼権が弁護人の活動により侵害されたと評価され得る場合でも、裁判所は、不用意又は過剰に弁護関係に干渉すべきではない。例えば、最高裁平成17年決定の事案のように、当事者からの救済を求める積極的な申立てがなされなかった場合、ことさらの訴訟指揮を行うことなく裁判を終結させたとしても、裁判所の手続に違法な点はない。

第6章　真実義務

Ⅰ．総　　論

刑事弁護人は、刑事手続の究極の目的である真実発見（刑訴1条）のために協力する義務を負うか[26]。刑事弁護人の真実義務という問題は、刑事訴訟における本質的なテーマであり、刑事弁護人の位置付けと密接に関連する問題として議論されてきた。現在では、弁護人は積極的な意味での、すなわち被疑者・被告人に不利となる場面でも真実発見に協力する義務を負うとする見解は見られないが、消極的な意味での真実義務については争いがある。例えば、「弁護人が述べることは、全て真実でなければならないが、しかし、弁護人は、真実であることを全て述べなければならないわけではない」[27]、「被告人の権利の範囲内においては真実が犠牲になることを躊躇する必要は全くないが（それは誠実義務の履行そのものである）、弁護人といえども積極的に真実を歪める行為をしてはならないという意味における弁護人の真実義務はむしろ強調されなくてはならない」[28]として、刑事訴訟における真実発見を妨害してはならないとする消極的真実義務肯定説と、このような義務付けを否定し、弁護人の刑事手続における義務は被疑者・被告人のために誠心誠意尽力すべき誠実義務に尽きるとする真実義務否定説[29]とが対立している。

このような対立は、各論者が依拠する弁護人観の違いが反映されたものであり、従来の議論では理念論・観念論に終始して相互の主張が十分に噛み合っていなかった。本章では、このような問題意識を踏まえて、問題点を整理した上で法的観点に基づいた考察を行う。

26）　石井吉一「弁護人の責務」争点3版28、29頁。
27）　*Beulke*, Strafbarkeit S. 18.
28）　佐藤博史「弁護人の真実義務」争点2版32、33頁。
29）　村岡（前掲注6）25頁、浦功「弁護人に真実義務はあるか」竹澤哲夫他編『刑事弁護の技術・上巻』11頁（第一法規、1994年）。

Ⅱ．真実義務の対象

弁護人の真実義務が問題とされる場合、しばしば、弁護人が接見の機会等の公判外で被告人より真実を打ち明けられたため被告人の有罪を確信した場合になお無罪の「弁論」をしてよいか、又はその逆に、被告人が身代わり犯人であることを知った場合になお被告人の意思に従って有罪の「弁論」をすることは許されるか、という事例が挙げられてきた[30]。

しかし、弁護人の「真実」義務が問題となるのは、弁護人自身が直接又は間接に事実の情報源である場合に限られ、既に公判に顕在化した事実に対する「意見を陳述する」場である最終弁論（刑訴293条）は、真実性の問題が生ずる場面ではない。確かに、弁護人が最終弁論において自身の確信に反する意見を陳述することも、広い意味での虚偽、すなわち自身の心証という主観的事実に反するものと評価することも可能である。しかし、証拠調べにおいて顕在した事実及びそれを基礎付ける証拠の信用性は、裁判官の自由心証に委ねられるものであり（刑訴318条）、弁護人の最終弁論における意見陳述は、訴訟における真実解明に向けられたものというよりも、むしろ「検察官の論告に対する被告人側の反論・弁解で手続を締めくくり、被告人の納得を前提とした公正な裁判を実現しようとの趣旨」によるものと理解されるべきである[31]。例えば最高裁平成17年決定[32]（第５章）は、被告人が公判の途中で否認に転じたが、弁護人が被告人の主張と実質的に矛盾する趣旨の最終弁論を行ったという事例であるが、このような場面は、弁護人の真実義務が問題となるものではない。

弁護人の真実義務は、弁護人が訴訟における一定の事実についてこれを隠匿又は歪曲することにより、裁判所の真実解明に向けた心証形成を妨害するという場面において問題となる。例えば弁護人の最終弁論における客観的な事実に反する趣旨の意見陳述は、それ自体が真実性の問題を生じさせるもの

30）　鈴木49頁。
31）　三井382頁。
32）　最決平17・11・29刑集59巻９号1847頁。

ではなく、その前段階（証拠調べ段階）において弁護人のみが知り得た事実を隠匿又は歪曲し、又はそのような虚偽証拠をあえて放置しておくことが、「真実」とのかかわりにおいて問題となるのである。

Ⅲ．ドイツにおける真実義務論

1　真実義務と弁護人の法的地位との関係

ドイツでも、弁護人の真実義務という問題は、弁護人の刑事手続において占める法的地位の問題と密接に関連付けて議論されてきた。

ドイツでは、刑事弁護人の法的地位に関して、従来、弁護人は公的利益に配慮すべき公的地位、司法機関としての地位に置かれるとする機関説と、被疑者・被告人の私的代理人であるとする代理人説とが対立し、弁護人の真実義務は、前者によると肯定され、後者によると否定されるという図式で議論が展開されてきた（第２章）。すなわち、機関説（通説・判例）は、弁護人は裁判所・検察官と並ぶ独立の司法機関として刑事手続における真実解明に向けた公的利益に配慮する義務を負う者であると理解するのに対して、代理人説[33]は、被疑者・被告人自身は嘘をつくことが許される（嘘をつく権利を有する）ことを前提に、その代理人である弁護人も被疑者・被告人と同様に嘘をつくことを許されると理解するのである。しかし、このような弁護人が嘘をつくことを許容する見解は、弁護人の役割を的確に示すものではないとして、もはや克服されている。現在では、代理人説を基にしても、一定の真実義務を肯定する見解が有力である[34]。更には、弁護人は司法機関であると否とにかかわらず「公正な手続」という観点から真実を義務付けられるとする見解[35]、刑事弁護が被疑者・被告人の基本的権利であり、弁護人の刑事手続における活動は被疑者・被告人の右権利に由来することを前提としてその限界も検討されるべきとする見解[36]、弁護人は法治国家的に要請される司法の

---

33)　*Ostendorf*, NJW 1978, 1345.
34)　*Welp*, ZStW 90 (1978), 804.
35)　*Bottke*, ZStW 96 (1984), 726.
36)　*Hamm*, NJW 1993, 289.

機能性の遵守のために正しい法秩序の範囲において行動しなければならず、弁護人を被疑者・被告人の利益（又は国家の利益）に片面的に義務付けることは弁護制度の存在を脅かすことになるとする見解[37]など、弁護人の法的地位と切り離して真実義務を基礎付ける見解も見られる。

2　真実義務の内容

このようにして、ドイツでは、現在、弁護人の真実義務を肯定するということで学理の見解はほぼ一致しており、議論の中心は、真実義務の内容をどのように理解するかに移っている。この点で通説的見解によると、弁護人の真実義務は、裁判所の真実発見過程に積極的に協力すべきものではなく、単にそれを妨害する行為を慎むべき消極的なものにとどまるものと理解されている。例えば、法の適用・執行を義務付けられる検察官及び裁判官とは異なり、弁護人においてその役割は依頼者の利益を片面的に擁護するということであって、弁護人が司法機関に位置付けられることから国家の利益への拘束性が導かれるものではない[38]、刑罰権の存否及びその実現可能性は手続の中で決定されるものであり、弁護人に対し初めからそれに向けた義務を課すことは刑事司法の前提を覆すものである[39]、弁護人は裁判所の認定過程に批判的観点から関与すべき者であり、法に従って行動する限りで裁判所の裁判に対する妨害者ではなくその正当性の保障者である[40]、などの見解が示されている。

このような学理の動向について、従来、機関説からは「訴訟規定適合性」が処罰妨害罪の成否に関する基準とされてきたが、刑事弁護は法治国家的刑罰の妨害ではなくその前提条件であり、その刑法上の限界も刑事訴訟法の構造及びその解釈から導かれなければならないとして、通説的見解である機関説内部での弁護活動に対する考え方の変化が表れているとの分析が見られる[41]。同様に、刑事弁護人は訴訟主体である被疑者・被告人の援助者として

37）　*Gössel*, ZStW 94（1982）, 5.
38）　*Eschen*, StV 1981, 365.
39）　*Temming*, StV 1982, 539.
40）　*Vehling*, StV 1992, 86.
41）　*Paulus*, NStZ 1992, 305.

刑事手続に関与すべき者であり、制度的に糾問的活動が予定される裁判所の真実発見に積極的に協力すべき者ではないとして、刑事弁護の本質から積極的な方向での真実義務を否定する見解も見られる[42]。

以上のとおり、ドイツでは、現在、被疑者・被告人に不利な方向において、弁護人に対して積極的に真実発見に協力するよう義務付けることは否定されている。では、消極的な意味での真実義務、弁護人の積極的な妨害行為の禁止について、その内容をどのように理解すべきか。この点の検討に当たっては、刑事弁護における処罰を妨げる性質を内在するその本質と、被疑者・被告人の主観的権利及びその制度的保障としての憲法上のその位置付けが考慮されなければならない。このような観点からは、*Beulke*の見解が注目される。*Beulke*は、限定的機関説（第2章）を理論的基礎として、刑事弁護人は被疑者・被告人の援助者であるとともに、公的利益（弁護の実効性及び刑事司法の実効性）にも配慮すべき公的地位に置かれる者であるが、特に援助者的機能との対立を内在する刑事司法の実効性の観点からする弁護人への義務付けは、刑事司法の核心領域を侵害してはならないという程度のものにとどまるものと主張する。*Beulke*の見解は、学理及び裁判実務からの支持も強く、基本的考察法として参考に値する[43]。ただし、*Beulke*の示す具体的結論は、部分的にその名に反して可罰性の範囲が拡張的なものもあり、具体的当てはめにおいて自身も認めるように[44]なお不明確さを残すものである点に、一定の留保が必要である[45]。

---

42)　*Grüner*, Über den Mißbrauch von Mitwirkungsrechten und die Mitwirkungspflichten des Verteidigers im Strafprozeß, S. 80, 2000.

43)　援助者義務の優越を主張する見解として、*Tondorf*, StV 1983, 257; *Krekeler*, NStZ 1989, 146.

44)　*Beulke*, Strafbarkeit, S. 14.

45)　*Beulke*の方法論について、刑事訴訟法立法者は弁護人の法的地位について明示していないことから、制定法上の弁護人の権利及び義務からその法的地位を演繹する必要があるとする点は、刑事訴訟法上法的地位が明示されていないことは裁判所や検察官等の機関も同様であり、そのような法的地位を明示することが刑事訴訟法立法者の任務であるかという前提問題の検討を必要とするという批判も向けられる（*Herrmann*, ZStW 95（1982）, 104）。

Ⅳ．検　　討

1　真実義務の肯否

（1）　真実義務肯定説

刑事訴訟法１条において事案の真相究明が刑事手続の目的として掲げられ、弁護人として活動すべき弁護士に関して、社会正義の実現がその使命とされ（弁護士１条１項）、「勝敗にとらわれて真実の発見をゆるがせにしてはならない」こと（旧弁護士倫理７条）、「真実を尊重」すべきこと（職規５条）と定められている。これらの規定に基づいて、刑事弁護人の真実義務を肯定する見解（真実義務肯定説）が主張される。例えば、弁護人が証拠を偽造し又は証人に偽証させるなどした場合に証拠隠滅罪や偽証罪に問われるとする裁判例[46]は、弁護人は被告人に有利となる行為を全て正当化されるとする見解を否定し、真実義務肯定説に立つものである。

真実義務肯定説は、更に、刑事手続における真実究明に積極的に寄与する義務まで認める積極的真実義務肯定説と、単に刑事訴訟における真実究明を妨害してはならないという意味での消極的真実義務肯定説とに分けられる。この問題について、従来、被疑者・被告人が接見等の機会に弁護人に対して自己の犯行であることを告白しながら裁判所に対してはこれを否認するという事例が念頭におかれ[47]、このような場合において、弁護人は被告人より告白された事実を秘匿しつつ無罪に向けた弁護を行うことも許されるとして、積極的真実義務を否定する見解が支配的であった。

他方で、弁護人の真実義務は、前述の例とは逆に、被疑者・被告人が真犯人の身代わりとして出頭したという事例でも問題となり得る[48]。弁護人が被告人は身代わり犯人であることを知りつつ、真犯人の存在を秘匿して被告人の有罪を前提とした弁護活動を行ったとして犯人隠避罪で起訴された事例に

46)　千葉地判昭34・９・12判時207号34頁、京都地判平17・３・８ LEX/DB 28105138。

47)　松尾（前掲注24）7頁、井戸田侃「弁護人の地位・権限」刑事訴訟法講座１巻93、101頁、松本一郎「弁護人の地位」争点初版36、38頁。

48)　佐藤（前掲注28）33頁。

ついて、大審院昭和５年判決[49]は、刑事被告人の正当な利益を保護する職責を果たすため必要であるならば、弁護士として業務上聞知した他者の秘密を漏洩しても刑法134条の秘密漏洩罪について違法性を阻却されるのであり、逆に被告人が身代わりであることを秘匿しておくことは弁護人の職責として当然の措置とはいえず、弁護人は被告人に対し不当な訴追が行われた場合には被告人の意思にかかわらず被告人が刑事手続において有する正当な利益を擁護すべき地位にあると判示し、弁護士の守秘義務に基づいた正当行為であるとの主張を退けて有罪とした。本件は、身代わり犯人が真犯人である自分の雇主を庇った事件であったが、そのような人的関係に基づく犯罪者の庇護は刑事手続における被告人の正当な利益ではなく、弁護人は被告人の意思に反してでも刑事手続における正当な利益（ここでは真実に反する訴追及び有罪判決を免れること）の擁護に向けて活動すべき地位にあること、すなわち被疑者・被告人に利益となる方向において積極的真実義務が肯定されたと評価し得る。学理上も、被告人が身代わりとして有罪判決を受けることは被告人の正当な利益とはいえず、弁護人は真実を露呈して無罪立証すべきであるとの見解が支配的である[50]。

（２）　真実義務否定説

特に弁護士諸家を中心に、弁護人の真実義務を否定する見解が有力に主張されている。

例えば、弁護人が刑事手続において課されるべき責務は、被疑者・被告人に対する誠実義務に尽きるとする見解（「誠実義務純化論」＝「ハイアッドガン論」）が主張されている[51]。この見解の論拠として、被疑者・被告人のために活動するという弁護人の地位に鑑みて、実体的真実とのかかわりにおいても「被疑者・被告人の視点からみた真実」というものが問題の中心に置かれるべきであり、裁判所の真実解明に資する義務は弁護人の法的地位からは導かれないこと、当事者主義の法制度の下において弁護人が被疑者・被告人のために

49）　大判昭５・２・７大刑集９巻51頁。
50）　平野79頁、鈴木49頁、田宮36頁。
51）　村岡啓一（発言）「座談会・弁護人の真実義務と誠実義務をめぐって」現刑58号4、8頁。

最善を尽くすことが弁護人の刑事手続における使命として措定されるべきことが挙げられている。

その他にも、従来問題とされてきた証拠偽造等の行為は弁護人に限らず禁じられる類のものである、そこでいわれる真実義務は弁護人であるが故の特別の義務などではなく、あたかも弁護人には一般人とは異なる特別の義務が課せられるかのような誤解を防ぐためには「弁護人には真実義務はない、と明確に言い切るのが正当である」とする見解[52]や、弁護人の真実義務は弁護人の公的地位ないし公益的地位に基づく性質のものではない（弁護人の公的義務とは「当事者的闘争を通じて被告人の権利・利益を擁護し、刑事司法の目的である適正手続の実現に協力すべき任務があるという、当然の事理を意味するにすぎない」）、むしろ当事者主義訴訟構造における公正のルールに従うこと、すなわち当事者主義に内在する制約であるところの倫理的義務にすぎない（法的義務ではない）とする見解[53]などが主張されている。

（3）検　　討

前述のドイツにおける議論にも見られるように、現在の刑事手続において弁護人の真実義務を否定することは困難である。司法機関説からはなおのこと、代理人説からも、現在は、弁護人の真実義務が肯定されている。

我が国では弁護士諸家を中心に真実義務否定説も有力に主張されているが、真実義務否定説は、次の理由から説得的ではない。第一に、誠実義務純化論＝ハイヤード・ガン論に対しては、同説は刑事訴訟における「真実」を専ら被疑者・被告人の側から構成し裁判所の真実解明に資する義務を否定するというものであったが、「真実観」をどう解するかという観点[54]から見るならば、真実義務そのものの否定にはつながらない。確かに、絶対的真実を措定しつつ人の認識能力の限界から裁判所における真実の擬制的性質を強調する見解（「二項対立的事実観」）からは、裁判所の事実認定が絶対的真実に限りなく近づくことが刑事訴訟における目標となり得るが、刑事訴訟の当事者

52）　藤田充宏「弁護人の任務と権限」庭山英雄・山口治夫編『刑事弁護の手続と技法』25頁（青林書院、改訂版、2006年）。
53）　浦（前掲注29）14頁。
54）　豊崎七絵『刑事訴訟における事実観』455頁以下（日本評論社、2006年）。

追行を原則とする構造及び裁判所の事実認定に向けられた様々な法的規制の遵守という観点から真実をいわば規範的に構成する見解（「規範的事実観」）からは、当事者の主張も真実解明に向けて刑事訴訟法上予定される不可欠の構成要素であり、弁護人はそのような主張が適切に行われることに配慮するよう義務付けられるのであって、その意味で正しい真実の構築に向けられた弁護人の責務であるとの前提からは、論者のいう専ら被疑者・被告人の側から真実を構成し裁判で主張する義務も、やはり弁護人の真実義務というべきものである。第二に、一般にいわれる真実義務は弁護人固有のものではないとする見解は、ドイツでも同様の見解が主張されているところであり[55]、弁護活動の限界は一般的な濫用禁止から導かれるべきであるとする見解と共通のものであるが、同説に対しては、一般的濫用禁止論では弁護人を他の訴訟関係者と同じ地位に置くことになってしまうと批判されている[56]。弁護人の真実義務の問題は、むしろ弁護人はその地位において他の訴訟関係者とは異なる行為をどの範囲まで許されるかという点において重要なのであり、弁護人に対する特別の義務付けを否定する見解は、弁護人の特殊な地位に配慮しないものとして否定されるべきである。第三に、弁護人の真実義務を法的なものではなく当事者主義に内在する倫理的なものと理解すべきと主張する見解は、要するに当事者主義という刑事訴訟の本質的構造に法的効果を認めないものであるが、刑事訴訟の柱となるべき当事者主義はそれ自体規範的構造を有するものというべきであり、真実義務がその構造に内在するというのであれば、やはりそれは法的な義務と理解せざるを得ない。

2　真実義務の程度

弁護人には真実義務が課せられるとして、その内容（程度）はどのようなものと理解すべきか。この点について、前述のとおり、弁護人は積極的に裁判所の真実解明に寄与すべきとする積極的真実義務説と、弁護人は単に裁判所の真実解明活動を妨害してはならないということにすぎないとする消極的真実義務説とが対立している。もっとも、現在では、積極的真実義務説は主

---

55)　*Roxin/Schünemann*, § 19 Rn 12 ff.

56)　*Beulke*, in FS-Roxin, S. 1173, 1184, 2001.

張されず、消極的真実義務説が支配的見解である。

しかし、このような対立は弁護活動全般に妥当するものではなく、その射程は限定されたものである。確かに、弁護人に公的地位を認めるかどうかにかかわらず、被疑者・被告人の援助者として誠実に活動すべきこと（誠実義務）が弁護人の本質的責務であることから、被疑者・被告人に不利となる場合（例えば被告人が公訴事実を否認している事案で、弁護人が接見に際し被告人自身から犯行を打ち明けられた場合）に、刑事裁判における真実解明に積極的に寄与する義務、つまり被告人が真犯人であるとの事実を露呈する義務が否定されることは理解できる。しかし、弁護人の被疑者・被告人に対する誠実義務を前提とするならば、逆に被疑者・被告人に有利となる場合（例えば身代わり犯人の事案で、弁護人が被告人から一定の理由で身代わり犯人として出頭したとの事実を打ち明けられた場合）に、なおも積極的に真実解明に寄与する義務を負うかという点では、これを肯定する見解（例えば前掲大審院昭和５年判決）も、十分説得的である。

ただし、弁護人が真実解明に寄与する義務を負うとしても、その具体的内容は、訴訟における個別の事情によって異なり得る。弁護活動の具体的内容は、弁護人が刑事手続において配慮すべき諸利益の衡量において決せられるべきものである。

3　真実義務の根拠

（1）　誠実義務

弁護人は、被疑者・被告人の援助者として誠実に活動する義務（誠実義務）を負う（第５章）。我が国の憲法上、弁護人は被疑者・被告人の基本権に奉仕すべき者として位置付けられており（憲34条前段、37条３項）、これを受けて、刑事訴訟法上も、弁護人には様々な権限が付与されている。そこから、弁護人は、その諸権限を被疑者・被告人のために行使すべき地位にある。実質的な観点からも、弁護人は、捜査段階では警察、公判段階では検察官という強力な組織と権限を備えた国家機関との対抗関係に置かれるべき被疑者・被告人にとって、彼らの利益のために活動することで刑事手続における武器対等性を実現し、被疑者・被告人の公正な刑事裁判を受ける権利（憲31条以下）及び個人としての人格の尊重（憲13条）といった諸利益に配慮すべき地位にある。

このような被疑者・被告人を援助する義務は、被疑者・被告人の私的利益にとどまらず、それ自体が公的利益として観念し得るものである。確かに、憲法上及び刑事訴訟法上、弁護人による弁護を受けることは被疑者・被告人の権利として定められており、弁護人選任は基本的に被疑者・被告人（及びその近親者）の意思に委ねられているが（刑訴30条）、一定の重大事件に際して弁護人の存在が必要的であるとされていること（刑訴289条）などから、被疑者・被告人の意思に反してでも弁護人が付されることが法律上予定されている。また、弁護人は、具体的活動に際して、一定の場合には「独立して訴訟行為をすることができる」（刑訴41条）とされ、例えば勾留理由開示請求（刑訴82条２項）、勾留取消請求（刑訴87条）、保釈請求（刑訴88条）、証拠保全請求（刑訴179条１項）、証拠調べ請求（刑訴298条１項）、各種異議申立て（刑訴309条１項、２項）などを、被疑者・被告人の意思に反してでも行使できる。弁護人の援助を受ける権利を被疑者・被告人の純粋な主観的権利であると理解するならば、このような被疑者・被告人の意思に反してでも弁護人が付されることや、被疑者・被告人の意思に反してでも弁護人が独立して活動するということは想定されない。それゆえ、弁護人が被疑者・被告人のために活動することは、一定の公的利益、すなわち制度としての刑事弁護が実効的なものとして運用される利益としても理解されるべきものである。

（２）　刑事司法の実効性に配慮する義務

弁護人は、被疑者・被告人のために誠実に活動する義務（誠実義務）に加えて、それ以外の公的利益、特に真実解明を究極の目標とする刑事司法の適切な運営に向けた利益（刑訴１条）にも配慮する義務を負うか。この問題は、弁護人の真実義務が肯定されることを前提にして、その性質はどのようなものであるか、更には被疑者・被告人の利益と刑事司法の適切な運営という利益が対立する場合にはどのように調整が図られるべきかという問題に影響を与える。

確かに、真実義務否定説から主張されるように、刑事司法の適切な運営に向けて、弁護人だけでなく一般市民もこれを積極的に妨害することを禁止されており（刑100条、103条、104条、105条の2、169条等）、このような形での妨害禁止義務を弁護人固有のものと観念する必要はないようにも思われる。しかし、弁護人は、一般市民とは異なり、刑事訴訟において多くの手続的権利を有しており、その諸権限を行使することによって刑事訴訟における実体的真実の解明に深く関与することが予定されている。そのような地位に基づいて得られた諸情報について、これをどのような形で利用し、手続形成に影響させるかという観点からは、弁護人に特殊な義務付けを観念することは可能であり、かつ必要である。例えば捜査段階で証拠保全請求に基づいて裁判官による一定の調査が行われた場合、その内容について被疑者・被告人自身も書類の閲覧を認められているが（刑訴180条3項本文）、弁護人が付されている場合には被疑者・被告人自身の閲覧は否定されている（刑訴180条3項但書）、また、弁護人には、被疑者・被告人とは異なり、証拠物等の謄写まで認められている（刑訴180条1項）。このようにして、弁護人は、その弁護活動において一般市民はなおのこと、被疑者・被告人自身よりも多くの情報を獲得し、かつ一定の証拠を自身の手元に保管しておくことも許されているが、このような権限は、弁護人がそのようにして得た情報等を刑事訴訟において適切に行使する義務を負うこと、つまりこのような弁護人しか知り得ない情報を濫用して法が予定しない形で訴訟の結果に作用することを禁じられることを前提として、その存在の合理性が認められるものである。仮に弁護人がそのような諸権限を濫用することを禁止されないとするならば、一般市民だけでなく、被疑者・被告人本人よりも優越する権限を弁護人に付与することの基盤が失われ、その結果として、弁護人の手続的権利は極めて限られた範囲でしか付与されないということになるであろう。すなわち、弁護人がこのようにして自身の手続的権利を濫用してはならないという義務は、他の一般市民や被疑者・被告人本人とは異なる弁護人固有のもの、その弁護活動に内在するものとして位置付けられるべきである。

（3）　義務の衝突

以上のとおり、弁護人は、被疑者・被告人のために誠実に活動する義務に加えて、刑事司法を妨害してはならない義務を負う。そこで、双方の義務が衝突する場合どのように調整されるべきかが問題となる。

この点、弁護人の本質的義務は、被疑者・被告人に対する誠実義務であり、刑事司法に対するを妨害の禁止は、被疑者・被告人のために行う弁護活動に内在する限界として理解すべきである。例えば被疑者・被告人が捜査及び公判で否認しつつ弁護人には自分が真犯人であると打ち明けた事例では、弁護人は、被疑者・被告人に対する誠実義務の履行において、被疑者・被告人に対する国家機関からの干渉（未決勾留、公訴提起、有罪判決）から彼らを保護すること、彼らの防御活動を援助することを要請されるのであり、彼らの利益に反して活動する義務はない。もっとも、弁護人は、被疑者・被告人の利益のためであれば何をしても許されるわけではなく、自身に与えられた手続的権利を濫用して刑事司法の適切な運営を妨害することを禁止される。刑事弁護人は、一般市民や被疑者・被告人本人よりも多くの手続的権利を与えられ、被疑者・被告人のために万全の態勢で活動することを保障されているが、それは弁護人がそのような手続的権利を法が想定する範囲内で適切に行使すべき者であるとの信頼に基づくものであり、弁護活動にはそのような信頼を担保すべき一定の限界が存在するのである。

もっとも、法自身が一定の価値判断の結果として弁護活動への優遇・配慮を示したものであることからすれば、刑事司法はあらかじめ弁護人による一定の防御（妨害）的活動を当然に想定しているのであり、弁護活動の限界付けも、あくまで例外的なものとして、つまり弁護活動に対する特殊な義務付けとして位置付けられるべきである。具体的には、弁護人が禁止されるのは、刑事司法の核心領域を侵害するような行為だけであり、そのような刑事司法の核心領域を侵害すると評価されるためには、ある弁護活動が客観的に真実に反するものであったというだけでは足りず、弁護人が自身の行為の虚偽性を認識しそれでもなお裁判の正しい結論を妨げる目的で行ったような場合に限られる。当該証拠の真否はあくまで裁判所の判断に委ねられるべきものであり、弁護人は、それが虚偽であるとの確信を持つ場合を除いて、被疑者・被告人を援助する義務に基づいて、そのような証拠を提出することができるというだけでなく、義務付けられるものである。したがって、前述設例においても、弁護人は、接見交通権という弁護人に付与された手続的権利の行使により聞知した被疑者・被告人の不利になる事実を裁判所において露見させ、被疑者・被告人に不利な方向で手続を進めさせるべきことは要請されない。弁護人が禁止されるのは、単に自身が得た情報を歪曲し又は証人を威迫するなどして、裁判の正しい解決を積極的に妨害するような行為だけである。このようにして、刑事司法の核心領域を侵害しないという義務は、弁護人の真実義務という観点からすると、積極的に真実を妨害してはならないという形での消極的真実義務として理解される。

もっとも、このような衡量は、弁護人の真実解明とのかかわりにおいて、あくまで被疑者・被告人に不利となる方向でのものである。逆に被疑者・被告人に有利となる方向においては、これとは異なる検討が必要となる。例えば身代わり犯人の事例では、被告人が身代わり犯人であるとの事実を露見させて無罪を勝ち取ることは、刑事司法の適切な運営にかなうだけでなく、被疑者・被告人のために誠実に活動する義務としても要請される。確かに、このような状況で、被疑者・被告人がなおも身代わりで有罪判決を受けることを望んだ場合、弁護人は、被疑者・被告人のそのような意思を無視して真実を露見させることを許されるか、そのような弁護活動が被疑者・被告人のために誠実に活動する義務にかなうものであるかは問題である。しかし、このような無罪獲得に向けた弁護活動は、可能であるだけでなく、弁護人の義務としても要請されるべきである。前述のとおり、弁護人の援助を受ける権利は、基本的には被疑者・被告人の基本的権利として位置付けられるが、被疑者・被告人が受けるべき弁護人の援助は被疑者・被告人の正当な利益の擁護に向けられるものであり、真犯人の身代わりとして刑罰を受けることはそれ自体で現代の法治国家において許されるものではなく、これを刑事弁護によって保護されるべき正当な利益ということはできない。刑事弁護が被疑者・被告人の意思に反してでも行われるべきものであることにも鑑みると、刑事弁護は、被疑者・被告人が随意に放棄できるものではない公的利益に（も）資するべきものであり、国民の刑事司法に対する信頼、適切な刑事弁護の遂行という利益からは、被疑者・被告人に有利となる事実を裁判において適切に露見させ、刑罰権の誤った行使を阻止することが要請されている。

以上の点を弁護人の真実義務という観点から見るならば、被疑者・被告人に有利な方向においては、弁護人は、裁判の正しい結論に向けて積極的に寄与する義務を負う。弁護人の真実義務は、刑事司法を妨害しないという公的利益からのみ問題となるだけでなく、被疑者・被告人のために誠実に活動する義務からも導かれ得るものであり、具体的場面において、その態様が変化するものである。

ただし、このような被疑者・被告人に有利な事実を露見させる義務は、被疑者・被告人のため誠実に活動する義務から導かれるものであることからすると、仮に弁護人がそのような被疑者・被告人に有利な事実を露見させなかったとしても、積極的に虚偽の事実を裁判所に提示する、又は被告人の虚偽の供述を支持するような証拠を提出するなどの行為が行われない限り、刑事司法の核心領域を侵害するものとは評価されない。例えば、身代わり犯人の事例で弁護人が真犯人に対する犯人隠避罪を問われた前掲大審院昭和5年判決は、真犯人の刑事訴追機関への出頭を押しとどめ、身代わり犯人の自分が真犯人であるとの虚偽の供述を漫然と放置し、裁判を終結させたという弁護人の行為について、弁護士の守秘義務に基づく正当行為であるとの被告人（弁護人）の主張を退け、刑事弁護人は被告人の正当な利益を擁護すべき地位にあり、そのために弁護士として業務上聞知した他者の秘密を漏洩したとしてもその違法性が阻却されるものであったとして有罪判決を下した。しかし、当該事案のような弁護活動がより積極的に真実を歪曲、隠匿したとの評価がなされない限り、弁護人の行為が被疑者・被告人のために誠実に活動する義務、つまり訴訟法上の義務に違反することは格別として、更に司法の核心領域を侵害する（したがって可罰的である）といい得るかは疑問である（第8章）。

4　具体的状況ごとの検討

弁護人の真実義務が問題となる場合として、具体的に次のような状況が想定され得る[57]。

（1）　裁判所との関係

従来、弁護人の真実義務に関する議論の中心に置かれてきたのが、裁判所

57）　*Bottke*（Fn 35）, S. 731 ff; 松尾（前掲注24）12頁。

の真実解明活動とのかかわりであった。この問題の検討に当たっては、前述のとおり、被疑者・被告人に不利となる事実が問題となる場合と、被疑者・被告人に有利となる事実が問題となる場合とに区別されなければならない。弁護人は、前者の場合には、真実を積極的に歪曲・隠匿する行為だけが禁止されるにとどまるが、後者の場面には、被告人に有利となる事実を積極的に露見させ、被告人が不当に処罰されることのないよう実体解明に寄与する義務を負う。

例えば、弁護人が被疑者・被告人を真犯人と確信するにもかかわらず、証拠を偽造し又は偽造証拠を提出する行為[58]、証人に偽証を教唆する又は偽証について共同正犯として関わる行為[59]などは禁止されるが、逆に検察側申請の証拠又は証人の供述が虚偽であることを知りつつそのまま放置すれば被疑者・被告人に有利な結果となるという場合、そのような証拠の証明力を更に増強させるなど積極的な行為は許されないとしても、被疑者・被告人に不利となる情報を積極的に開示する義務まで負うものではない。

（２）　被疑者・被告人との関係

弁護人の真実義務は、公判外の活動でも問題となり得る。弁護人は、特に被疑者・被告人との留置施設内接見を含む連絡の機会において、被疑者・被告人に対し様々な手続的権利や事件の状況等について助言を行うことが要請される。

この点で、被疑者・被告人に対する黙秘権告知の問題が議論されてきた。黙秘権行使は被疑者・被告人の憲法上保障される基本的権利であり、弁護人が被疑者・被告人自身にそのような権利が認められていることを教示することは問題ない。では、被疑者・被告人がそのような権利を知りつつ取調べに対して自白することを決意した場合、弁護人は、それでもなお被疑者・被告人に黙秘するよう勧奨・指示することを許されるか。確かに、被疑者・被告人の自白も裁判にとっての重要証拠であり（刑訴322条参照）、被疑者・被告人の自白に向けた決意を撤回させることは真実を隠蔽するものということもできる。しかし、黙秘権の行使は、被疑者・被告人において適法な行為であ

58）　千葉地判昭34・９・12判時207号34頁。
59）　京都地判平17・３・８ LEX/DB 28105138。

り、弁護人が自白を指示したとしてもなお最終的に自白するかどうかの決定は被疑者・被告人の意思に委ねられていることからしても、弁護人が被疑者・被告人に自白を思いとどまるよう勧奨・指示することは許される。

これに対して、より積極的に真実に反して否認することを勧奨・指示する行為は、禁止されるべきである。被疑者・被告人は、確かに、黙秘することを権利として保障されているが、そこには「嘘をつく権利」まで含まれているとはいえないこと、黙秘にとどまらず否認するという場合には積極的に真実を歪曲していると評価できることから、弁護人は、真実に反する否認を勧奨・指示することを禁止されているのである。もっとも、弁護人は、単に被疑者・被告人に対して客観的な法律状況を教示することを禁止されず、例えば被疑者・被告人が取調べに際して嘘をついても処罰されることはないと教示することは許される。弁護人は、法律の専門家として様々な法律知識を被疑者・被告人に教示し、それらの中からより適切な防御方針を被疑者・被告人自身にも検討させることが要請されるのである。被疑者・被告人がそのような法律状況を濫用して、彼ら自身が不当に真実解明を妨害するような行為をしたとしても、それはあくまで被疑者・被告人の責任に帰するものであり、そのことを理由として弁護人の教示行為まで禁止されるべきものではない。ただし、弁護人は、単に嘘をついても処罰されないと教示するだけであるならば真実義務違反は問われないとしても、そのような嘘をつく行為が最終的に被疑者・被告人にとってどのような結果を導くか（例えば量刑で不利に扱われるなど）ということまで教示するのでなければ、被疑者・被告人に対する誠実義務違反を問われることになる。

弁護人は、自身が知り得た重要情報を被疑者・被告人に伝達する行為を許されるか。例えば弁護人が証拠閲覧により被疑者・被告人に対して逮捕又は捜索差押えなどの強制処分が予定されていることを知り、これを被疑者・被告人に伝達した場合、どのように評価されるべきか。この点について、前述のとおり、証拠閲覧謄写権は弁護人固有の権限として定められ、弁護人はそれによって知った情報について真実解明に妨げとなる場合にはその伝達等を差し控える義務を負う。例えば被疑者・被告人が逮捕の予定を知ることでその逃亡の虞が認められる場合には、当該強制処分が予定されているという情報を伝達する行為は禁止される。ただし、弁護人が禁止されるのはあくまで当該行為によって刑事司法の核心領域が侵害されるような行為に限られるのであり、被疑者・被告人による捜査妨害の誘発ではなく、当該資料に基づいて適切な防御活動を準備する（例えば当該強制処分が実施された場合の当日の対応）などのために用いる場合には、当該情報を被疑者・被告人に伝達することも許される。

（３）　証人との関係

弁護人は、捜査段階又は公判準備段階で重要証人と接触することもあり、その際、証人に対して様々な働きかけを行うことが想定される。このような場合、弁護人は、やはり真実との関係において多くの点に配慮しなければならない。例えば被疑者・被告人の罪を立証する証言を行うことが予定される証人（負罪証人）に対し、威迫・買収等によって被疑者・被告人に不利な証言を思いとどまるよう働きかける行為は許されない（刑105条の２、刑訴299条の２等）。もっとも、被害者証人に対し被害弁償として相当な額の金銭を支払う又はその約束をするなどして被害者に告訴の撤回を求めるような行為は、弁護活動として当然に許されるべきものであり、被害者保護の観点からも否定されるべきものではない。被害者がそのことによって負罪供述を撤回したとしても、そのような撤回が金銭支払に固く条件付けられていたなど特段の事情がない限り、証人買収としての積極的な真実を妨害する行為ということはできない[60)]。

証人とのかかわりで特に重要であるのは、例えば証人が一定の証言拒絶権を持つ者であるときに（刑訴144条以下）、弁護人がそのような権利を教示し、その行使を勧奨・指示するといった場合である。この問題についても、弁護人は、被疑者・被告人に対する黙秘権の告知及びその行使の勧奨・指示が許されるのと同様、証人に対してそのような権利を教示し、その行使を勧奨・指示することも許されるべきである。証言拒絶権が与えられる趣旨はそれぞれの類型ごとに異なるが、法がそのような権利を付与している限り、証人がそれに基づいて証言を拒絶する行為は適法であり、そのことによって真実が

60)　BGHSt 46, 53.

隠匿・歪曲されたとしても、それは法自身が予定することだからである。

証人との関係について、更に共犯者間での供述を事前に各々の弁護人を通じて摺り合わせておくことが想定される。このような打合せ行為は、それが積極的に虚偽の事実をでっち上げようとの目的に出るような場合には偽証又は証拠偽造と同様の問題が生ずるが、各々の共犯者の供述及び弁護方針を確認し、それぞれの弁護方針を立てる際の参考にするというものであれば、許されるべきである。

V. 小　括

以上、本章では、刑事訴訟における本質的な問題の一つである、弁護人の真実義務について検討した。ここでの結論を確認しておくと、以下のとおりである。

弁護人は刑事手続において真実義務を負うが、それは被疑者・被告人に不利となる事実が問題となる場面と、有利となる事実が問題となる場面とに区別して検討されなければならない。前者の場合、弁護人は裁判所の真実解明に寄与する意味での真実義務は負わず、単に積極的な方法で真実解明を阻害するという行為だけが禁止される。このことは、弁護人の刑事司法の実効性という公的利益に配慮する義務から導かれる。もっとも、その際でも、あらゆる能動的な行為が禁止されるのではなく、刑事司法の核心領域を侵害するような態様の行為、具体的には弁護人がある事実又は証拠を虚偽であると確信しつつ裁判所に提出するといった行為だけが禁止される。他方、被疑者・被告人に有利となる事実については、それを隠匿・歪曲することは、被疑者・被告人のため誠実に活動する義務に反する。したがって、積極的に真実を追求し、被疑者・被告人に有利となる事実については、彼らの意思に反してでも（例えば身代わり犯人の事例）露見させ、その限りで裁判所の真実解明に積極的に寄与する義務を負う。

弁護人の真実義務について、従来ともすれば理念的、観念的な議論に陥る弊が見られたが、前述のように問題を分析的に考察し、制定法規定との対照において検討することによって、弁護人の様々な手続的権利・義務に基づくその法的地位に適応した結論が導かれた。

第７章　刑事弁護人の公判在廷義務

Ⅰ．総　　論

弁護人は、「被疑者・被告人の能力を補い、その正当な利益を擁護する」[61]ために、刑事手続に関与すべき者である。現行憲法は、刑事訴追を受けた者の基本的権利として、弁護人依頼権を身体拘束の条件とし（憲34条１文後段）、「刑事被告人」にはこれを一般的に保障している（憲37条３項１文）。刑事訴訟法は、これより広く、被疑者・被告人は「何時でも弁護人を選任することができる」としている（刑訴30条）。また、被疑者・被告人自身が弁護人を選任できないときは、国選弁護制度も用意されている（憲37条３項２文、刑訴36条以下）。更に一定の条件、一定の手続において、弁護人の関与が必要的とされている（刑訴289条、316条の２、350条の９）[62]。

このようにして、弁護人は、現在、刑事手続に不可欠の存在である。必要的弁護事件では弁護人の在廷が開廷の条件とされていることからも、弁護人にとって、公判への出廷はその訴訟上の権利というだけでなく、義務でもある。

もっとも、従来、弁護人が（正当な理由なく）公判に出廷しないという事案が見られた。いわゆる「荒れる法廷」の時代には、訴訟遅延を目的とし又は裁判所の訴訟指揮に反発して弁護人が出廷を拒否するという問題が生じていた。確かに、現行法上、必要的弁護事件において弁護人が出廷しない場合又はその虞が認められる場合には、裁判所（及び裁判長、以下省略）は職権で他の弁護人を選任することができるが（刑訴289条２項、３項）、弁護人の不出頭が急遽判明するようなときは、現実的に当該期日の開廷を断念せざるを得ない。

61）　鈴木47頁。
62）　2016年５月に制定・導入された「協議・合意手続」においても、弁護人の関与が必要的とされている（刑訴新350条の３、350条の４）。

このように、弁護人の在廷が開廷要件となる事案でその不出頭により訴訟が遅延させられると、裁判所の訴訟指揮に影響を与えるとともに、訴訟の迅速な遂行が害されることにもなる。このような事態に備えて、2004年改正により、弁護人（及び検察官）に対し必要に応じて公判期日等への出頭・在廷を命令し、弁護人等がこれに従わない場合には過料に処することができるようになった（刑訴278条の2第1項、3項）。この規定について、既に最高裁でその適否が問われた事案も生じている。

本章では、比較法としてドイツの関連する諸問題についての考察を踏まえて、刑事訴訟法278条の2の意義と今後の運用に関する諸問題についての理論的考察を行う。

Ⅱ．2004年改正

1　従来の法状況

（1）　問題の所在

刑事裁判は被告人の在廷を原則とし（刑訴286条）、一定の重大事件では弁護人の出頭・在廷も必要条件とされている（刑訴289条1項）。そこで、被告人及び弁護人が裁判所の期日指定や一定の訴訟指揮に反発するなどの理由で出頭・在廷しない場合、どのように対処すべきかが問題となる。

この点、被告人に関しては、召喚（刑訴57条）又は勾引（刑訴58条）により出頭が確保され、裁判長の許可なく退廷することができず（刑訴288条1項）、これを無視して出頭・在廷しないときは被告人不在のままでも審理及び判決をすることができる（刑訴286条の2、341条）。

他方、弁護人に関しても、従来、裁判所が訴訟指揮権又は法廷警察権（刑訴288条2項、裁71条2項）に基づいて在廷命令を出すことができるとされてきた（法廷秩序2条参照）[63]。また、被告人と異なり弁護人には代替性があることから、必要的弁護事件で弁護人が不出頭又は未選任の場合には、職権で弁護人が付される（刑訴289条2項。なお、2004年改正により現行規定に拡張された）。も

63）　内藤丈夫「訴訟関係人に対する在廷命令」熊谷弘他編『公判法体系Ⅱ・第2編公判・裁判(1)』321頁（日本評論社、1975年）。

っとも、直前に弁護人の不出頭が判明するような場合、直ちに適当な弁護人を選任して公判に出頭させることは困難である。このような場合どのように対処すべきかが、従来問題とされてきた。

（２）　学理・下級審裁判例の動向

学理上、かつては、必要的弁護事件において弁護人の立会いは絶対的であり、これに違反して行われた審理は無効とする見解が有力であった[64]。その理由として、第一に、明文上の根拠がなく、被告人に関する規定の類推適用は被告人と弁護人の訴訟上の地位の違いから否定されるべきこと、第二に、弁護人の不当な行為から被告人に不利益な帰結を導くことは被告人の利益保護という必要的弁護制度の趣旨に反することが挙げられる[65]。下級審裁判例でも、「被告人が拒否しても弁護人による弁護を強制する必要的弁護制度を設けながら、選任された弁護人が弁護を尽さないことについて被告人に帰責事由がある場合には、弁護人による弁護を与えなくてよいとするのは背理である」として、必要的弁護規定の絶対的効力が肯定されていた[66]。

しかしその後、検察実務家を中心に、弁護人の不出頭が被告人と意思を通じて行われるなど被告人にその帰責性が認められる場合には、例外的に弁護人不在のまま審理を行うことを認める見解が主張されるに至った。その理由付けは、①286条の２、341条類推適用説[67]、②被告人の権利放棄説[68]、③289条１項の内在的制約説[69]に分かれる。このような見解は、「荒れる法廷」が深刻化し、原則の徹底が訴訟運営の麻痺を生じさせてきたことに端を発している。下級審裁判例でも、類推適用説を基礎に、弁護人不在のままの審理継続を認める見解が広まっていった[70]。

64）　注解・中巻〔高田卓爾〕474頁、松尾・弁護人の地位105頁、内藤（前掲注63）321頁、大阪高判昭50・５・15判時791号126頁。

65）　横川敏雄『刑事裁判の研究』201頁（朝倉書店、1953年）。

66）　大阪高判昭56・12・15高刑34巻４号416頁。

67）　条解960頁、大コンメンタール６巻〔高橋省吾〕67頁、船田三雄「法廷警察権と裁判権との接点――法廷警察権の本質とその訴訟手続に及ぼす効果」曹時27巻２号1、24頁。

68）　河上和雄「必要的弁護事件における国選弁護――刑訴289条２項に関連して」警論26巻７号30頁。ただし、現行法解釈としては、①説にも依拠している。

69）　小林充「刑事訴訟指揮における若干の問題」曹時33巻２号1、20頁。田宮275頁は、必要的弁護制度の放棄ゆえに、289条の内在的制約を考えても背理とはいえないとする。

（3）　最高裁平成7年決定

最高裁は、平成7年に、この問題を総括する判断を下した[71]。本件は、必要的弁護事件に当たる暴力行為等処罰法違反（常習傷害等）等被告事件の被告人が、国選弁護人の解任要求や、弁護人への脅迫による辞任要求等を繰り返して公判への弁護人の出頭を妨げた事案である。第一審[72]は、弁護人不在のまま被告人を有罪としたが、控訴審[73]がこれを破棄した。更に差戻し後の第一審[74]は、弁護人の出頭確保のための方策を尽くしたにもかかわらずやはり被告人の妨害が続いたため、再び弁護人不在のまま有罪としていた。

最高裁は、次のとおり判示し、弁護人不在のまま審理した第一審の判断を支持した。すなわち、「裁判所が弁護人出頭確保のための方策を尽したにもかかわらず、被告人が、弁護人の公判期日への出頭を妨げるなど、弁護人が在廷しての公判審理ができない事態を生じさせ、かつ、その事態を解消することが極めて困難な場合には、当該公判期日については、刑訴法289条1項の適用がないものと解するのが相当である。けだし、このような場合、被告人は、もはや必要的弁護制度による保護を受け得ないものというべきであるばかりでなく、実効ある弁護活動も期待できず、このような事態は、被告人の防御の利益の擁護のみならず、適正かつ迅速に公判審理を実現することをも目的とする刑訴法の本来想定しないところだからである」。

本最高裁決定は、迅速な裁判の要請が著しく害され、被告人の防御利益及び公正な審理確保の要請を考慮してもなお著しく正義に反する場合には、刑事訴訟法289条1項の適用が例外的に除外されるべきものとして、内在的制約説に立ったものと理解されている[75]。本決定によると、このような例外的措置が認められるための要件は、①裁判所において弁護人出頭確保のための方策が尽くされたこと、②被告人が弁護人の公判期日への出頭を妨げるなど

70）　東京地決昭48・6・6判時713号142頁、東京地決昭51・6・15判時824号125頁、大津地判昭54・3・8刑月11巻3号147頁、東京地裁昭和52年1月14日付け見解（河上和雄「弁護人の不出頭・退廷をめぐる問題点」ひろば30巻5号31、37頁以下で引用）。

71）　最決平7・3・27刑集49巻3号525頁。

72）　大津地判昭54・3・8刑月11巻3号147頁。

73）　大阪高判昭56・12・15高刑34巻4号416頁。

74）　大津地判昭59・2・7判時1123号149頁。

75）　中谷雄二郎・最判解刑（平7）141、149頁。田宮275頁。

して弁護人在廷の公判審理ができない事態を生じさせたこと、③裁判所においてそのような事態を解消することが極めて困難であることである[76]。

（4）　弁護人抜き裁判法案

最高裁決定が下されたことにより、必要的弁護事件における弁護人不出頭・不在廷の状況が生じた場合の措置について、学理・実務上の議論はひとまず収束した。

他方、この間に、立法も一定の動きを見せていた。いわゆる「弁護人抜き裁判法案」である。本法案は、当時一連の連合赤軍事件や連続企業爆破事件等の手続状況に鑑みて、1977年末に、法制審議会刑事法特別部会が設置され、5日間のうちに2回の会議を開いて早々に諮問案を可決し、翌1978年に、「刑事事件の公判の開廷についての暫定的特例を定める法律案」にまとめられて国会に上程されたものである[77]。

本法案は、「最近における一部の刑事事件の審理にみられるような異常な状況に対処するための当面の措置」として特例を設けることを目的に（法案1条）、①被告人が訴訟を遅延させる目的で弁護人を解任し又は辞任させた場合、②弁護人が同様の目的で辞任した場合、③弁護人が正当な理由なく公判期日に出頭せず又は無許可で退廷した場合、④弁護人が秩序維持のため退廷させられた場合において、裁判所が審理の状況その他の事情を考慮して相当と認めるときは、不出頭・退廷の場合は当該期日限りで、解任・辞任の場合は新たな弁護人が選任されるまでの間、弁護人不在のまま開廷できるものと定めていた。

しかし、本法案に対しては、日本弁護士連合会を中心に反対の意見が強く[78]、法曹三者の協議会（法務省、最高裁、日本弁護士連合会）でその取扱いをめぐる協議が重ねられた。その結果、①弁護士会は国選弁護人推薦の要請等に適切に対応すること、②日本弁護士連合会及び単位弁護士会は弁護人の不当な訴訟活動に対する懲戒を公正迅速に行うこと、③裁判所及び検察庁は弁護士会の上記措置の円滑な実施に協力すること、④裁判所は国選弁護人の報

76)　その後の裁判例として、高松高判平10・2・10判時1638号156頁。
77)　当時の状況を紹介するものとして、大出良知「学生公安事件から『弁護人抜き裁判法案』まで（1970年代）」現代の刑事弁護3巻141頁。

酬が相当となるべく予算上の措置等を採ること、⑤法務省は国選弁護人がその職務に関して生命・身体等に危害を加えられた場合の補償について実現方法を検討することが合意された。

本法案は、最終的に、上記三者協議会での合意締結に即応して、国会では廃案とされた。しかし、これによって問題が抜本的に解決されたわけではなく、引き続き立法による解決が要請されていた。

2　2004年改正法の意義、内容

(1)　概　　要

司法制度改革審議会は、1999年7月から約2年にわたる会議を経て、2001年6月に、最終意見書[79]をまとめて、小泉純一郎内閣総理大臣（当時）にこれを提出した。その内容は多岐に及ぶが、「国民の期待に応える司法制度」に向けた「刑事司法制度の改革」の中で、「刑事裁判の迅速・充実化」が目標の一つとして掲げられ、そのための制度設計として「裁判所の訴訟指揮の実効性の確保」が挙げられた。そこでは、「裁判所と訴訟当事者（検察官、弁護人）」との「基本的な信頼関係」を前提として、「裁判所が、充実・円滑な訴訟運営の見地から、必要な場合に、適切かつ実効性のある形で訴訟指揮を行いうるようにすることは重要であり、それを担保するための具体的措置の在り方を検討すべきである」と提言されている。

これを受けて、「司法制度改革推進本部」が設置された。その「裁判員制度・刑事検討会」は、法案の骨格（骨格案）を作成し、これが第159回通常国会で可決された。その一つが、刑事訴訟法278条の2である。本条は、訴訟関係人（特に弁護人）が裁判所の期日指定に従わずに出頭しない事例や、裁判所の期日指定方針に応じられないとして不出頭をほのめかすなどして裁判所

78)　法律専門誌の特集として、法律時報50巻3号「特集・弁護人抜き裁判」、ジュリスト664号「刑事事件公判開廷在廷的特例法案」、法学セミナー287号「共同研究『弁護人抜き裁判』特例法案——その批判的検討」など。馬屋原成男「刑事公判における弁護人の在廷——いわゆる弁護人抜き刑事訴訟法改正特例法案について——」駒澤法研紀要38号1頁は、本法案は裁判所と検察官だけの裁判をもたらすものであり、憲法37条3項に反するものと批判する。

79)　司法制度改革審議会「司法制度改革審議会意見書——21世紀の日本を支える司法制度——」(2001年6月12日)。

が当初の方針どおりの期日指定を断念する事例等が審理遅延の原因の一つとなっていることから、刑事裁判の充実・迅速化を図るための方策として、期日指定等の裁判所の訴訟指揮の実効性を担保することを目的に制定されたものである[80]。

（２）内　　容

刑事訴訟法278条の２は、①出頭・在廷命令、②過料制裁、③適当な処置の請求を内容とする。

①出頭・在廷命令と②過料決定は、前者が訴訟指揮の具体的行使であり、これを後者が制裁をもって担保する関係にある。これによって、裁判所は、「必要と認めるとき」、弁護人等に対して公判準備又は公判期日に出頭し、かつその手続が行われている間そこに在席・在廷するよう命じることができ（刑訴278条の２第１項）、弁護人が「正当な理由なく」この命令に従わない場合には、10万円以下の過料に処することができる（刑訴278条の２第３項）。

確かに、従来も、弁護人には公判に在廷する職務上の義務があるとの理解を前提に、裁判所は弁護人に在廷命令を発することができ[81]、この命令は法廷の秩序維持を目的とするとの前提から、弁護人がこの命令に反した場合には監置処分及び過料の制裁を科することができるともされてきた[82]。それゆえ、本改正法は、裁判所に新たな権限を付与する性質のものではない。もっとも、命令自体に明確な法的根拠を与えるとともに、その違反に対する制裁を直結させたことは、従来に比べてより適時の対応を可能とさせるものとしての意義が認められる。これによって、出頭・在廷命令が単なる訴訟指揮にとどまらず、強制力を持つ法廷警察権に位置付けられることも明らかとされた[83]。

80）　落合義和・辻裕教『刑事訴訟法等の一部を改正する法律（平成16年法律第62号）及び刑事訴訟規則等の一部を改正する規則の解説』20頁（法曹会、2010年）、辻裕教『司法制度改革概説６――裁判員法／刑事訴訟法』35頁（商事法務、2005年）。

81）　内藤（前掲注63）321頁。

82）　内藤（前掲注63）327頁。

83）　平野168頁によると、訴訟指揮権と法廷警察権との関係は、前者が後者を包摂するものであり（広義の訴訟指揮権）、狭義の訴訟指揮権は強制力を伴わず、これに従わなかったとしても訴訟上の不利益を被るにとどまるが、法廷警察権は強制権限を伴うものである。また、狭義の訴訟指揮権は、基本的に、不服申立てができない。

弁護人等が出頭・在廷命令に従わず過料決定に付された場合、裁判所は、③所属弁護士会又は日本弁護士連合会に通知し、「適当な処置をとるべきこと」を請求しなければならない（刑訴278条の２第５項）。この点も、従来、法曹三者協議会で申し合わされたとおり、日本弁護士連合会及び単位弁護士会は弁護人の不当な訴訟活動に対する懲戒を公正迅速に行うべきこととされていたが、本改正法では、裁判所の請求が義務的なものとして規定された。この義務付けは、裁判所において出頭・在廷命令及び過料決定を下す段階で判断権限が認められていることから、処置請求についてはその裁量を認める必要がないとされたことによる[84)]。

これら一連の規定は、弁護人は、裁判所の訴訟指揮に不服がある場合には、異議申立てや上訴等の法定された手続によるべきであり、そのような手段によることなく裁判所の命令に従わないことは許されないとの理解が前提とされている[85)]。

なお、立法の過程で、裁判員制度・刑事検討会では、日本弁護士連合会より意見書[86)]が提出された。そこでは、出頭命令違反に対する過料処分の導入に反対し、弁護人不出頭・不在廷の場合の訴訟運営に向けた措置として、裁判所の職権による（補充的・保全的な）弁護人選任を一般的に認めるべきことが提案されていた。

3　最高裁平成27年決定

（1）　事件の概要

2015年に、法改正後初めて、本規定適用の適否について最高裁で判断が下された[87)]。本件は、警察官に対する公務執行妨害及び傷害被告事件について、勾留中の被告人が出廷に当たり手錠腰縄姿で法廷内に引致されること[88)]

---

84)　落合・辻（前掲注80）24頁、注釈４巻〔吉田雅之〕61頁。

85)　注釈４巻〔吉田雅之〕58頁。

86)　日本弁護士連合会「裁判員制度、刑事裁判の充実・迅速化及び検察審査会制度の骨格案に対する意見書」（2004年２月12日付け）。

87)　最決平27・５・18刑集69巻４号573頁（原々審大阪地決平26・12・９刑集69巻４号622頁、原審大阪高決平27・２・26刑集69巻４号628頁）。

88)　刑事被告人が手錠腰縄姿で法廷内に引致される問題について、辻本典央「法廷内における手錠腰縄と被告人の人権」刑弁87号136頁。

に異議を唱え、公判への出頭を拒否し、これに同調した国選弁護人も公判期日への出頭を拒否したという事案である。なお、先に選任された国選弁護人も同様の出頭拒否をしたため、裁判所より解任されていた。

第一審裁判所は、弁護人に対して公判への出頭命令を出したが、弁護人が拒否したため、これを過料に処した[89]。弁護人は、この措置を不服として即時抗告（刑訴278条の2第4項）したが、却下されたため[90]、更に特別抗告した。弁護人は、その際、出頭在廷命令の実効性担保は、弁護士法上の懲戒制度で十分であり、過料による制裁は合理性、必要性を著しく欠き、被告人の弁護権（国家より介入を受けない弁護人により弁護を受ける権利）を侵害するものであるなどと主張した。

（2）　決定要旨

最高裁は、以下のとおり判示し、特別抗告を棄却した。すなわち、「刑訴法278条の2第3項は、正当な理由がなく同条の2第1項による出頭在廷命令に従わなかった検察官又は弁護人を10万円以下の過料に処することができる旨規定している。これは、従来の刑事裁判において、一部の事件で当事者による公判廷への不当な不出頭や退廷が審理遅延の一つの原因になっており、刑事裁判の充実、迅速化のためには裁判所の期日の指定等の訴訟指揮の実効性を担保する必要があり、また、連日的、計画的な審理を要請する裁判員制度の導入を機にその必要性が一層高まったとして、刑事訴訟法等の一部を改正する法律（平成16年法律第62号）によって、新たに裁判所が弁護人らに対して出頭在廷を命ずることができる旨の規定が設けられるとともに、その命令を実効あらしめるため過料等の制裁の規定も設けられたものである。過料の制裁は、訴訟手続上の秩序違反行為に対する秩序罰として設けられるものであり、弁護士会等における内部秩序を維持するための弁護士法上の懲戒制度とは、目的や性質を異にする。そうすると、刑訴法278条の2第1項による公判期日等への出頭在廷命令に正当な理由なく従わなかった弁護人に対する過料の制裁を定めた同条の2第3項は、訴訟指揮の実効性担保のための手段として合理性、必要性があるといえ、弁護士法上の懲戒制度が既に存在

89）　大阪地決平26・12・9刑集69巻4号622頁。
90）　大阪高決平27・2・26刑集69巻4号628頁。

していることを踏まえても、憲法31条、37条3項に違反するものではない。」

本決定は、形式的には、過料処分による出頭在廷命令の実効性担保の必要性・合理性を示したものである。しかし、実質的には、弁護人が、裁判所の出頭命令に対してその前提となる期日指定の訴訟指揮に反発した出頭拒否行為は、不出頭の「正当な理由」に当たらないと判断したものである[91)]。すなわち、このような訴訟指揮に対しては、公判期日の指定に対する異議申立て（刑訴309条2項）、公判期日の変更請求（刑訴276条）などの手段によるべきであり[92)]、出頭命令自体について異議申立てできないとされていることからも（刑訴309条1項、420条1項参照[93)]）、命令違反に対する制裁の必要性・合理性を肯定したものである。

Ⅲ．ドイツの法状況

次に、弁護人の法廷への不出頭又は無断退廷により訴訟遂行が妨げられた場合の措置について、比較法としてドイツの法状況を概観する。その際、第一に、弁護人はその法的地位に基づいて訴訟遂行に協力する義務を負うか、第二に、弁護人がそのような協力義務に違反した場合の措置として裁判所はこれを解任し新たな弁護人を選任することができるか、第三に、裁判所は弁護人の協力義務違反が見込まれる場合事前に対応することができるか、という問題を考察する。

1　弁護人の訴訟遂行協力義務

刑事訴訟の基本構造は、国家機関である検察官が公訴を提起し、同じく国家機関である裁判所がこれを判断する。その際、私人である被告人は、権利

91）　大コンメンタール5巻〔辻裕教〕415頁参照。
92）　高倉新喜「判例解説」法セ730号130頁。
93）　辻（前掲注80）414頁は、出頭命令の適法性は、過料決定に対する即時抗告の中で争うべきことを主張している。この見解は、出頭命令にもかかわらず不出頭の理由（例えば疾病等）についての正当性が争われるべきことをいうのであり、本条の趣旨からして、出頭命令（及びその前提となる訴訟指揮）の正当性を争うことまで認めるものではない。

侵害等の不当な扱いに抵抗し、自身の正当な利益を実現するために防御すべき地位にある。弁護人も、基本的に被告人を援助すべき立場にあるが、それを超えて更に刑事訴訟の適切な遂行に向けて一定の協力をする義務を負うか。この問題について、ドイツでは、古くから、弁護人の法的地位と関連付けて激しく議論されてきた（第２章）。

（１）　学理の展開

弁護人の法的地位について、伝統的には、弁護人を裁判所及び検察官と同等の司法機関（更には国家機関）と位置付ける見解（機関説）が、通説とされてきた。例えば、ライヒ裁判所は、既に1893年の弁護士懲戒裁判[94]において、弁護士は「司法機関」であると判示している。第二次世界大戦後も、連邦通常裁判所1956年決定[95]は、弁護人は特別な任務を負うべき「司法機関」であると判示し、連邦憲法裁判所も、1963年決定[96]以後、一貫して弁護人をやはり「司法機関」であるとしている。連邦弁護士法１条では、「弁護士は独立の司法機関である」と定められているが、これも、機関説の根拠とされている。このような司法機関としての地位からは、弁護人は、訴訟遂行に一定の協力を果たす義務を負う。例えば、訴訟における真実発見という基本目標に向けて、弁護人もこれを義務付けられるというのである。

これに対して、弁護人は専ら被疑者・被告人の私的利益の実現に向けた代理人として活動すべきものであり、公的利益の実現に向けた義務付けを全て否定する見解（代理人説）が主張されてきた。代理人説は、機関説に対して、弁護人を国家の利益に拘束することはその本質を見誤らせるものであり、現実にも裁判所が弁護関係に介入する根拠として機関概念が濫用されている、といった批判を向けている[97]。このような理解に基づいて、代理人説からの具体的帰結として、弁護人の真実義務を否定し、弁護人は被疑者・被告人といわば一心同体の関係にあるため、依頼人の虚偽の弁解でさえも真実と見せかける努力が求められる、などと主張されている[98]。

94）　RG EGH I, 140.

95）　BGHSt 9, 20.

96）　BVerfGE 16, 214.

97）　*Knapp*, Der Verteidiger —Ein Organ der Rechtspflege?, S. 123 ff, 1974.

もっとも、現在の学理上、このような両極端の見解は見られなくなっている。

例えば、機関説の側からは、「限定的機関説」[99]が主張されている。この見解は、弁護人の司法機関としての地位を承認しつつ、あくまで援助者としての役割が本質であり、機関としての義務も相当程度限定されたものに限られるとする。そのような限定された機関的地位からは、弁護人に課される義務は、司法の核心を害さないという消極的なものにとどまるのであり、それ以上に事案解明、手続遂行に協力する義務は、被疑者・被告人の正当な利益を保護する義務との関係で否定すべきとされている[100]。

他方、代理人説からも、その発展形態である「契約説」[101]が主張されている。この見解は、弁護関係の法的基礎を専ら被疑者・被告人との契約関係に求め、その法的効果も民法から導くものである。具体的には、例えば弁護人が被疑者・被告人のために証拠を偽造するなどの行為は、公序良俗違反として無効であり（ド民134条、138条）、依頼者をそのような形で支援することは法的に禁止すべきものとされている。

（２）　判例の動向

このような学理の展開に比して、判例は、依然として、弁護人に対して、その機関的地位を前提に訴訟遂行に協力することを強く義務付けている。

①連邦通常裁判所第五刑事部1992年決定[102]　　本件は、警察での取調べに際して、被疑者に対する黙秘権等の告知（ド刑訴163a 条４項２文準用136条１項２文）が行われなかったという事案である。この瑕疵は、自白の証拠禁止を導くほど重大なものであったが、弁護人は、第一審公判でそのことを主張しなかった。そこで、被告人は、当該手続的瑕疵を理由に上告した。

連邦通常裁判所第五刑事部は、取調べに際しての手続的瑕疵は証拠使用禁

98)　*Ostendorf*, NJW 1978, 1345.
99)　*Beulke*, Verteidiger, S. 200 ff.
100)　下級審裁判例では、限定的機関説に基づいて弁護人の積極的な協力義務を限定しようとする動きも見られる（OLG Frankfurt NStZ 1981, 144）。
101)　*Lüderssen*, in FS-Sarstedt, S. 145 ff, 1981; LR-*Lüderssen*, Vor § 137 Rn 33 ff; LR-*Lüderssen/Jahn*, Vor § 137 Rn 33 ff; *Jahn*, StV 2000, 431.
102)　BGHSt 38, 214.

止に該当するとした上で、弁護人がこのような瑕疵について当該証拠に関する取調べについての陳述（ド刑訴257条）が終わるまでに主張していなかった場合、使用禁止の効果は否定されると判断した。この判断は、責問権喪失を認める一連の判例[103]に沿うものであり、このことは、手続の「瑕疵を明らかにし、証拠使用禁止の主張が有効な弁護に資するかについて判断することの、弁護人の特別の責任及びその能力に合致する」と判示した。

②連邦通常裁判所第四刑事部1991年判決[104]　本件は、被告人が第一審公判で既に約300件の証拠請求を行ったため審理開始から既に２年を経過していたが、被告人が更に数千件の証拠請求をする用意があることを予告したという事案である。裁判長は、これ以上の訴訟遅延を避けるために、被告人と弁護人に対して、以後の証拠請求は全て弁護人を通じて行うべきものとし、弁護人はその際に当該証拠の必要性等を吟味するよう命令した。

連邦通常裁判所第四刑事部は、被告人の証拠請求は権利の濫用に当たるとした上で、次のとおり判示し、第一審の弁護人に対する義務付けを適法とした。すなわち、「弁護人の責務は、専ら被疑者・被告人の利益のためだけにあるのではなく、法治国家思想に即した刑事司法のためにもある。弁護人は法律上特別の素養を要求されているが、彼は、被疑者・被告人の援助者であって代理人ではなく、被疑者・被告人の指示に拘束されるものではない。それゆえ、刑事訴訟法は、一定の場合、被疑者・被告人の権利を弁護人を通じてのみ行使させることを認めている……弁護人は、公判において被告人が「気ままに振舞い訴訟を撹乱させる」ことを許してはならず、手続が適切かつ予定どおりに遂行されるよう配慮すべき義務が課せられている」。

以上２件の判例から、次のように評価することができる。まず、①事件では、手続的瑕疵に対する弁護人の責問権行使の在り方が問われているが、連邦通常裁判所は、弁護人として第一審段階でこれを主張し、真実を明らかにしておくべきであるとして、弁護人において第一審段階での真実解明に寄与する義務を課した。他方、②事件では、手続遂行に向けた弁護人の協力義務が問われたが、連邦通常裁判所は、弁護人の機関的地位を前提に、その積極

103）　RGSt 50, 364; 58, 100; BGHSt 1, 284; 9, 24; 31, 140.
104）　BGHSt 38, 111.

的な手続協力義務を肯定した[105]。

このようにして、弁護人の法的地位について、学理上の追究はなおも続けられているが、判例は、伝統的な機関説に立脚し、弁護人の訴訟遂行に向けた積極的な協力義務を肯定している。

2　国選弁護人の解任

（1）　問題の状況

特に必要的弁護事件では、弁護人が正当な理由なく不出頭を続ける場合、裁判所は、当該弁護人を手続から除斥（ド刑訴138a 条以下）して、新たな弁護人を選任することが必要となる。ドイツ刑事訴訟法上、国選弁護は必要的弁護事件が対象とされていることから（ド刑訴141条）、弁護人除斥と国選弁護人解任の関係が問題とされてきた（第12章）[106]。

（2）　従来の実務

ドイツの刑事訴訟法では、国選弁護人の選任に当たり、被告人には希望する弁護士を指定する権利が与えられている（ド刑訴142条１項２文）が、それを妨げるべき「重大な理由」がある場合には、裁判所は、指定された弁護士の国選弁護人への選任を拒絶することができる（ド刑訴142条１項３文）。ここで「重大な理由」とは、「被疑者・被告人に適切な援助者を保障し、秩序ある手続進行を確保するという国選弁護の目的が著しく害される場合」をいう[107]。そこで、従来は、国選弁護人が一旦選任された後も、このような「重大な理由」がある場合には、裁判所はこれを解任できるものとされてきた[108]。

そもそも、弁護人除斥は、かつては、弁護人の機関的地位を前提に、私選及び国選の区別なく、弁護人の手続的権利の濫用等その機関的地位に沿わな

105)　*Dornach*, S. 190 ff.

106)　なお、弁護人の濫用的な活動に対して、裁判所は、訴訟指揮権（ド刑訴238条１項）を行使することにより規制することができる。その際でも、裁判所構成法上の秩序維持、法廷警察目的での退廷を命令することができるかが問題となるが、通説は、弁護人自身も検察官及び裁判所と対等の司法機関であるとの理由でこれを否定している（*Roxin/Schünemann*, § 19 Rn 59）。

107)　BVerfGE 39, 238.

108)　この問題について、ザイアー（前掲注23）216頁。

い事態が生じたとき、裁判所が弁護人を除斥できるものとされてきた。そして、ドイツでは特に国選弁護が必要的弁護と連動しており、国選弁護人の不出頭により手続を遂行できなくなることから、これを「重大な理由」と認めて除斥するという実務が行われてきたのである。

（３）　弁護人除斥規定の適否

しかし、その後、連邦憲法裁判所1973年判決[109]が、法規定のない弁護人除斥の実務を、弁護士の職業遂行の自由（ド基本12条）に対する侵害であると認めた。そこで、立法者は、これを受けて早急に、刑事訴訟法138a 条以下に弁護人除斥規定を導入した。

本規定は、その制定過程から、私選弁護を対象とすることは間違いない。しかし、その適用は私選弁護の場合に限定されるのか[110]、又は国選弁護にも適用されるのか[111]という点に、見解の対立が生じたのである。すなわち、除斥理由は、審判対象となる犯罪への関与（共犯、処罰妨害罪等）、犯罪遂行又は行刑施設の治安悪化のため被疑者・被告人との接見交通権を濫用したこと、ドイツ国の治安を害する行為をしたことに限定されている（ド刑訴138a 条１項、138b 条）。それゆえ、私選弁護人に関しては、期日指定に反する不当な不出頭という理由で弁護人を除斥することはできない。しかし、国選弁護人には弁護人除斥規定が適用されないとすると、国選弁護人がそのような態度に出た場合、従前同様、これを「重大な理由」と認めて解任することも可能となる。

この問題について、連邦通常裁判所第二刑事部1996年決定[112]は、国選弁護の場合も弁護人除斥規定が適用されるとの見解を支持した。その理由として、弁護人除斥規定の趣旨は「私選弁護人にもまた国選弁護人にも適用される統一的な規定を要求するということである。……国選弁護人は、……私選弁護人と同様に、重大な非難に対しては適切な方法で弁護できる地位を与えられなければならない」という点が挙げられている。確かに、同決定は、手

109）　BVerfGE 34, 293.

110）　OLG Koblenz JR 1979, 36; OLG Köln NStZ 1982, 129.

111）　OLG Düsseldorf NStZ 1988, 519; OLG Braunschweig StV 1984, 500; OLG Frankfurt StV 1992, 360.

112）　BGHSt 42, 94.

続の効果（接見交通の禁止、私選弁護人としての選任も不可）に着目して、弁護人除斥規定が国選弁護にも適用できるとしたにとどまり、進んで、刑事訴訟法上の除斥事由に該当しない場合でもなお除斥規定によらない解任が可能であるかという点までは判断していない。しかし、この判示部分は、弁護人除斥の手続及び効果に関する問題点についてのものであり、除斥の「事由」については、前述判示部分も併せて読む限り、従来のように除斥事由以外の非違行為を「重大な理由」と認めて解任することを否定したものと解される[113]。

3　保全弁護人

ドイツでも、私選弁護が原則であり、国選弁護はこれを補充するものと解されている。例えば、国選弁護人が選任された後に他の弁護士が私選弁護人に選任された場合、先の国選弁護の選任は取り消されることになっている（ド刑訴143条）。

もっとも、国選弁護人が選任されるべき必要的弁護事件において、国選弁護人に代わって新たに登場した私選弁護人が、その活動を適切に行わず、公判廷に出頭しないような場合、手続が妨害されることになってしまう。そこで、ドイツでは、国選弁護人に代わる私選弁護人の関与が、手続終了に向けた適切な訴訟遂行に十分な保障を与えるものではない場合、刑事訴訟法143条の適用が否定されるべきものと解されている[114]。すなわち、この場合、私選弁護人とともに、国選弁護人が補充的に手続に関与し、両弁護人が併存する状態が生ずるのである。

刑事訴訟法上は、このような弁護人の併存状態は、日本の場合と同様、私選弁護人が理由なく出頭しない場合にこれに代替すべき国選弁護人の選任が認められているにとどまる（ド刑訴145条）。しかし、実務では、国選弁護の選任不取消しという手法で、このような「二重配置」が認められている（第12章）。

このような弁護人の二重配置は、訴訟の最初から行われることもある。特にテロ事犯や巨大な租税法違反事犯等では長期の審理が予想されることから、このような形で手続保全を図る必要性が高い。裁判所は、このような事

113）　ザイアー（前掲注23）221頁。
114）　BVerfGE 39, 246; *Beulke*, Rn 170; *Roxin/Schünemann*, § 19 Rn 40.

案に適切に対応すべく、私選弁護人が選任されている場合でも、なお国選弁護人（保全弁護人）を選任する権限を与えられる[115]。

もっとも、このような形で弁護人を押し付ける実務[116]に対して、被告人の防御権保障の観点から批判も強い。例えば、被告人、私選弁護人、保全弁護人が弁護方針について合意できない場合、保全弁護人は被告人の信頼を得ることができず、その正当な利益を擁護すべき状況にはない。結局、そのような押し付けられた弁護人は、弁護人が在廷しているという外形を整えるだけのものであり、裁判所にとってやっかいな私選弁護人が審理拒否等で在廷しない場合に、中断なく手続を遂行することを正当化するものにすぎない、との指摘が見られる[117]。

4　小　　括

以上、本章が対象とする問題について、ドイツの関連する法状況とその運用を概観した。要約すると、次のとおりである。

①機関説を前提に、弁護人は、訴訟の適切な遂行に協力する義務を負う。

②国選弁護人は、訴訟遂行に協力する義務に違反した場合、「重大な理由」に該当するものとして解任され得る（争いあり）。

③特に大規模な事件で訴訟遂行の停滞を防止するため、保全弁護人の選任が認められている。

Ⅳ．若干の考察

最後に、刑事訴訟法278条の2について、制度の意義と今後の運用上の展望に向けて、若干の理論的考察を行う。

115）　BGHSt 15, 306, 309; OLG Karlsruhe StV 2001, 557. この点について、*Beulke*, JR 1982, 45; *ders*., StV 1990, 365; *Knell-Saller*, Der Sicherungsverteidiger, 1995. これに対する批判的見解として、*Fezer*, Strafprozessrecht 2 Aufl, Rn 43, 1995; *Römer*, ZRP 1977, 92; OLG Frankfurt StV 2009, 402.

116）　被告人側の異議申立権を認めるものとして、OLG Frankfurt StV 1987, 379.

117）　*Roxin/Schünemann*, § 19 Rn 40.

1　刑事訴訟法278条の２に関する理論的基礎付け

まず、本制度は、前述のとおり、従来の訴訟指揮権及び法廷警察権に基づく運用を成文化したものであり、弁護人の在廷義務及びそれに対する裁判所からの強制力を伴った諸権限に関して、基本的な変更を伴うものではない。ただし、これが明文で法定されたことから、不要な争いが回避され、明確な手続的運用が図られることになる。

本規定は、弁護人の出頭・在廷義務の存在が前提となっているが、これにより、その機関的地位の存在が明確に示された。すなわち、ドイツ連邦通常裁判所が判示するとおり、弁護人は、公判において被告人が「気ままに振舞い訴訟を撹乱させる」ことを許してはならず、手続が適切に遂行されるよう配慮する義務を課せられる。例えば被告人が裁判所の訴訟指揮に抵抗して訴訟遅延・妨害を図るような場合には、弁護人としてこれを助長するのではなく、むしろ抑止すべきことが要請される。弁護人は、司法機関として、裁判所の訴訟指揮が不当と思われる場合には、あくまで法律上許された手段によって異議を申し立てることを要請されるのである[118]。前掲最高裁平成27年決定の原審[119]も、「刑事裁判において、弁護人は、法律専門家として、被告人の法的利益を擁護すべく、公判期日の内外を問わず種々の活動をすることが求められる存在であるところ、弁護人が公判期日に出頭し、その手続が行われている間在廷することは、被告人の法的利益を擁護するために必要不可欠であるというべきであって、このことは、被告人に保障された権利の存否や、被告人の思想信条の内容によって左右されるものではない」と判示し、弁護人は被告人の意思・指示から独立して「法律専門家」（正に司法機関）としての関与が求められるべき地位にあることを示している。

その意味で、本規定は、弁護人のこのような義務付けが明示された点に、その基本的な意義が認められるのであり、弁護人においても、その自覚が求められるところである。これに従わない場合に過料処分に処される点も、在廷義務違反の重みを示すものである。

---

118)　臼井滋夫「必要的弁護事件についての弁護人不在廷のままの審理」臼井滋夫・河上和雄編『刑事法ノート２』135、148頁（判例タイムズ、1983年）。

119)　大阪高決平27・２・26刑集69巻４号628頁。

なお、過料が決定された場合、所属弁護士会又は日本弁護士連合会に通知され、そこで「適切な処置」を行うよう請求される。この点は、弁護士自治との関係が問題となるが、この適切な処置には処分しないことも含むと解されており[120]、その限りで、弁護士自治を侵害するものではない。この点でも、弁護人の司法機関としての地位が尊重されているのである。

2　被告人との信頼関係の保護

(1)　国選弁護人の解任

最高裁平成27年決定の事案では、当初選任されていた国選弁護人が、手錠腰縄姿での出廷を拒否する被告人の意思に同調してやはり出廷を拒否したことを理由に、裁判所より解任されている[121]。これは、裁判所と弁護人との間での被告人及び弁護人自身の出廷をめぐる協議が整わず、裁判所の期日指定に対してなおも弁護人が出頭拒否に出たことが理由とされている（刑訴38条の3第1項4号参照）。確かに、このような事態は、国選弁護人の解任を正当化すべき重大な理由、すなわち「被疑者・被告人に適切な援助者を保障し、秩序ある手続進行を確保するという国選弁護の目的が著しく害される場合」に当たる。

もっとも、日本には、弁護人を手続から除斥する規定はない。ドイツでは、除斥手続の中で、裁判所の解任自体の正当性を争うべき機会が用意されているが（ド刑訴138c条、138d条）、このような手続を規定していない日本では、弁護人の解任は裁判所の裁量に委ねられる。手続上は、解任前に当該弁護人の意見を聴取すべきこととされているが（刑訴38条の3第2項）、裁判所としては、被告人との間でそれまでに築かれた信頼関係の保護も含めて、慎重な判断が求められる。また、解任自体は裁判所の決定で行うこととし、これに対しては、刑事訴訟法420条1項の適用はないものと解される[122]。なぜなら、同条項は、手続上の判断については（重要として即時抗告が認められる場合は別として）終局裁判に対する不服申立てにおいて処理すべきこととするも

120）　辻（前掲注80）416頁、注釈4巻〔吉田雅之〕62頁。
121）　事実関係について、大阪高決平27・2・26刑集69巻4号628頁。
122）　私見に反対の見解として、大コンメンタール1巻〔石井俊和〕432頁。

のであるが[123]、弁護人の解任はこれを終局的に手続から除斥すべきものであることから、これに抗告を認めてもその趣旨に反しないからである。

（2）　保全弁護人

弁護人が法廷に出頭しない場合及びあらかじめ不出頭が見込まれる場合、必要的弁護事件では、裁判所が国選弁護人を選任することができる（刑訴289条2項、3項）。この場合、従前の弁護人と、新たに選任された国選弁護人とが併存することになる。実務上は、本規定に限らず、審理の円滑な遂行に向けた必要性が認められる場合には、同様の併存が認められるべきものとされている[124]。このような弁護人の併存状態は、ドイツの保全弁護人に等しい。日本弁護士連合会も、刑事訴訟法278条の2の立法段階において、過料制裁に反対する中でこのような保全的に選任される弁護人を活用する機会を挙げていた[125]。

このように弁護人が併存する場合、後で選任された国選弁護人はいかなる役割を負うべきか。この点、国選弁護人は私選弁護人（又は先に選任された国選弁護人）を補充すべき立場にあるとする見解と、両者は同等の立場にあるとする見解とが対立している。もっとも、後者の見解も、その運用上は、国選弁護人は本来二次的なものである点を踏まえた弁護活動が期待されているとしている[126]。

もとより、このような保全弁護人の選任（従前の弁護人との併存）がそもそも許されるかは、検討の余地がある。これが肯定されるとしても、ドイツの議論に見られるとおり、被告人の防御権保障の観点から、このような押し付け弁護人の運用は抑制的に行われるべきである。例えば、保全弁護人のみが出頭して開廷される場合、重要な争点に関する証拠調べは避け、必要最小限度の進行にとどめることが要請される。

123）　大コンメンタール9巻〔古田佑紀＝河村博〕677頁。

124）　大コンメンタール1巻〔永井敏雄〕376頁。同書では、最高裁の法廷で死刑事件の弁論に際して私選弁護人と国選弁護人が併存したという事案（最判昭62・7・9裁判集刑246号65頁）も報告されている。

125）　日本弁護士連合会「裁判員制度、刑事裁判の充実・迅速化及び検察審査会制度の骨格案に対する意見書」29頁（2004年2月12日付け）。

126）　小林（前掲注69）13頁、大コンメンタール1巻〔永井敏雄〕381頁。

Ⅴ．小　括

以上、本章では、2004年に導入された弁護人に対する出頭・在廷命令と過料制裁を定めた規定について、ドイツ法の考察を踏まえた検討を行った。

刑事弁護は、弁護人の機関的地位を承認するかどうかはおくとしても、第一次的には、被疑者・被告人の正当な利益の擁護に向けられた制度である。その際、弁護人として、裁判所の訴訟指揮に対して出廷を拒否するという実力行使による抗議行動が果たして被疑者・被告人の利益擁護につながるものであるのかは、熟慮しなければならない。本規定は、確かに、裁判所の期日指定に関する訴訟指揮を実効的なものとし、訴訟の迅速かつ適切な遂行という公的利益の実現に向けられたものである。しかし他方で、弁護人が裁判所の訴訟指揮にただ反発するのではなく、法律上許された範囲で適切に対応すべきことは、最終的には被疑者・被告人の利益につながるものでもある。

その意味で、弁護人は、裁判所及び検察官と対等の司法機関としての地位において、訴訟の適切な遂行と被疑者・被告人の正当な利益の擁護に向けた対応が求められる。本規定は、このようにして、新しい時代の刑事弁護の在り方を問うべき点に大きな意義が認められるのである。

第８章　弁護活動と刑事制裁

Ⅰ．総　　論

１　問題の所在

刑事弁護人は、「被疑者・被告人の能力を補い、その正当な利益を擁護することを任務とする、被疑者・被告人の補助者」[127]であり、犯罪の嫌疑をかけられた市民の側に立って、国家機関による刑事訴追から彼らを保護する役割を負う。弁護人が担うべきそのような機能を考慮して、刑事訴訟法は、弁護人に様々な手続的権利を与え、弁護人が被疑者・被告人のために十分な活動をなし得るよう配慮している。もっとも、弁護人の被疑者・被告人を保護すべき活動は、その本質において国家の刑事訴追活動と抵触するものであり、犯罪者の適切な処罰（刑訴１条）という公的観点から一定の制約を受けざるを得ない。それゆえ、法が本来予定する範囲を超えて国家の刑事訴追活動が不当に妨害されるような場合、弁護活動に対する様々な対抗措置が発動されることとなる。弁護人に対する刑事制裁（刑罰だけでなく、過料等の制裁も含む）は、その際たるものである。

弁護人も、一市民として、刑法上の行為規範に服することは当然である。もっとも、弁護人の刑事手続上の役割を考えると、弁護活動に対する刑事制裁の発動に当たっては、他の一般市民とは異なった考察が必要である。すなわち、弁護人は被疑者・被告人の単なる代理人であるにとどまらず、公的利益にも配慮すべき「司法機関」であるとするならば（第２章、第３章）、その行為の許容性についても、刑事訴訟上のその地位を十分に考慮した特別の考察が要求される。

127）　鈴木47頁。

2　日本の状況

我が国では、弁護活動に対する刑事制裁（広義）の機会として、従来、刑法の各構成要件、裁判所法の法廷秩序違反（裁所73条）、法廷等の秩序維持に関する法律による監置若しくは過料等が存在した。これに加えて、2004年の刑事訴訟法改正により、出頭・在廷命令違反に対する過料（刑訴273条の2第3項）及び閲覧・謄写証拠等の目的外使用に対する刑罰（刑訴281条の5）が制定され、弁護活動に対する刑事制裁の可能性が広げられた。

我が国では、第二次世界大戦後に弁護士自治が格段と強化され、逸脱的な弁護活動は、基本的に、弁護士会による懲戒手続（弁護士56条以下）によって処理されており、刑事制裁の発動はまれなことであった。もっとも、弁護人を被告人として下された刑事判決では、弁護人の役割や刑事手続におけるその地位に関する言及も見られる。

我が国で弁護活動に対する刑事制裁のリーディング・ケースとなっているのが、大審院昭和5年判決[128]（犯人隠避被告事件）である。本件は、弁護人が別の人物から自分が真犯人であり自首したいとの申出を受けながらも、それを押しとどめ、公判では身代わり犯人として処罰を求める被告人の虚偽の供述を漫然と放置し、そのまま裁判を終結させたことによって真犯人を隠避したとして、弁護人自身が起訴された事件である。大審院は、弁護士の守秘義務を前提とする正当行為であるとの主張に対して、刑事被告人の正当な利益を保護する職責を果すため必要であるならば、弁護士として業務上聞知した他者の秘密を漏洩しても刑法134条の秘密漏洩罪について違法性を阻却されるのであり、逆に被告人が身代わりであることを秘匿しておくことは弁護人の職責として当然の措置とはいえない、弁護人は被告人に対し不当な訴追が行われた場合には被告人の意思にかかわらず被告人が刑事手続において有する正当な利益を擁護すべき地位にあると判示して、有罪判決を下した。本件は身代わり犯人が真犯人である自分の雇主を庇った事件であったが、そのような人的関係に基づく犯罪者の庇護は刑事手続における被告人の正当な利益とはいえず、弁護人は被告人の意思に反してでも刑事手続における正当な利

128）　大判昭5・2・7大刑集9巻51頁。

益（ここでは真実に反する訴追及び有罪判決を免れること）の擁護に向けて活動すべき地位にあることがはっきりと判示された。

第二次世界大戦後、最高裁昭和51年決定[129)]が注目される。本件は、いわゆる「丸正事件」（強盗殺人事件）の弁護人らが、真犯人は被告人ではなく被害者の近親者であるとする内容の著書を出版したことについて、名誉毀損罪で起訴された事件である。本件被告人である弁護人らは、当初から真犯人は被害者の近親者らであると確信していたが、第一審及び控訴審で有罪判決が下されたため、上告を提起するとともに真犯人を告発する書面を最高検察庁に送付したが、再捜査の可能性がないことを知るや、記者会見を開いて真犯人は被害者の近親者らであると発言した。その後、上告が棄却されてもはや通常の刑事手続で被告人の冤罪を晴らす手段が途絶えたこと、及び右記者会見での発言について被害者の近親者らから名誉毀損で告訴されたためこれに防御する必要が生じたことから、弁護人らは、右発言内容を著書にして出版したのであった。最高裁は、以下のように判示し、本件被告人である弁護人らの行為を有罪とした。すなわち、弁護人が被告人の利益を擁護するためにした行為につき刑法上の違法性阻却（刑35条）を認めるためには、それが弁護活動のために行われたものであるということだけでは足りず、行為の具体的状況その他諸般の事情を考慮して法秩序全体の見地から許されるべきものと認められなければならないのであり、かつその判断に当たっては、その行為が①法令上の根拠をもつ職務活動であるかどうか、②弁護目的達成との間にどのような関連性をもつか、③弁護を受ける被告人自身がこれを行った場合に刑法上の違法性阻却を認めるべきかどうかの諸点を考慮に入れるのが相当である。本件では、被告人以外の特定人が真犯人であることを広く社会に報道して世論を喚起し、被告人を無罪とするための証拠収集に協力を求め、かつ最高裁判所の職権発動による原判決破棄ないし再審請求の途をひらくため右特定人が真犯人である旨の事実摘示をした名誉毀損行為は、弁護人の相当な弁護活動として刑法上の違法性を阻却されるものではない。すなわち、当該行為は訴訟外の救援活動に属するものであり、弁護目的との関連性も著

129）　最決昭51・３・23刑集30巻２号229頁。

しく間接的であり、正当な弁護活動の範囲を起えるものである。本件最高裁調査官解説[130]は、「正当な弁護権の行使として違法性が阻却される範囲を決定するためには、……弁護権本来の内容に含まれる内在的行為とそれを実効あるものとし又は意義あるものとする手段的行為を区別することが必要だと考えられる。内在的行為については、それ自体が権利であるから、原則として違法性の阻却が認められるべきであるのに対し、弁護権の手段的行為については、手段の面での正当性の存在も要求されるため、それが弁護権の行使のために必要なものであり、かつ、法秩序全体の精神からみて許容される相当な方法と認められる限度で、違法性の阻却が認められるにとどまるからである」と述べた上で、本決定が示す右①及び③は弁護権の内在的行為に該当するかの問題であるのに対して、②は弁護権の手段的行為としての問題であると分析し、本決定は、本件のような訴訟外の名誉毀損行為は②に該当することを前提に、訴訟外行為は訴訟内行為に比べて弁護目的達成との関連性が一般に希薄であり、特段の事情が無い限り違法性阻却が認められないと判断したものであると説明している。

かつて、いわゆる「荒れる法廷」として社会問題[131]にまで発展した一連の公安事件において、弁護人の一定の活動に対して、裁判所が法廷秩序違反を適用して規制する事件が頻発した。この問題について、例えば最高裁昭和35年決定[132]は、弁護人が勾留理由開示手続に際して裁判官の忌避を申し立て、その理由として裁判官の法的素養や裁判官としての資質を貶めるような内容の発言を行い、裁判官からの発言取消し謝罪要求にも応ぜず、裁判の威信を著しく害したものとして、法廷等の秩序維持に関する法律2条1項に基づき20日間の監置処分に付されたという事案である。最高裁は、次のとおり判示して、本件監置処分を支持した。すなわち、法廷等の秩序維持に関する法律によって裁判所に属する権限は直接憲法の精神即ち司法の使命とその正常適正な運営の必要に由来するもので、司法の自己保存、正当防衛のために司法に内在する権限であり、本法による制裁は従来の刑事的行政的処罰のい

130)　香城敏麿・最判解刑（昭51）90、108頁。
131)　井上正治『法廷侮辱』（日本評論社、1953年）。
132)　最決昭35・9・21刑集14巻11号1498頁。

ずれの範疇にも属しないところの本法によって設定された特殊の処罰である。その制裁の対象となる者は、いやしくも裁判所又は裁判官の面前等において本法２条所定の言動をなす限り、それが被告人であると弁護人であるとはたまた一般傍聴人であるとを問わない。本法による制裁は、特に非公開の審判により裁判所が一方的に弁護活動をコントロールすることを可能にするものであり、公判における裁判所と弁護人との関係において多大な影響を与え得ることから、刑事手続における弁護人の地位等を考慮すると、その運用次第では憲法の刑事手続に対する構想に反する虞もある[133]。

京都地裁平成17年判決[134]（偽証共同正犯被告事件）は、刑事弁護人の地位に踏み込み詳細な検討を行った事案である。この事件は、強盗致傷・窃盗被告事件の弁護人が、被告人らの所属する暴力団関係者らと共謀の上、被害者証人をして公判の証人尋問で偽証させたとして、偽証共同正犯により起訴された事件である。裁判所は、以下のように判示し、有罪判決を下した。すなわち、「当然のことながら、裁判の前提となる事実の認定は証拠に基づいてなされるところ、事実認定に用いる証拠の中でも証人は特に重要な役割を有しており、ひとたび意図的に虚偽の証言がなされれば、適正を旨とする裁判所の事実認定が、誤りに導かれる危険性が極めて高いことはいうまでもない。偽証という行為は、積極的に虚偽の証拠を作出し、裁判所の判断を誤らせるおそれの大きい行為であって、そのような行為がまかり通ることとなれば、司法の根幹を揺るがしかねず、本件は、まさに司法に対する挑戦ともいうべき、まことに悪質な犯行である。〔原文改行〕特に被告人は弁護士であるところ、弁護士は、基本的人権を擁護し、社会正義を実現することを使命とし、その使命に基づき、誠実にその職務を行い、社会秩序の維持に努力しなければならないとされている。そして、刑事事件においては、弁護人は弁護士の中から選任しなければならないところ、弁護人の最も重要な使命の一つが、捜査及び公判の各段階において適正な手続の確保に努めることであるとされている。弁護士である被告人が、本件犯行に関わり、適正な手続が行われる

133）　本件評釈として、鈴木茂嗣・論叢70巻６号123頁、山中俊夫・同法73号71頁、寺尾正二・最判解刑（昭35）351頁、青柳文雄・百選新版108頁。
134）　京都地判平17・３・８ LEX/DB 28105138。

ことを妨げたことの責任は、余りにも重大であり、被告人の本件犯行において果たした役割には、以下に述べるとおり、まことに重要なものがある」。その上で、裁判所は、本件被告人の行為は、記録閲覧謄写権及び接見交通権を濫用し、刑事弁護人としての豊富な経験や知識を悪用するものである、本件犯行にとって被告人の訴訟活動は不可欠であった、国民の弁護士及び司法に対する信頼を著しく失墜させたと判示の上、その関与の程度はもはや幇助にとどまらないと結論付けた。本件は、判示のとおり、適正手続確保を弁護人の最も重要な使命の一つと位置付けており、この義務に積極的に反するような被告人の行為を「司法に対する挑戦」として評価している点は、弁護人の刑事手続における地位との関係において注目される。更に本件では、被告人の積極的な関与及び本件犯行におけるその行為の不可欠性から、もはや偽証教唆・幇助にとどまらずその共同正犯として評価されている点も関心がもたれるところである。

2004年の一連の司法制度改革の一つとして公的弁護制度が創設されたことにも鑑みて、刑事手続における弁護人の活動及びその限界いかんという問題が改めて注目されている。特に刑事制裁による弁護活動の規律は、その効果ゆえに、明確な限界付けが必要となる。ドイツでは、従来、この問題について詳細な議論が積み重ねられてきた。確かに、刑事手続における弁護人の位置付けは国ごとに多様であり、弁護人としての活動をいかに規律すべきかという観点においても一様ではない。しかし、刑事制裁による規律という問題は、刑事法における本質的な問題として、基本的な考え方に多くの共通点を見出すことができる。

本章では、ドイツにおける弁護活動と刑事制裁に関する裁判例及び学理を体系的に整理し、我が国の今後の議論の一助とすることを試みる。

Ⅱ．ドイツの状況

1　総　　説

ドイツでは、刑事弁護活動の可罰性いかんという問題は、弁護人自身が被告人として処罰の対象とされる場合に加え、一定の可罰的行為を理由とする弁護人除斥（ド刑訴138a 条以下）に際しても議論の対象となる。それだけに、弁護活動の可罰性いかんという問題は、裁判例及び学理において議論が積み重ねられてきた。その際、基本的出発点として、法秩序の統一の見地から、訴訟上許される弁護活動は刑事制裁の対象とはならないという命題が確認される。すなわち、弁護活動に対する刑法上の可罰性の検討に際して、一般市民とは異なる刑事訴訟法上の観点からの、特に刑事手続における弁護人の法的地位に配慮した考察が必要となるのである。このような理解は、弁護人は公的利益にも配慮すべき司法機関という地位に置かれ、その活動によって公的利益の実現にも資するべき者と理解する見解（機関説）が基礎となっている。

2　体系的位置付け

前述した刑事訴訟法上許される行為は刑事制裁を受けることはないという命題は、刑法体系上どのように位置付けられるべきか。例えば、処罰妨害罪（ド刑258条）について、被告人が真犯人であるにもかかわらず一定の弁護活動によって無罪判決が下されたが、当該弁護活動がいまだ訴訟法上許されるものであったという場合、そのような弁護人の行為は、本罪の構成要件（行為者の処罰を妨害する）を充足しつつ、正当化事由として考慮されるのか、又はそもそもそのような弁護活動は構成要件に該当しないのか。

連邦通常裁判所は、当初、第一刑事部1952年判決[135]において、弁護人が被告人に自白を思いとどまるよう助言した行為について処罰妨害罪の前身である旧人的庇護罪（ド刑旧257条）で起訴された事件について、当該行為によっては依然として刑事訴追の妨害には当たらないと判示し、構成要件レベルで検討すべきとしていた。

しかし、その後、連邦通常裁判所第三刑事部1979年判決[136]では、弁護人が刑事手続におけるその弁護活動により犯罪・テロ組織の支援をしたとして起訴された事件について、「弁護人は、その実現が被疑者・被告人のためだけではなく、法治国家思想に即した刑事司法の利益ともなる法的責務を果た

135）　BGHSt 2, 375.
136）　BGHSt 29, 99.

すべき者であ〔り、〕その責務は、それが真実発見や、――本件のように――間接的にテロ撲滅に対する一定の危険を伴う場合でも、弁護人において被疑者・被告人に記録内容を十分に伝達することを要求し、正当化するのである」と判示されたことから[137]、連邦通常裁判所は正当化のレベルで解決を図ったものと評価された[138]。更に連邦通常裁判所第三刑事部1984年判決[139]は、弁護人が許される行為の判断を誤ったという事案において、弁護活動の正当性は正当化事由であるとの理解を前提に、その錯誤は禁止の錯誤ではなく、正当化を基礎付ける事実の錯誤であると判示した[140]。

しかし、その後多くの連邦通常裁判所判例は、構成要件レベルで検討している。例えば連邦通常裁判所第一刑事部2000年決定[141]は、処罰妨害罪について、「被告人の公正かつ法治国家的刑事手続を求める権利に基礎を置く手続法上の保障は、弁護活動に対する犯罪構成要件の解釈及び適用に当たって十分配慮されなければならない」と判示して、構成要件レベルでの検討を求めた[142]。学理の支配的見解[143]も、同じく構成要件レベルでの解決を支持しており、例えば、処罰妨害罪の構成要件はその射程範囲に多くの弁護活動を含んでおり、もはや例外的な正当化状況ではなく職業典型的状況であるといった説明が見られる[144]。

もっとも、この問題は、処罰妨害罪や偽証教唆罪等の司法作用を保護すべき犯罪類型において、当該構成要件の解釈として可能な限りで議論され得るものである。例えば、弁護活動はその本質上「処罰を妨害する」又は「偽証

---

137)　同旨 BGHSt 31, 16.

138)　同旨の見解として、*Müller*, StV 1981, 90; *Hilgendorf*, in FS-Schlüchter, S. 497, 2002.

139)　BGHSt 32, 243.

140)　*Bottke*, JR 1985,122は、本件弁護人の行為は「弁護に典型的な行為」であり、そもそもドイツ刑法129a 条の構成要件に該当しないと批判している。

141)　BGHSt 46, 53

142)　同旨の裁判例として、BGHSt 10, 393; BGH NStZ 1982, 465; BGH NStZ 1990, 183; KG NStZ 1988, 178; OLG Düsseldorf NJW 1991, 996; OLG Düsseldorf StV 1998, 65; OLG Düsseldorf StV 1998,552.

143)　*Beulke*, Strafbarkeit, S. 5; *Stumpf*, Die Strafbarkeit des Strafverteidigers wegen Strafvereitellung（§ 258), S. 50, 1999; *Widmaier*, (Fn 11), S. 1043.

144)　*Müller-Dietz*, JR 1981, 76.

する」などの行為と抵触することが典型的に想定されるものであり、弁護活動の重要性は構成要件解釈において考慮され得るものであるが、他方、犯罪・テロ組織を「支援する」など弁護活動の本質上典型的に当該構成要件に把握されるような性質のものとはいえない場合には、もはや構成要件レベルでの解決は困難である。そのような犯罪類型においては、弁護活動としての正当性は他の諸利益との衡量に基づく正当化事由としての考慮が妥当である。

3　実質的限界付け

（1）　判例の動向

弁護活動の正当性を刑法体系上いずれに位置付けるかにかかわらず、具体的状況において許される弁護活動の限界付けが重要である。この点について、前述のとおり、当該弁護活動が訴訟上許されるものであれば実体刑法上も処罰されるものではなく、その限界付けの検討に当たっては、弁護人の刑事手続における法的地位が十分考慮されなければならない。特に通説である機関説の理解によれば、弁護人は公的利益に配慮すべき責務と被疑者・被告人を援助すべき責務との二重的役割を負う地位にあり、具体的活動の評価においてしばしば双方の利益が対立するものであることから、どのように調整が図られるべきかが問題となる。

この点について、連邦通常裁判所は、早くから被疑者・被告人の援助という利益を優越させてきた。例えば前掲連邦通常裁判所1952年判決は、「弁護人は法の従者として刑事手続に関与する者であるが、依頼者の罪状立証に協力すべき者ではなく、その活動の重点は……刑事手続の法的安定性の強調、及び特に免罪的事情の探求に置かれるべきである」と判示している。このような理解から、証言拒絶権を持つ証人にその権利行使を働きかけて公判で被告人に不利な証言をさせないようにすること[145]、被疑者・被告人に黙秘権の行使を勧めること[146]などの行為は、証人及び被疑者・被告人に対して法律上保障された権利行使を助言したにすぎないとの理由で、正当な弁護活動

145）　BGHSt 10, 393
146）　BGH NStZ 1982, 465

に当たるとされている。

このように弁護活動の優越性を認める結論について、前掲連邦通常裁判所1979年判決は、「刑事弁護は、その本質上、被疑者・被告人を起訴、勾留、有罪判決から保護することに向けて行われるものである」として、前述のような二重的役割を指摘した上で、両利益の調整について、「（組織的）犯罪を刑法によって……撲滅しようという試みは、……自由かつ実効的な弁護活動を求める法治国家的要請に劣後する」として、弁護人が被疑者・被告人を援助すべき利益が基本的に司法の実効性等に向けられた公的利益に優越することを明確に示した。もっとも、裁判所は、更に続けて「弁護人は……法治国家思想に則した刑事司法の利益にも資するべき法的責務を負う者であるから」その活動に際して法律上与えられた権利を恣意的に濫用してはならないとし、「合法的な弁護活動という外形をまとっただけの、その実は専ら弁護外の目的（犯罪・テロ組織の支援）に向けられた行為は……訴訟上許される弁護活動ではなく、非弁護行為であ」り、もはや「行為の適法性を基礎付ける要素が欠ける」とも判示した。本判決は、弁護人が保護すべき双方の利益をどのように調整すべきかという問題について、明確に被疑者・被告人の保護を優先すべきと判示した点について、学理からも概ね支持を受けている[147)]。

また、連邦通常裁判所第三刑事部1982年判決[148)]は、弁護人がテロ組織のリーダー格である被告人の公判手続内で行った組織の活動を正当化する発言に関与し、これによって犯罪組織を支援したとして起訴された事件について、被疑者・被告人の訴訟内での発言がその内容上犯罪組織のメンバーを募集し、組織の犯罪目的を強化するような性質を含んでいるとしても、他方で自身の防御にも資する場合、弁護人がその作成を援助し又はマスコミ等を通じてその内容を外部に伝達したとしても、依然として許される弁護活動の範囲内にあって可罰的ではないと判示した。

このように、判例上、弁護人が配慮すべき利益として被疑者・被告人の援

147）　*Kuckuck*, NJW 1980, 298は、本判決は訴訟上許される弁護活動と刑法上禁止される犯罪組織の支援活動との葛藤に際して基本的に前者を優先する形で解決を図ったものであり、法治国家的に重要な自由な弁護士職及び公正な手続を受ける被疑者・被告人の権利の観点から支持できると述べている。

148）　BGHSt 31, 16.

助が優先し、その限界は、被疑者・被告人を援助する行為が刑事手続における弁護目的に資する「弁護活動」であるか又はその外形をまとっただけの「非弁護行為」であるかという基準によって決定されている。もっとも、前掲連邦通常裁判所1982年判決について、学理では、本判決は被告人の訴訟内発言を全体的に考察すれば許される弁護活動の範囲にあるとするが、全体的考察はともかくとして、そこから導かれる結論には疑問があるとの批判も見られる[149)]。その理由として、連邦通常裁判所が理由として挙げた当該訴訟発言によって新たな法益が侵害されていないこと、及びこのような結論を否定するならば被告人は包括的防御をあきらめるか又は新たな可罰性を追及されるかの選択を迫られることになるという点について、前者は必ずしも必然的な理由とはならず（例えば侮辱罪の裁判であえて侮辱的発言を再現するなど）、後者についても、本件では防御のために組織の宣伝活動的な内容の発言を行う必要はなかったと述べられている。いずれにせよ、弁護活動か非弁護活動かという基準は、抽象的であり、具体的事情により判断が流動化する虞がある。そこで、以下のように、可罰性の基準をより実質化・理論化する試みも見られる。

（２）　可罰性基準の実質化・理論化

（ｉ）　正犯・共犯論からのアプローチ

連邦通常裁判所第四刑事部1998年判決[150)]は、弁護人が勾留中の被疑者・被告人の依頼に応じて一定の薬物に関する情報を入手し、これを被疑者・被告人に伝達したことにより、被疑者・被告人がその情報に基づいて自分は当該薬物により犯行当時十分な責任能力がなかったとする虚偽の弁解を行うことを可能にさせ、これによって被疑者・被告人の適切な処罰を妨害したとして起訴された事件である。第四刑事部は、弁護人の当該行為の可罰性の評価に当たり、被疑者・被告人の虚偽の弁解に対する弁護人の主導性が判断される必要があると判示した。

本判決について、学理では、裁判所の判断は、先行行為者自身は処罰されない処罰妨害罪について弁護人が共犯的に関与したにすぎない場合にはいわ

149)　*Gössel*, JR 1983, 118.
150)　BGH NStZ 1999, 188.

ば正犯なき共犯の類型として可罰性を否定するという考え方に立つものとの分析が見られる[151]。論者は、その上で、連邦通常裁判所の判示からは、弁護人が被疑者・被告人の自己庇護行為に共同正犯的に関与した場合には処罰妨害罪の可罰性が認められるように思われるが、この場合も被疑者・被告人の不処罰に応じて弁護人の可罰性も否定されるべきであり、弁護人の処罰は被疑者・被告人を道具とする間接正犯的関与の場合に限定されるべきであると主張する。

（ⅱ）　限定的機関説（核心領域公式）からのアプローチ

限定的機関説とは、弁護人は刑事司法の実効性という公的利益に配慮する義務を負うが、それは被疑者・被告人の援助という観点から相当に限定されるべきものであって、単に刑事司法の実効性をその核心において妨害することのみを禁止されるにとどまる（核心領域公式）とする見解である[152]（第２章）。フランクフルト高裁1980年決定[153]は、明示でこの限定的機関説を支持した。本件は、共同被告事件の各弁護人が相互に自身の被告人の供述内容を交換し、これによって共同被告人間での供述を調整させることで適切な処罰を妨害したとの理由で、各弁護人の除斥（ド刑訴138a条１項３号）が申し立てられた事案である。フランクフルト高裁は、以下のように判示して、各弁護人の右行為の可罰性を否定した。すなわち、「弁護人の行為が処罰妨害として可罰的となるのは、*Beulke* が指摘するように、当該行為が司法の実効性をその核心において侵害する場合に限られる。すなわち、弁護人は、司法機関として、司法の実効性の核心領域を守ることを義務付けられる者であるため、弁護活動により司法の実効性が著しく危殆化する虞がある場合には、公的利益の観点から当該行為は禁止される。もっとも、弁護活動が客観的に阻害的に作用することに適しているというだけでは、まだこの核心領域に触れるものではない。……むしろ、弁護人が、自身の真実義務に違反して、被告人をして公判で意識的に虚偽の弁解をさせた場合に、初めてこの領域を超える。……*Beulke* も指摘するように、弁護人は、自ら調査権限を持つため、……

151）　*Lüderssen*, StV 1999, 537.
152）　*Beulke*, Verteidiger, S. 200.
153）　OLG Frankfurt NStZ 1981, 144.

例えば、証人の下を訪れて事件について検討し、……自身が調査したことの内容を被告人と共に弁護目的で検討することも許される。……被告人の弁解は、共同被告人にとって重要な意義を持ち得る。それゆえ、弁護人が事件についての被告人の弁解を共同被告人の弁護人に伝達し、その弁解を共同被告人に伝えて、共に検討することを要請するという方法は、適切かつ許される弁護活動である」。

以上のように、この核心領域公式は、被疑者・被告人の援助に向けた弁護活動を広く保障するものであり、それを支持する見解も少なからず見られるところであるが[154)]、この基準自体、*Beulke* 本人も認めているように[155)]、いまだ不明確な点があることは否めない。この点について、前掲フランクフルト高裁1980年決定は、核心領域の侵害は当該行為の客観面だけでなく主観面からも基礎付けられなければならないとしているが、弁護人が公的利益に配慮する義務を負うとする以上、本決定の判示するような確定的故意を持った行為に限定されるべき必然性はない。

なお、*Müller*[156)] は、本件のような基盤共通弁護、すなわち同一事件における複数被疑者・被告人間での弁護を共同して行い、弁護人間での情報交換等により共同の弁護方針を確立するという弁護方法について、このような弁護活動は、自身の依頼者（被疑者・被告人）の利益にかなう限りで許されるにとどまると主張する。特に共犯関係では特定の被疑者・被告人に罪を擦り付けようとする危険も存在することから、優先されるべきは共同体の利益ではなく、あくまで依頼者個人の利益であり、一旦弁護の共同が確立されたとしても、擦り付けなどの危険が生ずる場合には常に撤回可能である（ただし、その際、相手方に告知しておかなければならない）。また、このような弁護活動は、特に処罰妨害罪との関係において、弁護人が故意に真実を隠匿し又は歪曲することになる場合にもその限界が認められる。この点について、*Müller* は、①真実に反することの嫌疑を基礎付ける根拠は存在するか、②そのような根拠は弁護人自身により判断可能なものであったか、③そのような判断は弁護

154）　*Dornach*, S. 91 ff.
155）　*Beulke*, Strafbarkeit, S. 14.
156）　*Müller*, StV 2001, 649.

人が問題となる行動を行う際に可能であり、しかも過剰な期待に当たるようなものではないかという基準により、これら全てが肯定される場合に限り、弁護人にはこのような活動方法が禁止されるという。具体的な弁護の状況について、被疑者・被告人の利益及び司法の実効性という公的利益の双方から詳細な判断基準を提示するものとして、有益な見解である。

（ⅲ）　未遂論からのアプローチ

特に弁護人が証人に偽証を働きかけて当該供述を公判に持ち込むという類型について、未遂論から実質的検討を加える傾向が見られる。すなわち、予備罪を処罰する規定のない処罰妨害罪においては、妨害を惹起する行為が行われたとしても当該事象が未遂の段階にまで至らなければ、依然として、当該行為は可罰的ではないというのである。

ｉ）弁護人が証人に偽証を働きかけてその約束を取り付けたという事例について、連邦通常裁判所第二刑事部1982年判決[157]は、未遂の可罰性は行為者の行為後に構成要件結果の実現に向けてもはや障害がないという意味での直接的関係が必要であるが、本件ではまだ他者の証言という過程が残されていてこのような直接的関係が認められない、未遂の成立時期は偽証を約束した証人が公判で証言を開始した時点であると判示した。また、ブレーメン高裁1980年決定[158]は、前掲連邦通常裁判所1982年判決と同様に、構成要件結果の実現に向けた直接的接着性について、形式的に実行行為の終了だけに着目するのではなく、実質的に行為者の犯行計画において法益が直接的に危殆化された段階にあるかどうかが問題であり、その際、構成要件実現に向けてまだ重要な中間段階を経なければならないという場合、例えば弁護人と証人との偽証約束が果たされたにとどまる場合には、処罰妨害罪の保護法益である国家の刑罰権はまだ直接的に危殆化されていないと判示した。

この点について、学理上、処罰妨害罪は結果犯であり、未遂犯の成立はその結果発生に接着した行為が実行された時点（法益が危殆化された時点）、すなわち偽証が開始された時点で初めて肯定されるべきものであるとして、本決定を支持する見解が見られる[159]。これに対して、弁護人が証人に偽証を働

157）　BGHSt 31, 10.
158）　OLG Bremen NJW 1981, 2711.

きかける行為について、一般人の場合とは異なり弁護人の場合にはこれを処罰妨害罪の正犯と位置付けている点は、刑事手続における弁護人の位置付けを考えると正当であるが、そうであるならば、弁護人としては既に構成要件実現に向けて必要な全ての行為をやり終えたものであるから、未遂の成立は肯定されるべきであったとの批判が見られる[160)]。

ⅱ）連邦通常裁判所は、前掲1982年判決の翌年、連邦通常裁判所第二刑事部1983年決定[161)]においてその見解を実質的に変更し、弁護人が証人と偽証を約束してその証人尋問を申請したという事例についても、未遂の成立を肯定した。本決定に対して、弁護人の真実義務は実効的弁護の観点からも重要である[162)]、本件では、弁護人の行為が禁止されるべきことは明らかであり、司法機関とされる弁護人の処罰妨害罪（刑258条）における関与形式は正犯としてのものである[163)]などとして、その結論を支持する見解が有力である。

その後、ベルリン高裁1983年決定[164)]は、弁護人が証人に偽証を依頼したが証人からその約束を取り付けることができず、それゆえ証人尋問の申請も行われなかった事例について、右連邦通常裁判所1983年決定に依拠して、一般的な未遂の理解からは偽証を決意した証人について弁護人からの証人申請が必要である（そうでなければ、構成要件結果の実現に向けた直接的関係が欠ける）との理解から、未遂の成立を否定した。

以上から、実務上は、弁護人が証人に偽証を働きかけるという類型について、弁護人が証人と偽証について合意し、公判でのその尋問を申請した時点で処罰妨害罪の未遂が成立するという見解が、確立されている。

ⅲ）その他の類型で未遂論から検討を加えたものとして、ベルリン高裁

159）　*Müller-Dietz*（Fn 144）, S. 475. ただし、*Müller-Dietz* は、本件とは異なり、弁護人が証人を威迫又は欺罔するなどして間接正犯として行為したと評価できるする場合には、既に証人への働きかけの時点で実行の着手を認め得ると述べる。

160）　*Beulke*, NStZ 1982, 330.

161）　BGH NJW 1983, 2712. 同旨として BGHSt 36, 133.

162）　*Bottke*, JR 1984, 300. ただし、*Bottke* は、除斥手続における証拠調べは「厳格な証明手続」によるべきとする。

163）　*Beulke*, NStZ 1983, 504. ただし、*Beulke* の見解からは、証人尋問の申請は未遂の成立にとって不可欠の要件ではない。

164）　KG JR 1984, 250. 本決定は、証人申請を不要とする *Beulke* 説を明示で批判している。

1982年決定[165]が挙げられる。本決定は、捜査機関が被疑者・被告人に出頭を求めた際、弁護人が被疑者・被告人の身代わりとして出頭したという事案について、「検察官に対する偽装行為は、処罰妨害の予備行為ではなく、既にこの犯罪の未遂に当たる、なぜなら、これにより構成要件実現に直接接しているからである」と判示した。

（iv）　中止犯論からのアプローチ

連邦通常裁判所第五刑事部2000年決定[166]は、窃盗組織の首領から身柄を拘束された構成員の弁護を受任した弁護人が首領に逃亡を勧めたが、首領はそれを聞き入れず、その後、弁護人はなおも逃亡を勧める契機を持ちながら（弁護人は被疑者・被告人と接見の際、そのことについて相談している）、それ以後首領に逃亡を勧めることはなかったという事案である。連邦通常裁判所は、そのような行為が自身の弁護する被疑者・被告人に有力な負罪的証人を公判から遠ざけようとしたものとして正犯的妨害行為に当たるかという問題を留保しつつ[167]、本件はいずれにせよ未遂犯からの立ち戻りと評価できるとして、中止犯の成立（不可罰）を認めた。

このような中止犯としての構成は、前述の未遂犯からのアプローチと関連して、訴訟の流動的な状況における弁護活動の指針を示す上で参考になる。

（v）　主観面からのアプローチ

ⅰ）遮断効理論　　処罰妨害罪は、その構成要件上、妨害結果について意図的又は知情的であることが要求されており、故意の程度として確定的故意が必要とされているが、その他の偽証教唆罪や文書偽造罪では、未必の故意で足りるとされている。このことから、例えば弁護人が被疑者・被告人に有利な虚偽の事実を主張し、更にそれを立証するために偽証を約した証人の尋問を申請し又は偽造された文書を証拠として提出するという事案において、

---

165)　KG NStZ 1983, 556. *Mehle*, NStZ 1983, 557は、未遂の判断に当たっては構成要件結果への接着性がより慎重に検討されるべきであったと批判している。

166)　BGH StV 2001, 108.

167)　原審はこの点を肯定し、処罰妨害正犯として有罪判決を下した。これに対し、*Müller*, NStZ 2002, 356は、本件で留保された正犯的関与の問題は、弁護人が当該証人に対して欺罔や脅迫によって逃亡を決意させるような場合に限り肯定されるとして、本件のような態様ではせいぜい処罰妨害教唆又は幇助にとどまるという。

弁護人が当該事実が虚偽であることについて疑わしいと思いつつ、確実に虚偽であるとまでは考えていなかった（つまり、未必の故意しか存在しない場合）場合、処罰妨害罪は不可罰であるが、これと行為単一（観念的競合の関係）で実行される偽証教唆罪や文書偽造罪については処罰の可能性が生ずる（弁護人のジレンマ）。このような場合、被疑者・被告人のためできる限り実効的な弁護を行うべき弁護人の地位に鑑み、処罰妨害罪だけでなく、これと行為単一の関係で実行される偽証教唆罪や文書偽造罪に関しても確定的故意を要求すべきではないかが問題とされている（刑法258条の遮断効理論）。

この問題について、連邦通常裁判所第一刑事部1992年判決[168]は、弁護人が保釈中の被疑者・被告人が重病であり最終的には死亡したとの虚偽の事実を主張し、それを立証するために虚偽の死亡診断書を提出したことについて、処罰妨害罪及び文書偽造罪（更に保釈保証金に対する詐欺罪）によって起訴された事案である。連邦通常裁判所は、処罰妨害罪について未必の故意しか認められないことを理由に処罰を否定しつつ、これと行為単一の関係にある文書偽造罪及び詐欺罪についても遮断効理論により同じく確定的故意を要求するという見解をはっきりと否定し、これらの罪については未必の故意で足りると判示した。

本判決に対して、遮断効理論は他の行為主体、他の犯罪類型に無限に広がり得るものであり、これを否定することで適切な処罰が確保され得る[169]、遮断効理論は枉法罪（ド刑336条）で展開された理論であるが、その理論自体刑法上異種のものであって、弁護人の刑事手続における地位を考慮してもむやみに拡張されるべきではない[170]として支持する見解が見られる。

これに対して、枉法罪で展開された理論は弁護活動に対する処罰妨害罪の場面に転用可能であり、この構成はいわゆる弁護活動のジレンマが問題となる場合に限り要請されるものであるから、他の行為主体、他の犯罪類型に拡張される危険は批判の根拠とはならないとして、遮断効理論の適用を求める見解が主張されている[171]。また、弁護人の置かれた特殊な状況におけるジ

168） BGHSt 38, 345.
169） *Beulke*, JR 1994, 116.
170） *Stumpf*, NStZ 1997, 7.

レンマを解消するには遮断効理論による解決が適切であり、この理論は弁護活動固有の問題を解決するために求められるものであるから、その効果が及ぶのは被告人に対する刑罰権、つまり国家の司法作用を保護すべき構成要件に限定されるのであり、例えば負罪証人が出廷できないよう弁護人が威迫又は暴行を行うなど個人的法益を保護すべき構成要件との関係ではこの理論の適用が制限されるとする見解も見られる（限定的弁護人特権説）[172]。この見解は、弁護人の特殊な状況を考慮しつつ、本理論に対する批判点も十分考慮したものとして注目される[173]。

ⅱ）阻止閾理論　前述のとおり、連邦通常裁判所は、1992年判決において、処罰妨害罪の遮断効理論を否定したが、それにとどまらず、いわゆる阻止閾理論の適用を認めた点で注目される。この理論は、行為者は通常自身の行為によって他者の死亡結果を惹起することを承諾的に甘受するものではない（故意の否定）と推定する考え方であるが、これを応用して、弁護活動に対する刑法上の処罰においても、実体法要件としては未必の故意で足りるとしつつ、その証明に当たっては弁護人の刑事手続における役割に配慮した検討が必要であり、弁護人は刑事手続における活動に際し自身の行為が違法であると確信して行為する者ではないと推定されるというのである。連邦通常裁判所は、この理論が適用されるべき理由として、弁護人は司法機関として他者の利益を実現すべき地位にあり、当該証拠が虚偽であるとの疑いを抱きつつもそれを裁判所に提出し、この証拠が虚偽であるなどの瑕疵が存すれば裁判所がこれを発見するはずであるとの「留保」を持って行為するものであることを挙げている。それゆえ、被疑者・被告人から偽造証拠であると明示されるなど、弁護人が「付随的情報」から証拠が虚偽であることを確信していたなどの事情がない限り、この理論の適用（故意を否定する推定）により、弁護人の故意が否定される。

連邦通常裁判所のこの見解に対して、弁護人の司法機関としての地位に配

171）　*von Stetten*, StV 1995, 606.

172）　*Hilgendorf* (Fn 138), S. 497.

173）　その他、刑法258条の遮断効を支持する見解として、*Hamm* (Fn 36), S. 289; *Wünsch*, StV 1997, 45.

慮した適切な見解であると支持しつつ、結果的には、弁護活動に際して文書偽造罪等が成立するためには、同時に処罰妨害罪も成立することが条件となる（同罪が成立しない程度の司法妨害行為は可罰的ではない）と分析する見解が見られる[174)]。他方、弁護人自身の被告事件で、その防御上、「付随的情報」をめぐって依頼者との内部関係が問題となって不都合である[175)]、意思的要素を過度に重視するものであって、現在の故意の理解と適合しない[176)]、弁護人の機関的地位からの推論はむしろ逆であって、弁護人はこのような公的地位において依頼者から提出された証拠に対し一定の距離を持って対処すべき者であり、連邦通常裁判所が指摘する裁判所の審査による留保についても、弁護人が当該証拠を訴訟に提出する行為が問題なのであって、そのことについて意思的要素が否定されることにはならないはずである[177)]、といった批判も見られる。

連邦通常裁判所は、その後、連邦通常裁判所第一刑事部2000年決定[178)]において、本理論を更に発展させた。本決定は、弁護人が被害者証人との間で、証人が被告人に有利な証言（原審で行った供述とは相反する）を行い、それによって被告人が処罰を免れた場合にはその成功報酬として慰謝料を支払うことを合意し、その合意に応じて証人に証言させた（この弁護人が処罰妨害罪及び偽証教唆罪で起訴された）事案について、証人との慰謝料に関する合意自体は正当であるが、それが供述変更の動機となっているにもかかわらず裁判所に報告しなかったことから、許される弁護活動の範囲を逸脱するものであるとした上で、故意に関しては、1992年判決と同様に、弁護人の司法機関としての地位からの「内心的留保」を導き、故意の証明として不十分であったと結論付けた。

本決定に対して、依頼者の利益を考慮するならば、被害者証人との間で報酬約束をしたとの事実を裁判所に報告することは適切ではなく、このような内部事情を秘匿することから弁護人における妨害行為を認めることはできな

174)　*Scheffler*, StV 1993, 470.
175)　*Beulke*, JR 1994, 116.
176)　*Stumpf* (Fn 170), S. 7.
177)　*von Stetten*, StV 1995, 606.
178)　BGHSt 46, 53.

いとして、既にその理由で処罰妨害罪は否定されるべきであったとの批判が見られる[179]。これに対して、証人への免罪的証言に対する成功報酬の支払について一般的に（構成要件該当性の問題として）処罰妨害罪の成立を否定することはできないのであり、むしろ、①報酬の主導が証人からのものであること、②金銭支払の根拠が事件と関連して存在すること、③弁護人は約束された供述が真実である可能性を認識していることという要件から、例外的に可罰性が否定されるにすぎないとして、支持する見解も見られる[180]。また、本決定は、1992年判決とは異なり、弁護人自身が証人との交渉に臨んで成功報酬の見返りとして証言変更を合意した事例であり、1992年判決が指摘する付随的事情が存在したとの評価を前提にして、このように曖昧なものとなる故意レベルでの検討は、裁判所の恣意的判断がなされる虞があり、ひいては裁判所の弁護活動に対するコントロールを強化する可能性を持つものであるとして批判する見解も見られる[181]。もっとも、本件で合意された成功報酬は、裁判所の認定にもあるように通常の慰謝料として過剰なものではなく、必ずしも被害者証人に虚偽の供述を誘発するとはいえず、この合意を持って故意を否定する推定を覆すという意味での付随的事情といい得るかは疑問である。

ｖ）具体例

以上のとおり、弁護活動に対する可罰性の限界付けについて様々な観点からアプローチが試みられているが、ここで、従来の裁判例で示されてきた具体例について整理しておく。

（不可罰の行為）

・被告人に自白を思いとどまるよう助言すること[182]。

・証言拒絶権を有する証人にその権利行使を説得又は要請すること[183]。

179）　*Scheffler*, JR 2001, 294.

180）　*Müller*, NStZ 2002, 356. ただし、*Müller* は、偽証教唆罪について、証人自身は未必の故意で足りるとしても、その証人を指名する弁護人は確定的故意が必要であるとして、連邦通常裁判所のような内心的留保という構成はそもそも不要であったと述べる。

181）　*Hilgendorf* (Fn 138), S. 497.

182）　BGHSt 2, 375.

・告訴の撤回を意図している被害者に事件の状況と告訴の意味を説明すること[184]。
・証言の変更を予定する被害者証人との間で「成功報酬」として慰謝料名目の金員支払を約束すること[185]。
・共犯者の弁護人相互で被疑者・被告人の供述に関する情報を交換すること[186]。
・外国に居住する共犯者にドイツでの公判へ出頭しないよう勧めること[187]。
・手続の相当遅い段階で証拠申請すること[188]。

(可罰的行為)

・事件に関与する裁判官や検察官を買収すること[189]。
・捜査機関を欺罔して情報を得ること[190]。
・依頼者に虚偽の弁解を可能にさせるよう情報を提供すること[191]。
・証人に偽証を勧める、証拠を偽造すること[192]。

4　近時の動向

前述のような司法作用を保護法益とする犯罪類型以外にも、弁護人の活動に対する可罰性が議論されている。

(１)　民衆扇動罪

連邦通常裁判所第一刑事部2000年判決[193]は、極右主義団体のリーダーが民衆扇動罪等で起訴された被告事件において、その弁護人が、証拠調べの終了直前に慌しく、それまでの客観的・中立的態度とは一変した激しい表現で

183)　BGHSt 10, 393.
184)　OLG Düsseldorf StV 1998, 551.
185)　BGHSt 46, 53.
186)　OLG Frankfurt NStZ 1981, 144.
187)　OLG Düsseldorf NJW 1991, 996.
188)　OLG Düsseldorf StV 1986, 288,
189)　BGHSt 9, 20.
190)　KG NStZ 1983, 556.
191)　BGH NStZ 1999, 188.
192)　前掲未遂論に関する裁判例参照。
193)　BGHSt 46, 37.

連邦大統領、首相、連邦憲法裁判所長官らを証人とする尋問を申請し、その際、ユダヤ人大量虐殺の事実を修正することはドイツ国家の利益になる、ユダヤ人は大量虐殺の事実を著しくでっち上げて一方的にドイツ国家の責任を追及してきたなどと主張した行為が、ナチス時代に実行された大量虐殺等の犯罪を過小評価するという類型での民衆扇動罪（刑130条3項）に該当するとして起訴された事案である。連邦通常裁判所は、刑法130条5項が準用する86条3項の不処罰規定の適用に関して、正当な弁護活動も同条項に列挙されたものに準じて不処罰規定の適用があると前提した上で、「しかし、本規定は、弁護人の免罪符ではない。弁護人の訴訟上の発言が弁護と全く関係がない場合、又は弁護外の行為、つまり確かに弁護の外形を装ってはいるが実際には法的に弁護とは評価され得ないものである場合、実効的刑事弁護の保障は疑わしく、自由な弁護士職の原則は背後に退く。そのような場合、本規定が求める、法秩序より承認されるべき行為目的が欠けている。専ら政治デモ的性質を持つ罵倒的表現による発言は、具体的手続における事実解明及び弁護におよそ寄与するものではなく、それが証拠申請という名目で行われているものであるとしても、刑法86条3項の適用を受けない」と判示し、有罪判決を下した。本判決に対して、弁護人の刑事手続における役割を十分考慮した上で具体的事例の適用について的確な判断を下したものである[194]、刑法86条3項を正当化事由であるとの理解を示した上で（当該発言が弁護活動におけるものであるというだけで、類型的不法を否定することはできないとの理由で）、本件では、弁護人の論争的表現及び彼が指名する証人が期待する発言をすることはおよそ期待できるものではなかったことを考えると、それは弁護の衣をまとった政治的発言であり、正当化の根拠を欠くものであった[195]、などの支持が寄せられている。

その後、連邦通常裁判所第五刑事部2002年判決[196]は、同じく極右主義者による民衆扇動罪被告事件の弁護人が、被告人の発言を正当化するため、極右主義的考えを持つことで知られた化学者を鑑定人とする証拠調べを申請し

194）*Stegbauer*, JR 2001, 37.

195）*Streng*, JZ 2001, 205.

196）BGHSt 47, 278.

た事案である。連邦通常裁判所は、やはり刑法86条3項の適用に関して、「本件証拠申請は、アウシュビッツ強制収容所でのガス室によるユダヤ人大量虐殺は行われなかったということの証拠調べを目的としたものであり、実質的に成果を得る見込みはない。このような申請は、その公知性ゆえに、刑事訴訟法244条3項2文により不必要なものとして却下されるべきものである」と判示し、本件証拠申請は正当な弁護活動ではないとの理由で本条項の適用を否定した。本判決に対しても、本件において（2000年判決の事案とは異なり）問題の証拠申請は刑事訴訟法244条3項2文についての確立した判例からすると成功の見込みは全く存在せず、それゆえ弁護人の行為は真実発見に全く寄与するものではなく、しかも被告人は刑事弁護人としてのその経験上そのことをおよそ認識していたはずであるから、そもそも訴訟上許されるものではなかった（つまり、弁護活動の外形すらまとったものではなかった）[197]として、支持が寄せられている。

（2）　名誉毀損罪

連邦通常裁判所第五刑事部1987年判決[198]は、ナチス時代にユダヤ人収容所を閉鎖するに当たり同施設を爆破して大量のユダヤ人を殺害したとして謀殺罪で起訴された被告人の弁護人が、弁論に際して、当時施設内に伝染病が蔓延していたこと及びそのような劣悪な環境はユダヤ人相互の助け合いがなかったためであることとの発言を行ったことについて名誉毀損罪（刑185条）などで起訴された事案である。連邦通常裁判所は、「名誉の保護は、妨害を受けずかつ効果的な刑事弁護を実現するという法治国家的要請に劣後する」と判示し、刑法193条（正当な利益に向けた発言についての正当化条項）の適用を認めて無罪とした。

連邦憲法裁判所第一部1999年決定[199]は、捜査段階で被疑者・被告人に対して捜索差押えが実施され、押収物品の鑑定の結果から一旦は嫌疑が否定されたにもかかわらず、別の検察官からの捜索差押え処分に応じて裁判所が捜索差押えを認める決定を下した処分に対して、弁護人が抗告を提起し、その

197）　*Stegbauer*, JR 2003, 74.
198）　BGH NStZ 1987, 554.
199）　BVerfG NJW 2000, 199.

抗告申立書において検察官が事実を捏造して捜索差押え処分の請求を行ったこと、またその請求は検察内部での「意地の張り合い」によるものであることを主張したという事実について、弁護人が名誉毀損罪で起訴されたという事案である。原審は、刑法193条の正当化条項を適用しなかったが、連邦憲法裁判所は、当該発言が刑事手続における弁護人のものであることを十分に衡量していないとして批判し、弁護人の前記発言に対する有罪判決を破棄した。

ベルリン高裁1997年判決[200]は、旧東ドイツの「ベルリンの壁の兵士」が国境逃亡者を射殺した事件に関与していた弁護人が、裁判長が旧東ドイツ出身で学生時代に反政府活動をしていたとの情報を得たため忌避申立てをしたが、これが却下されるに際して陪席裁判官が裁判長の見解をそのまま再現したことから、更に陪席裁判官に対する忌避を申し立てて、陪席裁判官は裁判長に「隷属している」との被告人の発言をそのまま申立書に記載したという事実について、弁護人自身が名誉毀損罪で起訴された事案である。ベルリン高裁は、次のように判示して無罪とした。すなわち、刑法193条の適用に当たっては具体的事例において対立する利益の衡量を必要とするが、特に刑事弁護の場面では、より強くかつ辛辣な表現も許される方向に傾く。なぜなら、刑事弁護の場面においては、法的聴聞を受ける権利（ド基本103条１項）への波及的効果も重要であり、行為者が刑事弁護を目的として行為した場合、広く正当化が認められるべきだからである。すなわち、行為者が刑事弁護の目的で発言した場合、仮に他の動機が並存していた場合でも、刑法193条は適用されるというのである。

デュッセルドルフ高裁1998年決定[201]は、裁判官による電話傍受処分命令（ド刑訴100a条、100b条）を不服とする抗告申立てに際し、弁護人が裁判官の処分を「恣意的である」と批判した点について、裁判官に対する名誉毀損罪として起訴された事案である。デュッセルドルフ高裁は、「恣意性」は処分命令の適法性に関する客観的基準として連邦通常裁判所判例からも承認されており、本件弁護人の表現も、それがたとえ括弧付きで強調された表現であ

200)　KG StV 1998, 83.
201)　OLG Düsseldorf NJW 1998, 3214.

ったとしても、裁判官個人の人格に向けられたものではなく、当該処分の違法性を主張するものにすぎないから、名誉毀損の構成要件に該当しないと判示した。

以上のとおり、弁護人が刑事手続内で行った名誉毀損的発言は、比較的緩やかに正当化が認められているが、これは、表現の自由（ド基本5条1項）の重要性に加えて、刑事手続において各々が司法機関とされる裁判所及び検察官と弁護人とのバランスを適切に保つという観点からも、妥当な方向性である。もっとも、このような観点からは、訴訟に部外の者に対する名誉毀損的発言は、他の司法機関に対する発言とは異なり、刑事弁護との関連性が強く問われることとなる。

（3）　資金洗浄罪

資金洗浄行為への取組は、組織犯罪への対策として世界的に強化されている。ドイツでも、弁護人が一定の組織犯罪について弁護を引き受けた場合、被疑者・被告人から得る弁護報酬についてこれを資金洗浄罪（ド刑261条）で訴追した事例が見られる[202)]。

ハンブルク高裁2000年決定[203)]は、麻薬組織の黒幕から依頼を受けて身柄拘束された組織構成員の弁護を受任した弁護人が、資金洗浄罪で起訴された事案である。ハンブルク高裁は、弁護人の報酬受領を形式的に見れば本罪の構成要件に該当するとしつつ（刑法261条5項によると、依頼者からの報酬が汚れた資金に基づくものではないと誤信したことについて軽過失でも足りるとされている）、本罪を弁護人の報酬受領行為に適用するに当たっては、憲法上の他の利益等を考慮した限定的な解釈が必要であると判示した――地裁の公判不開始決定に対する検察官の即時抗告を却下した――。すなわち、刑事弁護報酬の受領行為に資金洗浄罪を適用することは、弁護士の職業遂行の自由だけでなく、被疑者・被告人の公正な手続を受ける権利という憲法上の利益と抵触する可能性があり、これらの諸利益と資金洗浄罪の刑罰規定が追求する利益、特に被害者保護との衡量から、被害者の損害賠償請求が特段困難にならないような場合には、刑事弁護報酬の受領行為は本規定から除外されるべきというので

---

202)　この問題について、*Hefendehl*, in FS-Roxin, S. 145, 2001.
203)　OLG Hamburg NJW 2000, 673.

ある。その上で、本決定は、本件は麻薬取引犯罪が対象であり、被害者の損害賠償請求を考える必要がない事案であるから、本件弁護人の行為は本罪の適用を免れると結論付けた。本決定は、更に、この問題について弁護人の主観面を限定することによって調整を図るべきとする見解（後述のとおり、連邦憲法裁判所がその後にこの見解を支持した）について、この見解によると、弁護人は被疑者・被告人との打合せに際して（特に資金洗浄罪の対象犯罪の場合に）十分な情報を聴き取ることができなくなってしまう、なぜなら、それによって資金洗浄罪について少なくとも未必の故意が生ずる虞があるからである、また、このような情報を聞いた場合、弁護人は、私選弁護を辞任し、裁判所からの国選弁護人の任命を求める傾向が増すことになるであろうが、それは私選弁護を原則とする刑事訴訟法の趣旨に反すると批判している[204]。

これに対して、連邦通常裁判所第二刑事部2001年判決[205]は、組織的な出資詐欺事件の弁護人が20万マルクの報酬を受けて弁護を受任した行為（これ以外に、弁護人が被告人から保釈保証金として預かった金員を自身の名で納付し、その後、被告人から右債権の譲渡を受けたとして自ら返還請求した事実も認定されているが、当該事実は組織的詐欺罪が資金洗浄罪の対象犯罪とされる以前のものであったため、人的庇護罪として捕捉されている）について資金洗浄罪で起訴された事件である。連邦通常裁判所は、前掲ハンブルク高裁2000年決定とは異なり、弁護人の報酬受領行為への資金洗浄罪の適用に当たり限定解釈の必要はないと判示した。連邦通常裁判所は、その理由として、資金洗浄行為は弁護士の職業モデルに適合しないためその職業遂行の自由を不当に制限するものではないこと、被疑者・被告人は汚れた資金で私選弁護人を求める権利を持つものではないこと、弁護人が列挙犯罪の弁護に当たり被疑者・被告人から詳細な事情を聞いた場合でも、一旦私選弁護を辞任し国選弁護への任命を求めることで資金洗浄罪による処罰を回避できることを挙げている。

その後、この連邦通常裁判所2001年判決（及び保証金関連について連邦通常裁

204）　*Hefendehl*, in FS-Roxin, S. 145, 2001は、本決定の合憲限定解釈の手法は法律文言及びそこに示された立法者の意思を超えるものであり、仮に本規定の弁護人の報酬受領事例への適用を憲法違反と考えたのであれば端的に憲法判断を求めて連邦憲法裁判所に回付（ド基本100条）すべきであったと批判する。

205）　BGHSt 47, 68.

判所より差し戻された後の地裁判決）に対して憲法抗告が提起された。連邦憲法裁判所第二部2004年判決[206]は、刑事弁護人の職業遂行の自由及び私選弁護制度という憲法上の保障を考えると、弁護人が依頼者から報酬を受領するという行為を資金洗浄罪で処罰することは、当該弁護人が報酬受領時点でその資金が依頼者又は第三者の資金洗浄罪で列挙された犯罪から得られたものであることを確実に認識していた場合（確定的故意が認められる場合）に限定され、軽率な誤信・過失で足りるとされるドイツ刑法261条５項は本件のような事例に適用できないと判示した。

以上の展開を経て、実務上、弁護人が列挙犯罪について弁護報酬を受領する行為に対する資金洗浄罪適用の問題は、連邦憲法裁判所が示した、主観的要素において確定的故意の場合に限定するという形で決着された。これに対して、学理上、多様な観点からの検討が見られる。

Wohlers[207]は、合憲限定解釈の必要性を認めつつ、連邦憲法裁判所がその根拠を弁護人自身の職業遂行の自由に求め、また限定解釈が構成要件の主観面で行われた点を批判している。すなわち、刑事弁護人が資金洗浄罪について他の職業者よりも特権を認められるべきであるのは、被疑者・被告人の訴訟主体援助者として、被疑者・被告人の自身が信頼する弁護人より実効的な弁護を受ける権利（ドイツ基本法及び欧州人権条約）の保護に重点が置かれるべきであり、単に弁護人自身の職業遂行の自由に着目するのでは他の職業者より優先されるべき理由は存在しない。また、被疑者・被告人自身の利益保護の観点からは、弁護人の主観面によって差異が生ずることは妥当ではなく、むしろ、構成要件の客観面において弁護報酬の受領は全て資金洗浄罪から除外されるべきであると主張する（ただし、弁護関係を隠れ蓑にした「見かけ上の弁護報酬」は、本来の資金洗浄行為として可罰的であるという）。

Fischer[208]は、連邦憲法裁判所判決の基礎付けについて、①条件的故意と直接的故意とで差異を設けることの合理性は明らかではない、②有償盗品関与罪（ド刑259条）が条件的故意で足りるとされていることと不均衡である、

206）　BVerfGE 110, 226.
207）　*Wohlers*, JZ 2004, 678.
208）　*Fischer*, NStZ 2004, 473.

③②と関連して弁護人除斥についても有償盗品関与罪との間で不均衡が生ずる、④連邦憲法裁判所が否定する（連邦通常裁判所は肯定する）、国選弁護との関係で汚れた資金しか用いることができない被疑者・被告人を無資力の被疑者・被告人と同視することは、没収・追徴、事前保全手続（ド刑訴111b条）などの規定から現行法上予定されたものである、⑤故意レベルでの解決によると、弁護人が報酬受領前に十分な情報を得ることを避ける可能性が生じてしまう、⑥連邦憲法裁判所の立論は依頼者が汚れた資金「だけ」しか用いることができないという実践的に稀な事例を想定したものであり、その射程範囲は広くないなどと批判する。その上で、*Fischer*は、「弁護人は、依頼者が犯罪収益からの資金も報酬として用いる可能性を認めた場合、弁護報酬額を法律が適切と認める額に限定すること」を提言する。

von Galen[209]は、本判決について、連邦通常裁判所判決により動揺させられた刑事弁護人の地位を正常な状態に戻した点を評価しつつ、故意形式での区別という「純実体法的解決」は、訴訟法上の処分が（捜査機関の判断次第によって）違憲的に使用される危険も残すものであると批判する。その上で、*von Galen*は、資金洗浄罪の保護法益が何かはそもそも問題であり、比例性原則の観点から端的に憲法違反とすることで、刑事弁護人に今後残される危険も排除されると主張する。

Matt[210]は、本判決の趣旨は医師や税理士など他の職業グループにも妥当するものと分析する。*Matt*は、手続法的にも、例えば刑事弁護人に対する捜査に当たり、単なる嫌疑の端緒では足りず、刑事訴訟法138a条を準用して嫌疑の程度が切迫し又は十分な程度であることを求めるという形での「限定解釈」も検討されるべきと主張する。

Barton[211]は、主観面における解決以前に客観面における限定解釈の検討の必要性を指摘しつつ、本判決によって弁護人の「憲法上の地位」が強化されたこと及び明確な判断基準が提示された点を支持する。*Barton*は、更に、本判決における資金洗浄罪の限定解釈の必要性や、他の連邦憲法裁判所判

209）　*von Galen*, NJW 2004, 3304.
210）　*Matt*, JR 2004, 321.
211）　*Barton*, JuS 2004, 1033.

決[212]においていわゆる「資産刑」（ド刑43a条）が無効と判断されたことも併せて考えると、一連の組織犯罪対策立法は憲法上の根本的問題を伴うものであったと評価している。

Ranft[213]は、一定の職業群に対して適用が限定されるべきことは法律自体に明示されなければならず、連邦憲法裁判所判決の手法はもはや解釈の域を超えていること、また「軽信性」の除外に当たり捜査当局及び裁判所の手続実施に当たっての抑制的態度からの演繹は論理的に飛躍があることを批判した上で、限定解釈の必要性は刑事弁護人に限らず他の職業者にも等しく妥当することを考えると、刑法261条はおよそ明白な濫用事例に限定されない限り憲法違反であると主張する。

以上から、弁護人の報酬受領行為に対する資金洗浄罪の問題は、刑法261条の限定的な適用という結論に異論はないようであるが、その体系的位置付け、理論的根拠など、今後も更なる議論の発展が予測される。

（４）　強要罪

フランクフルト高裁2000年決定[214]は、国選弁護人が被告人に対する勾留が執行されるのであれば以後自分は手続に関与しないと発言し、実際にも手続から離れたという事実について、裁判所への強要罪で起訴された事案である。フランクフルト高裁は、「刑法240条２項の要非難性という構成要件要素は、限定的に解釈されるべきである。本件被告人の行為は、確かに、訴訟上（ド刑訴145条）及び職業法上（ド弁護士43条、43a条）誤った行為であるが、司法機関でありまた援助者でもあるという刑事弁護人の二重の地位を考慮すると、当該言動がおよそ弁護活動を動機として行われた場合には、いまだ社会的に甘受できないものとはいえず、可罰性は否定される」と判示した。

本決定の判文からは事実関係が詳らかではないが、訴訟関係者間の対立が異常なほど激化した事例であると思われ、裁判所側からの対抗措置の限界を理論的に示したものとして注目される。

212）　BVerfGE 105, 135.
213）　*Ranft*, Jura 2004, 759.
214）　OLG Frankfurt StV 2001, 407.

5　可罰的行為の手続法上の効果

弁護活動の可罰性が肯定される場合、手続法への影響も生ずるが、ここでは、特に弁護人除斥の問題と、弁護人自身に対する捜査（調査）手続の問題を取り上げる。

（1）　弁護人除斥

（i）　除斥手続の概要

ドイツでは、いわゆるドイツ赤軍事件の影響の下、1974年に弁護人除斥規定（ド刑訴138a 条以下）が導入された。それにより、弁護人自身において、被告事件の共犯であること（ド刑訴138a 条１項１号）、被告人を本犯とする人的庇護罪、処罰妨害罪、盗品罪を実行したこと（ド刑訴138a 条１項３号）について切迫した嫌疑又は公判開始を正当化する程度の十分な嫌疑が認められる場合、弁護人を当該被告事件から除斥することが法定されている。

もっとも、本法の制定前からも、弁護人に対する犯罪の嫌疑を理由とする除斥が行われてきた。既にライヒ裁判所第四部1926年決定[215]は、弁護人において被疑者・被告人のための人的庇護罪の嫌疑が認められる場合、弁護人が当該手続から除斥されるべきであるとしている。ライヒ裁判所は、その理由として、司法機関である弁護人は他の司法機関（特に裁判官）と同じ制約に服すること、弁護人固有の手続的権利（記録閲覧権等）はそのような制約を前提とすることを挙げている。連邦通常裁判所第六刑事部1956年決定[216]は、禁止結社（共産主義団体）の活動を理由に勾留されていた被疑者・被告人の弁護人において、右被疑者・被告人の支援団体が事件担当裁判官及び検察官に対して実行した贈賄罪及び脅迫罪に関与したとの嫌疑が存在したという事案である。連邦通常裁判所は、「弁護人は、被疑者・被告人の代理人であるにとどまらず、特別な権限を持つ司法機関であり、刑事手続におけるその関与がしばしば必要的なものと定められている。弁護人は、自身の行為を、法律により自身に与えられた地位に適合させなければならない。弁護人は、確かに、被疑者・被告人を免罪させる事情を主張するという責務を持つが、しかし、その職務を真実に反する形で行ってはならない。弁護人が……犯行への

215）　RG JW 1926, 2756.
216）　BGHSt 9, 20.

関与又は庇護の形で被疑者・被告人を支援する場合、……弁護人には、適切な弁護に不可欠の、事件の評価に関する客観的な視点が欠ける」と判示し、弁護人が可罰的態様で被告人の処罰を妨害した場合には手続から除斥されるべきであると結論付けた。本決定は、当時の学理及び裁判実務における通説的見解に立っており、それ以後も、弁護人の被告事件への可罰的関与は除斥事由になることが一般的に認められてきた。

裁判実務のこのような動向に対し、学理上、批判的見解も見られた。例えば *Gallas*[217] は、弁護活動の訴訟規定違反性はそれ自体微妙な評価を伴うものであり、仮にこれが肯定される場合でも、裁判所に除斥権限を認めることは、裁判所に対して弁護人を管理し自身の意に沿わない活動を排除する権限を与えるものであり、裁判所と弁護人の力関係に影響を与えることとなるが、両者のこのような関係はもはや克服されたはずの糾問主義的訴訟構造をもたらすものであって妥当ではない、それゆえ、弁護人の訴訟規定違反に対しては、職業法及び実体刑法のレベルで対処されるべきである、と主張している。

その後、連邦憲法裁判所は、ドイツ赤軍による一連の事件の中でも特に著名なシリー事件（連邦憲法裁判所第二部1973年決定[218]）において、弁護人除斥について法律上の根拠が必要であるとした。本件は、犯罪組織構成員罪（ド刑129条＝当時はまだテロ組織構成員罪は法定されていなかった）を理由に勾留中であった被疑者・被告人の弁護人が、接見に訪れた際に被疑者・被告人から託された秘密連絡文書を施設外に持ち出すことにより、組織の秘密連絡網の維持に貢献したという事実について、連邦通常裁判所捜査判事が弁護人自身の犯罪組織構成員罪の嫌疑を理由に弁護人を手続から除斥した事案である。連邦憲法裁判所は、以下のように判示し、連邦通常裁判所判事による弁護人除斥を違憲とした。すなわち、弁護人除斥は、弁護士の職業遂行の自由（ド基本12条1項2文）だけでなく、被疑者・被告人の弁護人選任の自由への切実な介入に当たるために法的根拠を必要とする。現行法上そのような定めはなく、またこのような裁判所の権限を認めるだけの慣習法も認めることはできな

217)　*Gallas*, ZStW 53 (1934), 256.
218)　BVerfGE 34, 293.

い。仮にそのような権限自体について一般的承認があるとしても、その要件（必要とされる嫌疑の程度）及び裁定権限（事件を担当する裁判所か又は弁護士の懲戒裁判所か）の所在が明確ではない。このような点を考えると、これらの点を明確にした法規定が定められない限り弁護人除斥を認めることはできない。

このようにして連邦憲法裁判所から弁護人除斥に関する立法の必要性が指摘されたことを受けて、立法者は、慌ただしい審議を経て、刑事訴訟法138a条以下に前述のような規定を制定し、それ以後、弁護人自身の犯罪嫌疑を理由とする除斥は法定された規定に則って行われることとなった。もっとも、連邦憲法裁判所第二部1975年決定[219]によると、新たに制定された刑事訴訟法138a条以下は私選弁護人に対する規定であり、国選弁護人に関しては、依然として弁護人の被告事件への可罰的関与といった解任すべき「重大な理由」（ド刑訴142条１項参照）が存在する限り、除斥手続によることなく裁判長の判断で弁護人を手続から排除することができるとされている。連邦憲法裁判所は、その理由として、弁護人の司法機関としての地位に加え、国選弁護人と私選弁護人との地位の違い、すなわち国選弁護への任命が公法上の義務の賦課であってその解任は義務からの解放であるという論理により、法規定なく弁護人を手続から排除することも基本法の趣旨に反しないと判示している。もっとも、このような見解は、私選弁護人と国選弁護人とは、任命方式が異なるだけで、その他の点においては全く同等であるとの理解からすると、その前提において疑問がある。被疑者・被告人の保護という点に鑑みても、国選弁護人との間で築かれた弁護関係が裁判長の裁量によって破綻させられることは適切ではない（第12章）[220]。

（ⅱ）　実体的要件について（「十分な嫌疑」と公訴成熟性）

前述のとおり、刑事訴訟法138a条１項による一定の犯罪嫌疑を理由とする弁護人除斥に関して、実体的要件として、列挙犯罪についての「切迫した嫌疑」又は「公判手続の開始を正当化する程度の嫌疑」が要求されている。特に後者に関して、刑事訴訟法203条によると十分な犯罪嫌疑が認められる場合に公判開始が決定されるが、このような嫌疑が肯定されるためには、実

219)　BVerfGE 39, 238.

220)　ドイツにおける国選弁護人解任の問題について、ザイアー（前掲注23）216頁。

際に弁護人自身に対して問題となる犯罪の捜査が開始され、既に公訴提起を可能とするほど成熟した段階にまで進んでいる必要があるのではないという点が議論されてきた。すなわち、切迫した嫌疑要件との比較においてより軽い程度の嫌疑で足りるという場合、前者との均衡上、法文にない付加的要件として実際の手続進行（公訴成熟性）を要件とすべきではないかが問題とされてきた。

この点について、連邦通常裁判所は、当初はこの公訴成熟性要件を要求していた[221]。しかし、この見解は、その後間もなく変更されることになる。連邦通常裁判所第二刑事部1989年決定[222]は、謀殺未遂罪被告事件の弁護人が被害者証人に対して被告人に有利な偽証を要請し、その供述内容を記した書面を担当警察署に送付したところ、証人への偽証要請行為について処罰妨害未遂罪を理由に略式命令が下されたという事案である。弁護人が不服申立てを提起したため通常手続に移行し、まだ公判開始決定が下されていなかった。原審高裁は、偽証要請に加えて（除斥申立てに際しては指摘されていなかった）供述内容を記した書面の送付も把握した上で公訴成熟性の要件が肯定されるとして、十分な犯罪嫌疑を認めた。これに対して、連邦通常裁判所は、従来の判例を変更して、そもそも公訴成熟性要件は十分な犯罪嫌疑にとって必要なものではないとした上で、原審高裁の結論を支持した。連邦通常裁判所は、その理由として、規定の文言、立法過程でそのような要件は検討されてこなかったこと、十分な犯罪嫌疑という実体的要件は手続の進行状況にかかわらず認定可能であること、除斥手続は職権でも開始されるが、公訴成熟性要件を要求するならば検察官に結論を決定付ける影響力を与えることとなって法の趣旨に反すること、を挙げている。

このようにして、連邦通常裁判所は、明示で判例を変更し、十分な犯罪嫌疑について公訴成熟性要件は必要ではないと結論付けたが、これに対して、学理から強い批判が向けられている。実体法の観点からは、弁護人の関与が正犯的であるか共犯的なものにとどまるかという観点から可罰性を検討すべきである、他方訴訟法の観点からは、本決定が十分な嫌疑と切迫した嫌疑は

221）　BGHR StPO 138a Abs. 1 Nr. 3 Begünstigung 1.
222）　BGHSt 36, 133.

質の違うものであり量的に差異はないと基礎付ける点について、立法資料からはむしろ捜査手続の完結が原則であり、切迫した嫌疑の場合のみ例外的とされていたことから、その前提に疑問がある、検察官と裁判所の権限分配の観点からも、捜査手続の実施及び公訴成熟性の要件を排除することはできない[223]、刑事訴訟法138a条の十分な嫌疑という要件は、嫌疑の程度だけでなく一定の手続状態を示す概念である、また、切迫した嫌疑よりも低い程度で足りるということは、正式の捜査活動における包括的な事実解明の結果から除斥が蓋然的であることが明らかとされることを前提とされるべきである[224]。このような批判的見解に対して、*Fezer*[225]は、十分な犯罪嫌疑の要件について、検察官の申立ての場合にはこの要件に該当する証拠状況及び手続の進展具合を示す必要があり、手続的には公訴成熟性の要素が含まれている、他方、公判裁判所の職権による場合には検察官を通じて高裁に送付される際に必然的に検察官がその内容に触れ、必要とあれば捜査手続を開始するであろうし、これ以上の解明をもはや必要としないと判断した場合にはそのことを付して高裁に送付するであろう、したがって、実践的にみると、公訴成熟性の要件を独自に立てる必要はないと主張する（この要件をおよそ必要としないとする見解を間接的に批判する）。*Fezer*は、このような観点から、本件のように高裁が申立てとは別の要素を検討の対象とすること、つまり除斥事由を「置き換える」ような措置は妥当ではないと批判する。

（iii）　手続的要件について

除斥手続について、裁判実務では、次のような点が問題とされてきた。

ｉ）前述した*Fezer*の指摘にも見られるとおり、除斥を審理する裁判所は、当該申立てにより主張された事実のみから除斥事由の存否を判断すべきであって、その他の事由を職権で探知する必要はない（探知してはならない）と理解されている。この問題について、例えばデュッセルドルフ高裁1982年決定[226]は、弁護人が秘密連絡文書の授受に協力し、これによって被疑者・

223）　*Scholderer*, StV 1993, 228.
224）　*Mehle*, NStZ 1990, 92.
225）　*Fezer*, JR 1990, 79.
226）　OLG Düsseldorf NStZ 1983, 185.

被告人の証人への偽証教唆行為に関与したとの理由で除斥が申し立てられた事案で、「検察官の除斥申立ては、……少なくともそれが証明されると弁護人除斥を基礎付ける所為（ド刑訴138a 条の意味で）を含んでいなければならない」と判示している。同じくデュッセルドルフ高裁1997年決定[227]は、弁護人自身の処罰妨害罪を理由に除斥が申し立てられた事案について、「除斥の根拠を自発的に探求することは、除斥手続における高裁の任務ではない。高裁の認定は、回付理由に関連するものに限られる」（本案裁判の職権探知主義は除斥手続では妥当しない）と判示している。

ii）刑事訴訟法138d 条によると、弁護人除斥手続は、口頭弁論が必要的とされている。しかし、前掲ブレーメン高裁1980年決定[228]によると、除斥申立てに理由がなく却下される場合、本明文規定にもかかわらず口頭弁論は省略できるとされている。ブレーメン高裁は、その理由として、「除斥手続における口頭弁論手続は、弁護人に対して書面審理よりもよく免罪的事情を叙述し、負罪的証拠を弾劾する機会を与えるものである。更に、口頭弁論は、手続の集中及び迅速にも奉仕する。しかし、本件のようにおよそ弁護人除斥が否定されるべき場合、手続の迅速性原則は、口頭弁論を省略し中間手続をできるだけ早く終結させることを要求する」と判示している[229]。

iii）刑事訴訟法138c 条５項によると、除斥手続が開始された後（つまり、検察官からの除斥申立て又は職権による公判裁判所の回付決定が下された後）に弁護人が自発的に辞任した場合でも、同一弁護人が改めて選任を受けて手続に関与するという事態に備えてそのまま除斥手続を進行することができるとされている。これは除斥手続の潜脱に対処されたものであるが、本規定を類推適用して、弁護人が先手を打って除斥手続の開始前に一旦辞任した場合でもなお除斥手続を行うことができるかが問題とされた。この点について、デュッセルドルフ高裁1994年決定[230]は、類推適用の可能性をはっきりと否定している。

227）OLG Düsseldorf StV 1998, 64.
228）OLG Bremen NJW 1981, 2711.
229）本決定を支持する見解として、*Müller-Dietz*, JR 1981, 475.
230）OLG Düsseldorf NStZ 1994, 450.

（２）　弁護人に対する調査活動

弁護人自身に可罰的行為の嫌疑が認められる場合、弁護人自身を対象とする捜査・調査手続が開始される。その際、弁護人が供述を求められ、又はその身辺に対する捜索等が実施され得る。もっとも、弁護人は、業務上他者から高度の信頼を受けてその秘密を知り得る地位にあること、被疑者・被告人との秘密交通権保障（ド刑訴148条）の趣旨から、証言拒絶権（ド刑訴53条１項２号）及び押収除外特権（ド刑訴97条１項）によって捜査・調査の対象から除外される（ただし、ド刑訴97条２項２文により、弁護人について当該被疑事件の共犯、処罰妨害罪、盗品罪の嫌疑が認められる場合には、押収除外特権は適用されない）。このような、いわば弁護人と被疑者・被告人との内的関係を保護すべき規定が、弁護人を対象とする捜査・調査活動との間でどのように調整されるべきかが問題となる。

（ｉ）　弁護人と被疑者・被告人間の信書の検閲及び押収

連邦通常裁判所第一刑事部1973年決定[231]は、いわゆるドイツ連合赤軍事件に関連して弁護人が身柄拘束中の被疑者・被告人との間で交わした信書について、犯罪組織構成員罪等の嫌疑により被疑者・被告人が勾留されている拘置所居房を捜索場所とする捜索が実施され、そこで大量の右信書が押収されたという事件である。連邦通常裁判所は、刑事訴訟法97条２項１文の明文規定（押収除外特権は証言拒絶権者が対象物を所持している場合に限定される）にもかかわらず、弁護人と被疑者・被告人との間の信書については被疑者・被告人がこれを所持している場合にも押収除外特権が適用されるとしつつ、弁護人に被疑者・被告人が追及を受けている犯罪への関与の嫌疑がある場合に右特権が解除されるとする刑事訴訟法97条２項２文の規定は、弁護人と被疑者・被告人との文書又は口頭による秘密交通を保障する刑事訴訟法148条と適合するかという問題点を検討し、「刑事訴訟法148条は、弁護人自身に被疑者が追及されている犯行に関与していたことについての重大な根拠が存する場合、被疑者と弁護人との間の信書であっても検閲及び差押えを妨げるものではない」と結論付けた。連邦通常裁判所は、その理由として、「完全に自由

231）　BGH NJW 1973, 2035.

な弁護は、法の理想である。しかし、それは、弁護人と被疑者・被告人との交通は、まさしく弁護目的で行われる限りで自由であるということを意味する。……本件は、このような場合に当たらない。本件弁護人の行為は、弁護に資するものではなく、基本法上保護されるべき既存の秩序に対する犯罪組織の暴力的思想及び組織の結束を維持するために、組織内部での連絡として行われたものであるにすぎない」と判示した。

（ⅱ）　弁護人の証言拒絶権が及ぶ範囲

連邦通常裁判所第五刑事部1991年判決[232]は、勾留中の被疑者・被告人の弁護人が、被疑者・被告人の依頼に応じて麻薬及び拳銃を調達して密かに拘置所へ持ち込んで被疑者・被告人に交付したところ、被疑者・被告人がこの拳銃によって事件担当の検察官及び自分の妻を射殺した上で自殺したという事案である。本件で使用された麻薬及び拳銃の調達に協力した者に対して公訴が提起され、公判における証拠調べでは弁護人の捜査段階における供述が取り調べられたが、弁護人自身は公判での証言を拒絶したことから、本件被告人らは、原審の証拠調べは証言拒絶権を持つ証人が公判でその権利を行使した場合には従前の供述を録取した調書の朗読を禁止する規定（ド刑訴252条）に違反するとして、上告を提起した。連邦通常裁判所は、「弁護人が弁護とおよそ関係のない犯罪の実行に際して知るところとなったものは、弁護人にその資格において打ち明けられ又は知るところとなったものではない……危険な武器及び麻薬の調達並びに拘束中の依頼者へのその交付は、弁護の目的とおよそ関連しない」と判示し、弁護人自身の捜査段階における供述内容についてそもそも弁護人としての供述拒絶権の対象とはならないとの理由で原審の証拠調べに違法はないと結論付けた。

本判決について、刑事弁護は依頼者の生存を前提としていることを考えると、自殺の援助はおよそ弁護外の行為であるとして、連邦通常裁判所の結論を支持する見解が見られる[233]。刑事手続によって実現されるべき国家の刑罰権は、あくまで弁護活動の利益との関係で制限されるという前提からは、証言拒絶権によって保護されるべき秘密の内容が弁護人と被疑者・被告人間

232）　BGHSt 38, 7.

での弁護目的に資するべき内容であったかどうかという点が決定的である。

（ⅲ）　通信傍受処分[234)]

刑事訴訟法100a 条１項、３項第１類型によると、列挙犯罪について正犯又は共犯の嫌疑が認められる者に対して、その回線の通信傍受を命ずることができる。また、同条３項第２類型によると、一定の事実に基づいて被疑者・被告人に一定の情報を発信し若しくは被疑者・被告人から発せられた情報を受領し、又は被疑者・被告人が情報の伝達に利用していると認められる者も、通信傍受処分の対象となる。したがって、この規定を形式的に見ると、被疑者・被告人と弁護人との電話会話も、被疑者・被告人自身の回線を対象とするだけでなく、弁護人の回線も処分の対象として実施され得る。しかし、刑事訴訟法148条の趣旨から、このような形式的な適用は妥当ではなく、弁護人と被疑者・被告人との電話通信には特別な配慮が必要であると理解されている[235)]。

この通信傍受処分について、連邦通常裁判所第二刑事部1985年判決[236)]が注目される。本件は、謀殺未遂罪被告事件の弁護人が、海外に逃亡中の被疑者・被告人に逃亡資金を送金した行為について処罰妨害罪で起訴された事案であるが、原審は、弁護人の電話回線に対して実施された通信傍受処分により得られた被疑者・被告人と弁護人との会話の内容を、有罪判決の決定的な証拠として採用した。これに対して、連邦通常裁判所は、本件で問題となった傍受処分は、弁護人自身に列挙犯罪への関与の嫌疑が存在することが根拠

233)　*Scheffler*, StV 1992, 299. ただし、*Scheffler* は、本件のように、弁護人の不法行為と考え得る弁護目的との実質的関連性に着目するならば、弁護人の行為が形式的に見ると妨害に当たる場合でさえ、考え得る弁護目的との実質的関連性により処罰妨害罪は否定されることとなり、当該行為自体が正当化されるため、他の全ての結果にも正当化の効果が及ぶことになる（つまり、これにより処罰妨害罪の「遮断効」が生じる）が、例えば被告人の住居や職業を確保するために弁護人が家主や雇主に対し解約告知を撤回するよう強要した場合でも不可罰な行為となってしまうこととなり、妥当ではないと批判する。

234)　弁護人と被疑者・被告人間の通信に対する傍受の問題について、*Brenner*, Die strafprozessuale Überwachung des Fernmeldeverkehrs mit Verteidigern -zugleich ein Beitrag zu den Beweisverboten, auch im Zusammenhang mit neuen Formen der Telekommunikation-, 1994参照。

235)　*Roxin/Schünemann*, § 36 Rn 12.

236)　BGHSt 33, 347.

となったものではなく、一定の事実に基づいて被疑者・被告人からの情報を受領する立場にあることを根拠とするものであると認定した上で、刑事訴訟法100a条を形式的に見ると、確かに、本件のような処分も法律上把握されているが、しかし、148条1項の被疑者・被告人と弁護人との秘密交通の保護を考えると、限定的に解釈されなければならないとして、原審の証拠調べを違法と結論付けた。連邦通常裁判所は、本判決の中で、当時一部の学理から主張されていた刑事訴訟法97条2項3文を類推適用すべきとする見解、すなわち、弁護人において被疑被告事件の共犯、処罰妨害罪、人的庇護罪、盗品罪の嫌疑が存在する場合には弁護人の電話回線を対象とする傍受処分が肯定されるべきとする見解についても、文書による交通に対する一定の制限（ド刑訴148条2項）とは異なり、口頭による交通にはそのような監視制限が予定されていないこと、また捜索差押え処分と電話傍受処分の実体要件の違い（前者は、調査にとって意義を持つという程度の関連性で足り、また対象犯罪は限定されていないのに対し、後者は、他の方法によっては調査が不可能又は著しく困難であるという意味での補充性が要求され、また対象犯罪が限定されている）などを指摘して、そのような類推適用の可能性を否定した。

以上のように、本判決が弁護人と被疑者・被告人との秘密交通の保護に配慮を見せたことから、学理上もその結論を支持する見解が有力である。例えば「被疑者・被告人とその弁護人とのコミュニケーションが秘密領域に属し、訴訟上の解明利益がそれに劣後するというのであれば、その手段は重要なことではない。コミュニケーションの隠密的監視は技術的方式にかかわりなく全く許されないものであり、この観点からは、『口頭による』交通と『電話による』交通は等しいのである。……また、刑事訴訟法97条2項3文の通信傍受への類推適用は、およそ否定されなければならない、なぜなら、被疑者・被告人と弁護人との電話傍受の禁止は、刑事訴訟法97条1項の差押禁止規定の類推ではなく、刑事訴訟法148条の保障から導かれるものだからである」[237)]、本件で問題となった情報は、当時謀殺罪被告事件の弁護人であった者を単なる消息を知る者として実施された電話傍受から得られた偶然獲

237）　*Welp*, NStZ 1986, 294.

得情報であり、刑事訴訟法100a条の解釈として使用禁止を導くことも可能であった、連邦通常裁判所が97条2項3文の類推適用を否定するに当たって示した148条2項の規定の存在も、同条項で書面による交通が監視の対象とされているのは将来の犯罪の防止を目的とするものであって、過去の犯罪の解明を目的とする差押及びその免除特権に何ら影響を与えるものではない[238]、との見解が見られる。

6　量刑論

オルデンブルク高裁1987年判決[239]は、弁護人の可罰的行為に対する量刑について、興味深い判示を行っている。本件は、弁護人が証人に偽証を教唆した行為について偽証教唆罪及び処罰妨害未遂罪によって公訴が提起された事案であるが、原審地裁は、両罪について有罪とし、その量刑に際して、刑事弁護人はおよそ日常的に本件のような妨害行為を行う者であると指摘し、そのような刑事手続の現状は本件被告人の行為についても（いわば期待可能性が低いとの観点から）刑を減軽する形で作用すると判示して、第一審（区裁判所）判決の刑を減軽して執行猶予を付した。これに対して、オルデンブルク高裁は、地裁が判示したような経験則は存在しないとして、これを減軽事由とした判断を違法であると結論付けた。本判決について、本件原審のような刑事弁護人を潜在的犯罪者であるとする見解には断固抵抗しなければならないとして、本高裁決定を支持する見解が見られる[240]。

確かに、本件は、結論だけを見ると原審地裁の判決に対して本高裁判決の方が弁護人に厳格であるが、犯罪成立後の量刑の観点からすると、従来の一般的理解を前提にしてもはや正当な弁護活動とはいえない行為に対する評価という場面では、刑事手続における弁護活動の利益を考慮する必要がない。むしろ、司法機関である弁護人にはより重い社会的責任が課されていることから、厳格な処罰も妥当である。

238）*Rieß*, JR 1987, 77.
239）OLG Oldenburg StV 1987, 523.
240）*Meyer*, StV 1987, 524.

Ⅲ．若干の検討

ドイツにおける議論を参照して、我が国で問題とされてきた事例を検討する。

1 「正当な弁護活動」の不可罰性

刑事弁護人の行為が訴訟法上「正当な弁護活動」と評価される場合、法秩序の統一性の観点から（刑35条参照）、可罰性が否定されることについては疑いがない。もっとも、弁護人の活動は、国家の刑罰権を初めとする他の諸利益と対立する可能性を孕んでいる。その際、基本的に、当該行為が刑事手続における弁護活動として行われている限りで、被疑者・被告人の弁護を受ける権利（憲34条、37条３項）及びその保障に向けた憲法上の制度としての刑事弁護の利益は、真実発見及び真犯人の処罰等に向けられた公的利益に優越するものというべきである。前掲連邦通常裁判所1979年判決で示されているように、刑事弁護は、その本質上被疑者・被告人を起訴、勾留、有罪判決という国家の刑事訴追活動から防御することに向けられるものであり、一定の処罰妨害的性質を内在しているものであるが、同判決でも示されたように、憲法上刑事弁護に関する明文規定がないドイツでも、刑事弁護の優越性が認められている。この点について、学理上、「実効的弁護の機会は、法治国家的刑事手続に不可欠の構成要素である」として、このような衡量は憲法が予定するものであるとの見解が見られる[241)]。このような考え方は、憲法が被疑者・被告人の基本的権利として弁護を受ける権利を明示する我が国ではなおのこと妥当する。すなわち、憲法は、国家の刑事訴追活動の存在を前提に[242)]、なおこれに対する防御権の実効的保障という見地から、被疑者・被告人の基本的人権として弁護人の弁護を受ける権利及びその保障に向けた刑事弁護制度を明示しているのであり、刑事弁護の本質を考えるならば、両利益の衡量に際しても弁護の優越が導かれるのである。

241）　*Müller-Christmann*, JuS 2001, 60, 62.
242）　最大判平11・３・24民集53巻３号514頁参照。

もっとも、このような被疑者・被告人の主観的権利としての弁護を受ける権利及び刑事弁護制度は、当然ながら、これが濫用されてはならず、表向きは弁護活動の衣をまとっているがその内実は他の不当不法な目的に資するものであるような場合には、もはや正当と評価されるべき弁護活動とはいえない。したがって、ドイツでこの点に関して用いられる、当該弁護人の行為が弁護活動に該当するものかどうかという基準は、我が国にでも大枠において妥当するものである。ただし、当該行為が弁護活動とはいえない場合でも、直ちにその可罰性が導かれるわけではない。この点に関して、最高裁昭和51年決定に対する最高裁調査官解説[243]は、弁護権本来の内容に含まれる内在的行為は被疑者・被告人及びその弁護人の権利として基本的に違法性阻却が認められるとしつつ、単なる手段的行為にすぎない場合でも、具体的状況の下で弁護活動と他の諸利益との衡量上適法行為とされ得る余地が認められるとしているが、基本的に支持できる。

2　体系的位置付け

「正当な弁護活動」は、刑法体系上どの段階で考慮されるべきか。この点、例えば犯人隠避罪（刑103条）や証拠偽造罪（刑104条）など刑事弁護に本質的に付随し、本来的に内在するような犯罪類型の解釈に当たっては、前述した国家の司法作用という利益に対する弁護の優越性の観点から、「正当な弁護活動」は犯人隠避や証拠偽造といった構成要件に該当しないと理解することも可能であるし、また違法性のレベルでこれを考慮することも可能である。また、このような犯罪類型以外のもの、例えば名誉毀損罪（刑230条）など刑事弁護の手段的行為によって実行され得るような犯罪類型では、違法性のレベルで被侵害利益との衡量が図られるべきこととなる。

このような理解は、故意の取扱いにも影響を持つ。我が国の犯人隠避罪は、例えばドイツ刑法258条（処罰妨害罪）などとは異なり、確定的故意に限定するような規定形式となってはいない。そのため、「罪を犯した者」という客観的要件について、学理では、真犯人に限定するという見解[244]も有力

243）　香城（前掲注130）108頁。

であるが、判例[245]は、これを犯罪の嫌疑を受けて捜査又は訴追を受けている者と理解している。しかし、刑事弁護人に関しては、司法機関として被疑者・被告人の利益擁護に務めるべき役割を考えると、被疑者・被告人の犯人性について、弁護人の主観としては単なる未必の故意では足りず、確定的故意が要求されるべきであろう。刑事弁護人は、弁護活動に当たって様々な情報を入手するが、被疑者・被告人の犯人性について未必の故意しか存在しない場合、換言すると、多くの証拠は有罪方向を示しているが、なおも被疑者・被告人が無実の可能性もあると考えている場合、処罰を否定する方向での活動は依然として正当な弁護活動というべきである。そして、このような理解は、証拠偽造や偽証教唆など、弁護活動に本質的に内在するような犯罪類型にも波及するものである。

3　実質的可罰性基準

前述のとおり「正当な弁護活動」が可罰性を否定される点に疑いはないが、何が正当な弁護活動に当たるかは重要な問題である。この点について、ドイツの判例では、当該行為が弁護活動に当たるか又はその衣をまとっただけの非弁護行為であるかということが一般的基準として挙げられているが、具体的行為がそのいずれに当たるかは、結局のところ、弁護人が刑事手続において果すべき役割、刑事弁護人の刑事手続における法的地位からの考察が不可欠とされている。

この法的地位の問題と関連して、従来、弁護人の真実義務が議論されてきた（第６章）。弁護人は刑事手続において真実を義務付けられるか、（肯定される場合に）それはどの程度のものかという観点から、具体的行為の刑事訴訟法上の適法性及び刑事上の可罰性が決定されるわけである。この点について、弁護人は被疑者・被告人の純私的代理人であり、被疑者・被告人が刑事手続で虚偽の主張を行っても制裁を受けないことに対応して、その代理人で

244）　団藤重光『刑法綱要各論』81頁（創文社、第３版、1990年）、平野龍一『刑法概説』285頁（東京大学出版会、1977年）、山口厚『刑法各論』577頁（有斐閣、第２版、2010年）、松宮孝明『刑法各論講義』460頁（成文堂、第３版、2012年）。

245）　最判昭24・８・９刑集３巻９号1440頁。

ある弁護人も嘘をつくことを許されるとする見解がある[246)]。しかし、このような見解は弁護人の役割を的確に示すものではなく、ドイツでは、もはや克服されたものとなっている。現在では、代理人説からも、一定の真実義務を肯定する見解が有力である[247)]。これに対して、ドイツの判例及び通説は、弁護人は、司法機関としての地位にあり、公的利益への配慮という観点から刑事手続において真実を義務付けられると主張する（第2章）。また、弁護人は司法機関であると否とにかかわらず、「公正な手続」という観点から真実を義務付けられると主張する見解[248)]や、刑事弁護が被疑者・被告人の基本的権利であり、弁護人の刑事手続における活動は被疑者・被告人の右権利に由来することを前提としてその限界も検討されるべきと主張する見解[249)]も見られる。

もっとも、現在では、弁護人の真実義務は、裁判所の真実発見過程に積極的に協力すべきものではなく、単にそれを妨害する行為を慎むべきという消極的な義務にとどまるものと理解されている。この点について、学理では、司法機関概念は、法の適用を義務付けられる検察官及び裁判官の場合とは異なり、弁護人の場合、その役割は依頼者の利益を片面的に擁護するということであって、この概念から国家への拘束を導くものではない[250)]、国家の刑罰権の存否及びその実現可能性は手続中で決定されるものであり、弁護人に対し初めからそれに向けた義務を課すことは刑事司法の前提を覆すものである[251)]、弁護人に、裁判所の認定過程に批判的観点から関与する者として、法に従って行動する限りで裁判所の裁判を妨害する者ではなく、その正当性を担保する者として活動するのである[252)]、などの見解が見られる。このような学理の動向について、*Paulus*[253)]は、従来、特に機関説からは「訴訟規定適合性」が処罰妨害罪の成否に関する基準とされてきたが、弁護は法治国

246)　*Ostendorf*, NJW 1978, 1345.
247)　*Welp* (Fn 34), S. 804.
248)　*Bottke* (Fn 35), S. 726.
249)　*Hamm* (Fn 36), S. 289.
250)　*Eschen*, StV 1981, 365.
251)　*Temming* StV 1982, 539.
252)　*Vehling*, StV 1992, 86.
253)　*Paulus*, NStZ 1992, 305.

家的刑罰の妨害ではなくその条件であり、その刑法上の限界も刑事訴訟法の構造及びその解釈から導かれなければならないと述べ、通説的見解である機関説内部での弁護活動に対する考え方の変化を指摘している。また、*Grüner*[254]は、刑事弁護人は訴訟主体である被疑者・被告人の援助者として刑事手続に関与すべき者であり、その制度上、糾問的な活動が予定される裁判所の真実発見に積極的に協力すべき者ではないとして、刑事弁護の本質から積極方向での真実義務を否定する。

以上のとおり、ドイツの学理上、弁護人において積極的に真実発見に協力する義務は否定されている。では、消極的な意味での真実義務、すなわち弁護人の積極的な妨害的行為の禁止についてはどうか。この問題については、特に処罰を妨げる性質を内在する弁護の本質と、被疑者・被告人の主観的権利及びその制度的保障としての刑事弁護という憲法上の位置付けが改めて考慮されなければならない。その前提からすると、*Beulke*の見解が注目に値する。*Beulke*は、いわゆる限定的機関説を理論的基礎として、刑事弁護人は被疑者・被告人の援助者であるとともに、公的利益（弁護の実効性及び刑事司法の実効性）に配慮すべき公的地位にもあり、特に援助者的機能との対立を内在する刑事司法の実効性の観点からする弁護人への義務付けは、刑事司法の核心領域を侵害してはならないという程度のものであると分析する。*Beulke*は、このような見解を前提に、具体的事例を詳細に検討している[255]。*Beulke*の見解は、学理及び判例からの支持も有力であり、基本的考察法として参考に値する[256]。もっとも、*Beulke*の示す具体的結論は、部分的にその名に反して可罰性の範囲が拡張的なものもあり、具体的当てはめにおいても彼自身が認めるように[257]なお不明確さを残す点で、一定の留保が必要である。

近時、各々の犯罪構成要件の法益及び構造等を詳細に分析し、より明確な

254）　*Grüner*, Über den Mißbrauch von Mitwirkungsrechten und die Mitwirkungspflichten des Verteidigers im Strafprozeß, S. 80, 2000.

255）　*Beulke*, Strafbarkeit.

256）　援助者義務の優越を主張する見解として、*Tondorf*, StV 1983, 257; *Krekeler*, NStZ 1989, 146.

257）　*Beulke*, Strafbarkeit, S. 14.

結論を導くべきことを主張する見解も見られる。例えば *Wohlers*[258] は、以下のように主張する。すなわち、各構成要件の解釈に当たり、目的的な（適切な刑事弁護は可罰的ではないという意味を考慮した）限定的解釈が妥当である。各犯罪類型は、①弁護活動そのものを把握する場合（処罰妨害罪、文書偽造罪、証言犯罪への関与、資金洗浄罪等）と、②弁護活動の態様及び方式を把握する場合（弁護人の訴訟発言に対する名誉毀損罪、裁判所への強要罪等）とに区別され、第①類型については、訴訟上許される活動は既に構成要件該当性を否定されるという。これに対して、第②の類型の場合、当該行為自体は本質的に可罰的なものではなく、その方法において一定の限界を超える場合に限り構成要件に包摂され得るものであり、この場合も、名誉毀損又は脅迫の解釈に当たっては手続における弁護人の特殊な状況が考慮されなければならない。例えば当該行為が訴訟上許される弁護活動として行われている場合、もとから構成要件該当性が否定されるのであり、正当な弁護活動に当たらない場合でも、当該濫用的行為に対して訴訟法上の対応機会が予定されている場合にはそれによるべきであって、刑罰を科するべきではない。また、そのような機会が存在しない場合でも、国家を代表する手続実施機関である裁判所が自ら当該行為を的確に克服できるような程度であったかが検討されなければならない。名誉毀損の場合でも、それが訴訟上の発言又は申立てを基礎付けるために述べられた場合、もとから構成要件より除外される。そうではなく、単なる意見表明として述べられたにすぎない場合、初めて構成要件該当性が肯定され、後はその発言に対する正当化（ド刑193条）が問題となる。例えば、民衆扇動的発言に際して、判例は、弁護外目的を追求する「弁護外行為」であるか否かという基準を立てているが、そのような内心に踏み込んだ判断をしなくとも、具体的訴訟状況から当該発言が正当な弁護活動であったか否かが決定されれば足りるのである。以上から、弁護活動の可罰性判断に際して、客観的構成要件の目的的制限解釈の方法が妥当である。

Stumpf[259] は、特に処罰妨害罪（ド刑258条）についてその構造の詳細な分析を基に、訴訟法の観点からの正当化は相当程度その必要性が削減されると主

---

258)　*Wohlers*, StV 2001, 420.
259)　*Stumpf* (Fn 142), S. 211.

張する。すなわち、同規定は、そもそも無実者の処罰妨害を予定していないというだけでなく、先行行為者が実際に罪を犯していた場合でも、もはや適法な手続によって処罰できない場合（訴訟条件の欠如や手続打切り等により）には、その処罰の妨害も否定される。また、本犯者や証言拒絶権を持つ第三者への共犯的関与に際しても、共犯の従属性の観点から、弁護人の行為の可罰性は否定される。更に、弁護人が単に一定の虚偽の事実又は誤った法的解釈を主張するというだけでは、客観的帰属の観点から、基本的に妨害結果を彼の行為に帰属できないという。弁護人のそのような行為にもかかわらず、裁判所は、自ら事実を探知する義務を負い、また適切な法解釈を果たす義務を負う者であり、もはやそれすらもなし得ないような、虚偽の証拠又は偽証を行う証人を裁判所に提出した場合に限り、弁護人の行為への帰属が認められるにとどまる。

Hilgendorf[260]は、ドイツ刑法258条の遮断効説を支持しつつ、この理論が適用されない事例（例えば資金洗浄罪）についても、弁護活動に対する一般的な正当化事由が求められるべきことを主張する。すなわち、刑事手続で弁護人の置かれた特殊な状況を考えると、弁護人が依頼者の権利を擁護するというその活動に際して自身の行為が訴訟規定に違反することを知情し又は違反を意図したのではない限り（未必の故意にとどまる場合）、弁護人の行為は正当化されるべきという。*Hilgendorf*は、このような正当化事由は、憲法論として弁護人の刑事手続における地位及びその機能から導かれるものであるが、明確性の観点から立法されることが望ましいとも主張する。

4　具体例の検討

以上の考察を踏まえて、前述した我が国での裁判例で問題となった事案として、①積極的に真実発見を妨害する行為[261]、②消極的に真実発見を妨害する又は真実発見に協力しない行為[262]、③手続の進行を妨げる又は進行に協力しない行為[263]、④被疑被告事件の手続外での行為[264]に分けて検討する。

260）　*Hilgendorf* (Fn 138), S. 497.
261）　京都地判平17・3・8 LEX/DB 28105138。
262）　大判昭5・2・7大刑集9巻51頁。

前述のとおり、弁護人は、裁判所の真実発見に積極的に協力する義務を負う者ではない。したがって、第②類型は、訴訟法上非難されるべきものではなく、それゆえ可罰性も否定される。確かに、大審院が指摘するとおり、刑事弁護人は被疑者・被告人の正当な利益を保護すべき者であり、本件のごとく身代わり犯人の事例ではその意思に反してでも誤った有罪判決に対して防御すべき立場にある[265]。しかし、そのことと、実際に真犯人の発見に積極的な協力を求められ、これを果さなかった場合に処罰するということとは次元を異にする問題である。それゆえ、身代わり犯人の虚偽供述を積極的に支持したなど特段の事情がない限り、当該行為の訴訟法上の当否は別として、真犯人に対する犯人隠避罪との関係では、依然として可罰性を否定されるべきであった。

第③類型に関しても、弁護人の行為は、基本的に非難されるべきものではない。ただし、第①類型とも関連して、その行為が弁護活動の外形をまとっただけの手続的権利の濫用というべき態様に至るものである場合には、もはや訴訟法上許されるべきものではない。もっとも、第③類型は、裁判所の真実発見過程に直接的に作用するものではなく、訴訟法レベルで対処が可能であるならば、最終手段である刑法の発動は控えられるべきである。その意味からすると、監置や過料といった処分も、刑罰に準じるものとして限定的な適用にとどめられるべきである。

これに対して、第①類型は、弁護人の真実義務の観点からすると、訴訟法上禁止されるべき行為である。もっとも、この場合でも、他方で被疑者・被告人を援助するという弁護人の役割からは、弁護人が当該事実はわずかでも真実の可能性があると考えていた場合、すなわち事実の虚偽性について未必の故意にとどまる場合、訴訟法上もその行為は否定されるべきではなく、それゆえ可罰性も否定される。このような観点からすると、例えば、前掲京都地裁平成17年判決は弁護人に確定的故意が肯定される事例であり、可罰性を認めた判断は妥当であった。また、弁護人の可罰性が肯定されるとして、そ

---

263)　最決昭35・９・21刑集14巻11号1498頁。
264)　最決昭51・３・23刑集30巻２号229頁。
265)　最決平17・11・29刑集59巻９号1847頁参照。

れが共犯であるか又は正犯であるかという問題についても、弁護人の積極的関与及びその行為の不可欠性等を考えると、これを正犯（共同正犯）とした判断は妥当であった。

以上のような、被疑・被告事件手続内での行為とは異なり、第④類型は、他の、特に個人的法益との対立が考慮されなければならない。例えば前掲最高裁昭和51年判決の事案でも、弁護人の訴訟外での言動は、その目的が被疑者・被告人の冤罪を晴らすというものであったとしても、具体的被疑・被告事件での援助としては間接的であり、直ちに「正当な弁護活動」ということはできない。それゆえ、当該構成要件が保護する法益との利益衡量が要求されるべきこととなる。その際、刑法理論上の正当化事由及び客観的帰属の観点、個別構成要件の趣旨及び構造からの検討が必要となる。名誉毀損罪が問題となった前掲最高裁昭和51年判決の事案では、刑法230条の２の規定がこの衡量のための装置として作用するが、仮に真実の証明が果されなかった場合でも、同判決で示されたように、その行為が①法令上の根拠を持つ職務活動であるか、②弁護目的の達成との間にどのような関連性を持つか、③弁護を受ける被告人自身がこれを行った場合に刑法上の違法性の阻却を認めるべきか、という観点からの検討が必要である。このような実質的判断を経た結果、弁護人の可罰性を認めた結論については支持できる。

Ⅳ．小　　括

以上、本章では、ドイツでの議論を参考に、刑事手続における弁護活動に対する刑事上の制裁という問題を検討した。この問題は、従来の具体的事例に加えて、近時の訴訟法規定及び資金洗浄罪規定（麻薬特例法11条以下、組織犯罪法９条以下）などを見ると、我が国でも検討を要するものである。その際には、刑事弁護制度は、あくまで第一に被疑者・被告人の憲法上の権利に資するべきものであり、それが適正に実施されるべきことは被疑者・被告人の利益にとどまらず、公共の利益としても追求されるべきものであることに、留意されなければならない。

第３編

弁護権の実質的保障

第９章　被疑者·被告人の弁護権

Ⅰ．総　　説

被疑者・被告人は、刑事手続における自身の防御のため、「何時でも弁護人を選任することができる」(刑訴30条１項)。また、被疑者・被告人は、自身が貧困等の事情により弁護人を選任することができない場合でも、法定の条件において国選弁護人の選任を受けることができる(刑訴36条以下)。弁護人は、被疑者・被告人の正当な利益を擁護すべき立場にあり、捜査段階及び公判段階において強力な権限を有する国家機関と対峙する被疑者・被告人は、弁護人の援助を受けることによって初めて武器対等性を保障され、手続当事者としての主体的地位を獲得し、十分な防御を行うことが可能となる。このようにして、被疑者・被告人が弁護人に弁護を依頼し、有効な弁護を受けることができる権利を、「弁護権」という[1]。

被疑者·被告人の弁護権は、憲法上、身体拘束を受けた者(憲34条１文後段)及び「被告人」の地位にある者(憲37条３項)に関して明示の規定により保障されている。刑事訴訟法30条は、憲法規定よりも広く、その状態にかかわらず全ての被疑者・被告人に弁護権を保障している。特に起訴前の身柄不拘束状態にある被疑者についてもその弁護権が憲法上の保障を受けるかは、従来議論されてきたところであるが、捜査段階における被疑者の防御権保障に関して身柄拘束いかんで実質的に差異が設けられるべき理由はない。その防御が不当に妨げられることは適正手続保障の観点(憲31条)から許されるものではなく、弁護権保障は「刑事手続きにおけるデュー・プロセスの中核を形成する」と理解されているように[2]、身柄不拘束被疑者に対してもその弁護

１)　田口136頁、椎橋隆幸『刑事弁護・捜査の理論』46頁以下(信山社、1993年)、石川才顯『捜査における弁護の機能』91頁以下(日本評論社、1993年)、岡田悦典『被疑者弁護権の研究』310頁以下(日本評論社、2001年)。

権が憲法上保障されているものと解される。

このように、被疑者・被告人の弁護権は、刑事手続における防御のため憲法上保障された重要な権利であるが、その内実はいかなるものであるべきか。21世紀に入り裁判員制度や被害者参加制度が導入されるなど、我が国の刑事手続の在り方は大きな転換期を迎えている。しかし、実体的真実の解明と被疑者・被告人の手続保障という刑事手続の核心部分（刑訴１条）は、新たな法制度においても維持されなければならない。そのとき、被疑者・被告人の正当な利益を擁護すべき弁護人の役割は、より重要なものとなっている。

本章では、被疑者・被告人の弁護権に関する従来の議論を整理し、比較法的知見を踏まえた検討を経て、弁護権の適切な運用に向けた方向性を提示する。

Ⅱ．日本の状況

1　法的状況の概観

我が国の弁護権保障に関する議論状況を整理するために、まず現行法上の諸規定を概観しておく。

前述のとおり、憲法34条１文後段及び37条３項により、逮捕勾留される場合及び起訴後において被疑者・被告人に弁護人依頼権が保障され、刑事訴訟法30条により、被疑者・被告人は手続の全ての段階において弁護人を選任することができる。また、資力等の理由で被疑者・被告人自身が弁護人を選任することができない場合には、所定の条件において、国選弁護人の選任を受ける権利が、憲法37条３項２文及び刑事訴訟法36条以下に明示で保障されている。弁護人には、被疑者・被告人の刑事手続における正当な利益の擁護に向けて活動するために、刑事訴訟法によって様々な権限が付与されている（一例として、訴訟記録や証拠の閲覧権＝刑訴40条、180条、各種立会権＝113条、142条、157条、170条、証人等に対する尋問権＝157条、304条）。特に弁護人と被疑者・被告

２）　田宮裕『刑事手続とその運用』355頁（有斐閣、1990年）。

人との接見交通権（刑訴39条１項）は、弁護人以外の者との接見と異なりその秘密性が所与の条件とされ、被疑者・被告人の弁護権保障にとっても最も重要な権利であるとされている。

最高裁大法廷[3]は、この接見交通権の意義について、次のように判示している。すなわち「憲法34条前段は、「何人も、理由を直ちに告げられ、且つ、直ちに弁護人に依頼する権利を与へられなければ、抑留又は拘禁されない。」と定める。この弁護人に依頼する権利は、身体の拘束を受けている被疑者が、拘束の原因となっている嫌疑を晴らしたり、人身の自由を回復するための手段を講じたりするなど自己の自由と権利を守るため弁護人から援助を受けられるようにすることを目的とするものである。したがって、右規定は、単に被疑者が弁護人を選任することを官憲が妨害してはならないというにとどまるものではなく、被疑者に対し、弁護人を選任した上で、弁護人に相談し、その助言を受けるなど弁護人から援助を受ける機会を持つことを実質的に保障しているものと解すべきである。〔原文改行〕刑訴法39条１項が、「身体の拘束を受けている被告人又は被疑者は、弁護人又は弁護人を選任することができる者の依頼により弁護人となろうとする者（弁護士でない者にあつては、第31条第２項の許可があつた後に限る。）と立会人なくして接見し、又は書類若しくは物の授受をすることができる。」として、被疑者と弁護人等との接見交通権を規定しているのは、憲法34条の右の趣旨にのっとり、身体の拘束を受けている被疑者が弁護人等と相談し、その助言を受けるなど弁護人等から援助を受ける機会を確保する目的で設けられたものであり、その意味で、刑訴法の右規定は、憲法の保障に由来するものであるということができる（引用判例省略）」。本判決によると、憲法34条の弁護人依頼権は、形式的な依頼にとどまるのではなく、被疑者・被告人が弁護人の援助を実質的に受けられることをも保障しているのであり、そこから弁護人が身柄拘束中の被疑者・被告人に面会し、助言を与えることが可能にされなければならないという帰結が導かれる。つまり、刑事訴訟法に規定された接見交通権は、「憲法に根拠をおく」権利であるとされている[4]。

3）　最大判平11・３・24民集53巻３号514頁。
4）　大坪丘・最判解民（平11）上巻250、273頁。

このように理解される接見交通権は、人権一般に妥当する合理的制約に服するとしても、その制限は「飽くまで必要やむを得ない例外的措置」にとどめられなければならず、この範囲を超える制限は違法と評価されることになる5)。また、接見交通権は、接見指定等の直接的な態様だけでなく、捜査機関による一定の行為によっても不当な侵害を受けることがある。例えば、被疑者取調べに際して、取調官が弁護人との接見内容を聴取すること6)、「弁護過誤だな」などの発言により弁護人の弁護方針を批判すること7)、弁護人宛て信書の草稿の任意提出を求めること8)などは、接見交通権を実質的に侵害するものとして違法である。

2　弁護権の内容

このように、被疑者・被告人の弁護権は、形式的に弁護人に依頼するだけでなく、実質的にその弁護が効果的に行われることの保障を含む。このような被疑者・被告人の弁護権は、単にその妨害が禁止されるという意味での消極的な保障にとどまるのではなく、被疑者・被告人が実質的にその権利を行使するために国家（捜査機関や刑事訴追機関）の側に一定の行為を要求するという意味での積極的な側面も持つ。例えば、黙秘権に関して、捜査段階（刑訴198条２項）及び公判段階（刑訴291条３項）で被疑者・被告人に対する権利告知が行われる。同様に、弁護権に関しても、逮捕手続に際して（刑訴203条１項、204条１項）及び公訴提起があった場合に（刑訴272条１項）、被疑者・被告人に対してその権利が告知される。

また、接見交通権の実現に関して、最高裁9)は、いわゆる「面会接見」の実現が問題となった事例において、次のとおり判示し、検察官において接見交通権の実現に向けた「特別の配慮をすべき義務」を肯定している。すなわち、「検察官が上記の〔弁護人等と被疑者との立会人なしの接見を認めても、被疑者の逃亡や罪証の隠滅を防止することができ、戒護上の支障が生じないような〕設備のあ

5）　最判平12・６・13民集54巻５号1635頁。
6）　鹿児島地判平20・３・24判時2008号3頁。
7）　横浜地判平20・10・24判タ1290号145頁。
8）　千葉地判平27・９・９ LEX/DB 25447756。
9）　最判平17・４・19民集59巻３号563頁。

る部屋等が存在しないことを理由として接見の申出を拒否したにもかかわらず、弁護人等がなお検察庁の庁舎内における即時の接見を求め、即時に接見をする必要性が認められる場合には、検察官は、例えば立会人の居る部屋での短時間の「接見」などのように、いわゆる秘密交通権が十分に保障されないような態様の短時間の「接見」(以下、便宜「面会接見」という。) であってもよいかどうかという点につき、弁護人等の意向を確かめ、弁護人等がそのような面会接見であっても差し支えないとの意向を示したときは、面会接見ができるように特別の配慮をすべき義務があると解するのが相当である」。本判決で示された「面会接見」の法的性質に関しては、従来、刑事訴訟法とは異なる所定の条件下での捜査機関における特別の配慮義務であるとする見解[10)]、接見指定処分とは異なる任意処分であるとする見解[11)]、通常の接見が認められない場合の例外的措置であるとする見解[12)]などが示されている。いずれにせよ、本判決が述べるとおり、「〔刑訴法39条〕の趣旨が、接見交通権の行使と被疑者の取調べ等の捜査の必要との合理的な調整を図ろうとするもの」であるとの前提から、施設の都合上通常の接見が認められない場合でも、弁護人等が即時接見を要求しその必要性が認められる場合、捜査機関には、弁護人と協議するなどして接見の実現に向けた法的義務を課せられるという点は注目される。

このようにして、最高裁は「面会接見」という表現を用いて接見専用室がない施設での接見交通権の態様に言及したのであるが、被疑者・被告人と弁護人との接見交通権が実質的に保障されることに向けて、単にその権利を妨害してはならないというだけでなく、所定の事情において捜査機関に対して「特別の配慮をすべき義務」という形でより積極的な義務を課した点が重要である。この特別の配慮義務という形での弁護権行使に対する捜査機関の積極的な行為を要請する義務は、弁護権保障に向けてより一般的に展開されるべきものである。

---

10)　森義之・最判解民（平17）上巻236、253頁。
11)　渡辺修・平17重判194、196頁。
12)　川出敏裕・刑ジャ１号165、171頁。

3　弁護権に関する検討課題

このようにして、被疑者・被告人の弁護権は、妨害禁止という消極的側面だけでなく、捜査・刑事訴追機関に一定の行為を要求するという積極的側面も有する。もっとも、従来、我が国の制定法上及び判例上、上記以外で弁護権の積極的側面が明示で認められたことはない。例えば身柄不拘束状態での被疑者取調べに際しての弁護権告知や、身柄拘束状態での取調べ中に弁護人が接見を求めて来署したことの被疑者への伝達など、その権利の実質的保障という観点から検討されるべき課題は多く残されている。

Ⅲ．ドイツの状況

1　法的状況の概観

ドイツ刑事訴訟法によると、被疑者・被告人は、手続のいかなる段階においても弁護人の援助を受けることができる（ド刑訴137条）。被疑者・被告人は、初回尋問の際に黙秘権と併せて弁護人の援助を受ける権利、すなわち、いつでも（尋問の前であっても）自身が選任する弁護人と相談することができることについて告知を受けることになっている（ド刑訴136条1項2文）。この初回尋問に際しての黙秘権及び弁護権告知義務は、検察官及び警察官の尋問にも準用される（ド刑訴163a条3項2文、4項2文）。

被疑者・被告人の弁護権は、ドイツにおいても、形式的に弁護人に依頼することにとどまるのではなく、「具体的かつ実効的な弁護を受ける権利」であると理解されている[13]。そのために、被疑者・被告人は、身体拘束中であっても、弁護人との書面及び口頭による接見交通権が保障されている（ド刑訴148条1項）。また、尋問は、被疑者・被告人が被疑事実に関して国家の刑事訴追機関と対峙し、そこで行われる供述の内容は後の手続の方向及び結論を定める重要なものとなり得ることから、被疑者・被告人の防御にとって特に重要な手続段階である。それゆえ、尋問の開始に先駆けて、尋問官に黙秘権と併せて弁護権の告知を義務付けることで、被疑者・被告人が弁護を受け

13） BGHSt 46, 37.

る機会を認知し、その権利を具体的かつ実効的に行使することが可能となるよう配慮されているのである。被疑者・被告人が十分な防御をなし得るためには、黙秘権と併せて弁護権の行使が不可欠であり、双方の権利があいまって、被疑者・被告人の手続における主体的地位を確立するのである。それゆえ、双方の権利告知は、法治国家的に同価値のものと位置付けられている[14]。

本規定は、次のような経過を経て刑事訴訟法に導入された。すなわち、1877年ライヒ刑事訴訟法[15]では、黙秘権こそ保障されていたが、そのような権利（及び弁護権）の被疑者・被告人への告知義務は定められていなかった。第二次世界大戦を経て、連合国占領時代に入ると、アングロ・アメリカ流の手続観が流入し、被疑者・被告人の手続的権利に向けた保障の強化が叫ばれるようになった。もっとも、ドイツに初めて被疑者・被告人への黙秘権及び弁護権の告知義務が導入されたのは、フランス法からの継受による。すなわち、1950年、当時はまだフランス占領下にあったザールラント地方において、初めて被疑者・被告人に対する黙秘権及び弁護権の告知義務が法定された。このような動向は、連邦刑事訴訟法の整備においても反映されることになる。連邦刑事訴訟法は、1953年に上訴に関する告知規定を導入し、被疑者・被告人の手続的権利の実効化に向けて一歩を踏み出すと、更に黙秘権及び弁護権に関する告知規定の導入に向けて大きく動き出す。そして、議会での活発な議論を経て、1964年刑事訴訟法改正において、被疑者・被告人の初回尋問に際して、黙秘権及び弁護権に関する告知義務が法定されることになった。その際、法案では、当初は黙秘権に関する告知のみとされ、弁護権に関する告知に考慮されていなかった。その後、裁判官及び検察官による尋問にのみ弁護権に関する告知規定も挿入されたが、警察による尋問には弁護権に関する告知は想定されていなかった。しかし、最終的に条文を整備する段階において、そのきっかけこそ法典編集上の誤りからであったが、議会での激しい議論を経て、警察尋問に際しても弁護権に関する告知規定が導入されることになった[16]。

14）　BGHSt 47, 172.
15）　RGBl. I, S. 253.

２　具体的問題

（１）　弁護権告知規定の内容

前述のとおり、弁護権は黙秘権とあいまって被疑者・被告人の刑事手続における主体的地位を確立するものであり、双方の権利告知は法治国家的に同価値のものと位置付けられている。それゆえ、弁護権の告知は、黙秘権の告知と同時に行われなければならない[17]。通常は、弁護人から助言を得ることにより、被疑者・被告人は、事件について供述するか又は黙秘するかの防御方針を決定することが可能になる。もっとも、被疑者・被告人は、自ら防御するか又は弁護人を選任して弁護を依頼するかの選択権を持つため（欧州人権条約６条３項 c）、弁護権告知もあくまで中立的に行われなければならず、弁護人選任又は自己弁護のいずれか一方を強制するようなものであってはならない[18]。また、権利告知の時点で被疑者・被告人がその内容について理解できる状態でなければならず、例えば被疑者・被告人が飲酒や薬物服用による酩酊の状態により告知内容を理解できる状態ではなかったような場合には、当該権利告知は無効である[19]。

法文上、黙秘権及び弁護権の告知は「初回の尋問」に際して行われなければならず、それが不要とされる例外規定は置かれていない。もっとも、この規定をめぐって、次の問題点が指摘される。まず、被疑者・被告人に多数の前科・前歴があり、それゆえ彼が既に黙秘権及び弁護権について十分知悉していると認められる場合でも、なお、問題となる所為に対する手続において初めて行われる尋問に際して、権利告知が行われなければならないか。学理では、権利告知規定は被疑者・被告人への情報提供を目的とするものであるから、被疑者・被告人が既に権利の内容を十分知悉していると認められる場合には告知を不要とする見解もある[20]。しかし、判例及び学理の支配的見解は、権利に関する被疑者・被告人の認識状況に関わらず常に権利告知が必要

16）　黙秘権及び弁護権告知規定に関する法制史について、*Geppert*, in FS-Otto, S. 913, 930 f, 2007. 邦語文献として、光藤景皎『刑事訴訟行為論』98頁（有斐閣、1974年）。

17）　*Meyer-Goßner*, § 136 Rn 10.

18）　*Hamm*, NJW 1996, 2185, 2186.

19）　BGHSt 39, 349.

20）　HK-*Lemke*, § 136 Rn 18, 23.

であるとする。その理由は、法文上例外を許す規定がないことに加えて、権利を知悉している者であっても、捜査の状況いかんでは、その告知を受けることによって初めて「明確に考えること」が可能となることもあるから、実質的にも権利告知は意味を持つということにある[21)]。連邦通常裁判所は、法文を超えて弁護権告知義務の範囲を拡張している。連邦通常裁判所第一刑事部2001年判決[22)]は、謀殺罪を理由とする刑事手続に際して警察による被疑者尋問の後一旦嫌疑不十分で手続が打ち切られたが、それから５年後に手続状況が変化したため警察が被疑者を尋問する場合には、改めて権利告知が必要であると判断した。その理由として、刑事訴追機関における被疑者・被告人への権利行使に配慮する義務と、被疑者・被告人に現実にその権利を認識させることという権利告知の目的が挙げられている。

（２）　弁護権告知規定の射程範囲

被疑者・被告人が、黙秘権及び弁護権の告知を受けてこれらの権利を行使し、事件について供述しないこと又は尋問前に弁護人に質問することを申し出たときは、尋問を行うことは許されない。被疑者・被告人が尋問を受ける前に供述すべきか否かについて弁護人と相談したいとの希望を述べたときは、彼が指定する弁護士への連絡がつく前に、絶え間のない執拗な質問攻めによってその希望が無視されるようなことになってはならない[23)]。もっとも、取調官は、このような被疑者・被告人の対応に対してこれを直ちに受け入れるのではなく、そのまま尋問に応じるよう説得することは許される。刑事訴追機関の被疑者・被告人に対する配慮義務からは、証拠状況により黙秘するよりも事件について供述した方が被疑者・被告人に有利となる場合には供述するよう促すことが要請される[24)]。また、欧州人権条約６条３項ｃによると被疑者・被告人は弁護人の援助を受けるか又は自ら防御するかの選択権を有していることからも、弁護人の助言を受けずに供述することは、被疑者・被告人本人の意思決定に委ねられてよい。ただし、被疑者・被告人の権

21）　BGHSt 47, 172.
22）　BGHSt 47, 172.
23）　BGH NJW 2006, 1008.
24）　*Meyer-Goßner*, § 136 Rn 8.

利行使に対する意思決定を変更させるような説得活動は、それが被疑者・被告人の意思決定の自由を侵害するほど執拗又は強度のものとなってはならない[25]。逆にいうと、被疑者・被告人が取調官による説得に任意で応じる限りで、弁護人との面会なく尋問を行うことが許される。そこで、被疑者・被告人が事前に弁護人との相談を希望しそれまでは供述しないと表明した場合、刑事訴追機関の対応は、どのような場合に被疑者・被告人の黙秘権及び弁護権を侵害するものとして違法と評価されるのかが問題となる。

この問題について、連邦通常裁判所判例は、各部ごとに微妙に異なる判断を下している。

①連邦通常裁判所第三刑事部1992年（5月15日）判決[26]　謀殺罪共同正犯の被疑事実で逮捕された被疑者は、犯行の翌日に適切な権利告知を受けた上で警察から尋問を受け、更にその翌日にやはり権利告知を受けた上で捜査判事から尋問を受け、事件の一部について供述した。その10日後に事件の詳細を解明するため別の警察官による尋問が行われることになったが、その際も改めて権利告知が行われ、被疑者は、告知の意味を理解し供述をする準備があること、しかし、尋問開始は弁護人が到着するまで待ってほしいと述べた。もっとも、被疑者は、既に前日までに弁護人と打合せを行っており、それに応じて、先の判事尋問の内容は正確であること及び弁護人から助言されたこれに付随する事実について、弁護人が到着する前に供述を始めた。警察官はこれに乗じて巧みに尋問を継続し、被疑者が当初予定していなかった事実まで供述するに至った。結局、このような被疑者尋問は、弁護人が予定時刻に到着してこれを制止するまで継続された。

原審は、再度の警察尋問で行われた供述は、被疑者が刑事施設に拘束されていたにもかかわらず弁護人による助言を得る機会を妨害された結果であるとして、これを証拠から排除した。これに対して、連邦通常裁判所第三刑事部は、取調官による巧みな尋問の継続は被疑者の供述に向けた意思決定を侵害するものではない、そのような意思決定に対する侵害と認められるのは法律上禁止される方法（ド刑訴136a条）により供述が引き出された場合に限られ

25）　*Hamm* (Fn 18), S. 2187.
26）　BGHSt 38, 291.

るとして、原審を破棄した。

連邦通常裁判所第三刑事部の判断によると、弁護権侵害は黙秘権侵害と共通の枠組みで判断されることになり、被疑者が一旦弁護人の助言を求める機会を行使することを表明した場合でも、欺罔や強制等の法定（ド刑訴136a条）された方法によってその意思決定が侵害されない限り、実質的に尋問を実施、継続できることになる。

②連邦通常裁判所第四刑事部1992年（10月29日）判決[27]　別罪で逮捕されていた被疑者は、謀殺罪の尋問のために警察署に引致され、黙秘権及び弁護権の告知を受けた。被疑者は既に供述する意思を持っていたが、尋問前に弁護人と面会することを要求した。しかし、取調官は、供述するかどうかは自分で決めることである、尋問は被疑者が「はっきり話すまで」行うと述べて、被疑者に弁護人と相談する機会を与えることなく尋問を行い、その結果、事件に関する供述を得た。

原審は、被告人は権利告知により供述する義務がないことを認識していたのであるから、取調官による弁護人との面会の妨害は尋問に応じて被疑者・被告人が供述したことと因果関係がないとして、当該供述の証拠能力を認めた。これに対して、連邦通常裁判所第四刑事部は、弁護人との相談は被疑者が自身の防御のため最も効果的な対応について助言を得るための機会を与えるものであり、被疑者が権利告知を受けた後で弁護人との面会を求めた場合には尋問は直ちに中断しなければならないとして、本件取調官の言動はこの義務に違反すると評価し、当該供述の証拠能力を否定した。

本判決は、被疑者が弁護人の援助を受ける機会を行使するよう表明した場合は以後一切の尋問は許されないと判示するように、①判決に比べて被疑者の権利保障に厚いように見える。しかし、第四刑事部自身は、①判決との関係について、被疑者による権利行使が刑事訴訟法136a条により禁止された方法により妨げられたか否かで事案に違いがあるため矛盾するものではないと判示しており、被疑者が権利行使を表明した場合でも、禁止方法による不

27)　BGHSt 38, 372. 本判決について、山名京子「接見制限と供述の証拠能力―1992年10月29日ドイツ連邦裁判所判決を中心に」奈良産７巻３・４号133頁、高田昭正『被疑者の自己決定と弁護』145頁（現代人文社、2003年）。

当な作用が行われない限り、やはり、被疑者に弁護人の助言を受けることなく供述するよう勧告するとの名目で実質的に尋問を行うことが可能となる。

③連邦通常裁判所第五刑事部1996年（１月12日）判決[28)]　謀殺罪の被疑事実で逮捕されたイタリア国籍の被疑者は、ドイツ語を話すことができなかった。被疑者に対する警察尋問が行われることになり、通訳人を通じて黙秘権及び弁護権が告知された。被疑者は、これを受けて、やはり通訳人を通じて若干の点について供述する意思があると述べたが、追及を受ける犯罪の重大性ゆえに「法的援助者」を求めることを表明した。しかし、被疑者は、その時点で特定の弁護人を指名することができず、通訳人も職業上の理由から指名を拒否した。取調官は、被疑者に管轄市内の職業別電話帳を貸与したが、それ以上の助力を行わなかった。被疑者は、そこからイタリア語が話せるという弁護士の名前を示して連絡を取るよう求めたが、その弁護士とは夜間のため連絡が取れなかった。その時点で、取調官は、弁護人による助言を行わせないまま取調べを行うことをもくろみ、それ以上の助力をしなかった（特に24時間体制で電話対応する「弁護士救急センター」の存在を告知することもなかった）。結局、弁護人との連絡が取られることなく尋問が開始され、被疑者は、事件に関する供述を行った。

原審は、右供述を使用して有罪とした。これに対し、連邦通常裁判所第五刑事部は、本件と②判決との事案の相違点（②判決の事案では被疑者が特定の弁護人との面会を希望していたが、本件では某かの「法的援助者」との連絡を要求していただけである）を認めつつも、被疑者が尋問前に弁護人と相談する機会を行使するよう表明したときは尋問を中断しなければならないとする原則は、本件のような形での意思表示に際しても妥当すると判示した。もっとも、本件のように弁護人との連絡が困難である場合には、尋問が全く許されないというわけではなく、当該状況において被疑者が任意に応じる限りで尋問を実施することは可能であるとし、ただ、そのためには、捜査機関においてあらかじめ被疑者が弁護人から助言を受ける機会を行使できるよう「真摯な努力」を行った上で、改めて弁護権の告知を行い、被疑者から自身の権利行使を放棄

28)　BGHSt 42, 15.

し、尋問に応じるよう表明されなければならないとも判示した。本件では、取調官はドイツ語を理解できない被疑者に対し分厚い職業別電話帳を貸与するだけであり、24時間体制の弁護士救急センターの存在を知りつつこれを告げなかったのであるから、被疑者の弁護権行使のため必要とされる真摯な努力が行われたとはいえないとして、このような状況で行われた尋問は違法であったと結論付けている。

連邦通常裁判所第五刑事部による本判決は、被疑者の弁護権行使に対する取調官による積極的な妨害行為が行われたわけではなく、①及び②判決とは、若干事案を異にする。しかし、第五刑事部は、右結論を導くために、尋問開始に向けた被疑者の意思決定が刑事訴訟法136a 条に列挙された禁止行為によって侵害されてはならないだけでなく、法治国家原理に基づく公正手続を求めることの被疑者・被告人の基本権（ド基本２条１項）は自身が信頼する弁護人より援助を受ける権利として具体化され、その権利は刑事訴訟法136a 条により保護される意思決定の自由とは別の保障を受けると判示している。すなわち、被疑者・被告人の弁護権は、単に黙秘権保障のために必要とされるだけでなく、それ自体が独立の権利であり、被疑者・被告人の防御権に本質的なものと位置付けられることになる。第五刑事部は、そのような理解に基づいて、①判決を明示で批判している。

④連邦通常裁判所第一刑事部1996年（３月21日）判決[29]　謀殺罪で逮捕された被疑者は、適切に権利告知を受けた後、弁護人と面会しなければ供述しないと表明した。しかし、その時点で既に夜間であったことから、弁護人に連絡することができなかった。そのため、短時間の中断後に尋問が開始され、被疑者は、自身の身元及び事件に関する供述を行った。

原審は、このような手続に瑕疵を認めず、供述を証拠として使用した。連邦通常裁判所第一刑事部も、これに同調したが、その際、③判決を引用して明示で批判した。すなわち、法治国家原理に基づく公正手続の要請が具体的にどのように実現されるべきかは、一義的には立法者の任務であり、裁判所の介入は現行刑事訴訟法規定の適用により被疑者・被告人に対して憲法上看

---

29)　BGHSt 42, 170.

過できないほどの侵害となる場合に限られる。それゆえ、②判決の事案のように、取調官が被疑者の弁護人との面会を求める希望を無視し、「はっきり話すまで」尋問を行うと述べる場合には、被疑者の尋問に向けた意思決定が不当に侵害されたといえるが、本件のように、尋問時間が夜間であったため弁護人に連絡ができなかったような場合に取調官においてそれ以上の積極的な努力が行われなかったとしても、被疑者が任意で尋問に応じる限りで、その意思決定に瑕疵はないというわけである[30)]。

この④判決は、③判決が提示した取調官に対する真摯な努力の義務付けをはっきりと否定し、①判決に（及び理論的には②判決にも）同調するものである。これによると、被疑者が弁護人からの助言を受けることなく尋問を行うためには、被疑者における意思決定に瑕疵がないというだけで足り、④判決は、弁護権保障が独立のものとして位置付けられた③判決とで、その理論構成がはっきり異なっている。

このように、連邦通常裁判所判例における被疑者の弁護権行使と尋問開始続行の関係は、捜査機関において被疑者・被告人の尋問を受け供述することの意思決定に対する侵害が禁止されるにとどまるのか、又は被疑者・被告人が弁護人の助言を受けることができる機会を積極的に支援することまで要請されるのかという形で議論されてきた。この点は、③判決と④判決との対立に見られるとおり、被疑者・被告人の黙秘権と弁護権の関係をいかに理解するかによって結論が異なるといってよい。

もっとも、近時、第五刑事部と第一刑事部との対立は、両者の歩み寄りによって一定程度解消されている。すなわち、第一刑事部は、⑤連邦通常裁判所第一刑事部2001年判決[31)]において、被疑者に対し初回の尋問が行われてから５年後に同じ被疑事実について改めて尋問が実施されたという事案において、刑事訴追機関の被疑者・被告人に対する配慮義務及び権利告知規定の目的（つまり、被疑者・被告人にその権利を現実に認識させること）からは、法律の文言を超えて、再度の尋問に際してもそれが初回尋問から長期を経た後に実施

30)　連邦通常裁判所第一刑事部（BGH NStZ 1997, 251）は、改めてこの理論を支持している。
31)　BGHSt 47, 172.

される場合には改めての権利告知が必要であると判示した。また、⑥連邦通常裁判所第一刑事部2005年決定[32]では、警察による被疑者尋問に際して、被疑者が権利告知を受けた後取調官からの弁護士を呼ぶかとの質問に対して自分は無資力であるため弁護士を雇うことができないと答えたため、直ちに尋問が開始されたという事案について、被疑者が無資力を理由に弁護士の雇用を断念したことは弁護権の放棄ではなく、彼自身はむしろ弁護人へのアクセスを要望しているものであり、このような場合、捜査機関は国選弁護人の選任を受ける可能性があること、また24時間体制の弁護士救急センターに電話で相談することもできることまで告知することが要請されると判示している。第一刑事部は、この点に関して、第五刑事部決定（後掲⑦決定）を明示で引用し、被疑者・被告人の弁護権行使に向けられた積極的な援助義務の存在を指摘している。他方、第五刑事部も、自身が提示した積極的な援助義務について、事例ごとに一定の限度を付している。例えば⑦連邦通常裁判所第五刑事部2002年決定[33]では、警察尋問に際して被疑者が通常の権利告知を受けた後で弁護人の助言を受ける機会を行使することを表明しなかったためそのまま尋問が開始されたという事案について、自身が③判決で示した積極的な協力義務は本件のように被疑者が権利告知の意思を明示しなかった場合にまで課されるものではなく、更に24時間体制の弁護士救急センターの存在とそこへ電話を架けて相談することの機会まで告知するよう要請するものではないと判示した。また、⑧連邦通常裁判所第五刑事部2005年決定[34]では、被疑者が取調官による権利告知を受けた後で特定の弁護士への連絡を希望し、警察が弁護士会を通じて当該弁護士の連絡先を確認し登録されていた携帯電話の番号に架電したところその番号は現在使用されていないことが判明したため、被疑者が弁護士への連絡を諦めて尋問が開始されたという事案について、本件のように被疑者が特定の弁護士を指名した場合、捜査機関の協力義務は当該弁護士へのアクセスの援助にとどまり、その連絡が不成功に終わった場合に更に弁護士救急センターの存在を告知するなどといった義務まで課

32)　BGH NStZ 2006, 236.
33)　BGHSt 47, 233.
34)　BGH NStZ 2006, 114.

されないと判示した。

このようにして、被疑者に対する弁護権告知規定は、連邦通常裁判所判例を見る限り、単にその権利行使を妨害してはならないとする消極的な義務にとどまるのではなく、実際にその権利行使がなされるよう積極的に援助する義務まで導かれるものと理解されている。その上で、そこで要求される積極的な義務は実際にいかなるものかについて、具体的事情の下で詳細に検討されている。

（３）　告知義務違反の効果―自白の証拠能力―

黙秘権及び弁護権の被疑者・被告人に対する告知規定は、前述のとおり、単に法文どおり告知することだけでなく、消極的な意味において権利行使の妨害禁止、積極的な意味において権利行使に向けた一定の援助義務ということまで含むものであり、被疑者・被告人の権利行使に対する実質的な保障を内容とする。捜査機関がこのような形で導かれる義務に違反した場合、その違反状態で行われた尋問で得られた供述は、基本的に証拠として使用できないと理解されている[35]。もっとも、このような理解は、ドイツの判例において若干の変遷が見られる。

ドイツでは、証拠採取手続において違法な行為が行われた場合の当該証拠の証拠能力に関して、具体的事件における諸事情（追及される犯罪の重大性、手続違反の程度、対象者が侵害された法益の重要性等）を包括的に利益衡量した結果により判断されるというのが、一般的な見解となっている[36]。それゆえ、初回尋問に際しての権利告知規定に対する違反も、そのこと自体で直ちに証拠能力が否定されるわけではなく、具体的事件における諸事情の利益衡量に基づいて判断されている。初回尋問で黙秘権告知を欠いたまま行われた尋問で得られた供述の証拠能力に関して、例えば⑨連邦通常裁判所第五刑事部1983年決定[37]に見られるとおり、従来は単に刑事訴訟法136a条とは異なり同136条にはこれを認める明文規定がないとの理由だけで証拠禁止には当たらないとされてきたが、その後⑩連邦通常裁判所第五刑事部1992年決定[38]におい

35）　*Meyer-Goßner*, § 136 Rn 20 ff.
36）　BGHSt 19, 325.
37）　BGHSt 31, 395.

て、手続違反が被疑者・被告人の手続的地位の基盤を動揺させるような場合には使用禁止が認められるとの前提から、黙秘権告知を懈怠することはこのような場合に該当するとして、明示で⑨決定を判例変更し、証拠使用禁止に当たることが認められた。このような理論は、直ちに弁護権告知義務の違反についても援用され、例えば前掲②判決では、弁護権告知義務の違反を理由に証拠使用禁止の該当性が認められている（前掲③判決も証拠使用禁止の該当性を認めている）。他方、このような利益衡量による判断手法からは、特に手続違反が認められながらもその程度が軽微であることを理由に、証拠使用禁止の該当性を否定する事例も見られる。例えば⑤判決及び⑥決定は、尋問開始に当たり、自身の権利を認識している者はそれを全く知らない者に比べて要保護性が低く、権利告知が全く行われなかった場合と被疑者・被告人の権利行使に向けた援助が不十分であった場合とで同価値ではないとの理由で、当該手続瑕疵は証拠使用禁止を導くものではないと判断されている。それゆえ、権利告知規定の違反が証拠使用禁止に該当するかという問題は、個別事例ごとに諸事情の包括的な利益衡量に基づくことになるとの前提から、例えば消極的な妨害違反と積極的な援助義務における瑕疵とで異なって評価されている。

もっとも、この違いは、更にドイツの証拠使用禁止の上告審における主張適格という観点において、実践的に相対化されている。すなわち、この問題に関する現在のドイツ判例理論は、⑩決定で示された「異議申立て解決」を支持している。この見解は、捜査段階における違法な証拠収集などの手続的な瑕疵は、被告人側が事実審公判において当該証拠の証拠調べが終了するまでにその使用に対して異議申立てを行っておかないと、上告審でその瑕疵を理由とする手続違反を主張できないというものである。このような理論に基づき、実際に⑩決定及び③判決は、手続違反を理由とする証拠使用禁止の該当性を肯定しつつ、事実審で適切な異議申立てが行われていなかったとの理由で、上告審で初めて主張された証拠使用禁止の主張を排斥している[39]。

38）　BGHSt 38, 214. 本決定について、山名京子「黙秘権不告知と供述の証拠能力(1)―ドイツにおける最近の判例を中心に―」奈良産７巻２号51頁。

Ⅳ．若干の検討

1　法状況の比較

以上のとおり、ドイツ法の議論から以下のような知見が得られた。すなわち、初回尋問における被疑者・被告人への黙秘権及び弁護権の告知義務規定は、単に形式的な告知にとどまるのではなく、被疑者・被告人の実質的な権利行使を保障するものであり、その内容においても、被疑者・被告人と弁護人とのアクセスが妨害されてはならないという意味での消極的な側面だけでなく、個別事情においてそのようなアクセスの機会が十分保障されるよう刑事訴追機関側に努力を要求するという意味での積極的な側面にまで及ぶ。また、このような実質的意味を持つ告知義務に訴追側が違反した場合、その程度によっては、当該違反状況で得られた供述の証拠使用禁止が導かれる。このような知見から、日本での議論（特に捜査段階での弁護権保障に関して）においてどのような示唆が得られるか。この問題を検討する前に、まず日本とドイツの法状況を比較しておかなければならない。それによって、いかなるルールが、いかなる条件において、日本の法状況を前提としても導入可能であるかが決せられるからである。

まず、憲法レベルにおいて、日本では、弁護人の援助を受ける権利について明文（憲34条前段、37条３項）で規定されているのに対して、ドイツ憲法には、弁護人の文言は見当たらない。もっとも、ドイツを含むヨーロッパ諸国では、欧州人権人権条約が憲法レベルで通用しており、同６条３項ｃによって弁護権が明文で保障されている。更に、弁護権は法治国家として公正な手続を受ける権利の具体化であるとして、憲法上の保障を受けるというのが通説的見解である[40]。他方、日本でも、弁護権は「刑事手続きにおけるデュー・プロセスの中核を形成する」といわれるように[41]、身柄拘束や起訴の前

39)　異議申立て解決に批判的な見解として、例えば *Hamm*（Fn 18), S. 2186 f は、証拠使用について被疑者・被告人の明示の同意がある場合に限り証拠能力を認めることとし、それが表明されない場合には原則として証拠能力を否定するべきと主張する。

40)　*Beulke*, Verteidiger, S. 37 f; *Meyer-Goßner*, § 137 Rn 2; BVerfGE 39, 156; 39, 238; 66, 213.

後いかんといった手続状況に関わらず、広く一般的に憲法上の保障が及ぶものと解されている。したがって、憲法レベルで、その実質において両国で違いはない。

刑事訴訟法レベルでは、規定上、次のような異同が認められる。まず、弁護人依頼権自体に関しては、日本が、被疑者・被告人は「何時でも弁護人を選任することができる」と規定するのに対して、ドイツは、被疑者・被告人は「手続のいかなる段階においても弁護人の援助を受けることができる」と規定しており、実質において違いはない[42]。他方、権利告知については、微妙な違いがある。すなわち、日本では、弁護人依頼権の告知は、捜査段階では逮捕及び勾留が開始される時点（刑訴203条1項、204条1項、207条2項）で行われることになっており、被疑者取調べの時点では黙秘権の告知のみが行われる（刑訴198条2項）。これに対して、ドイツでは、初回尋問に際して弁護権の告知が行われる。この告知義務は、被疑者の身柄拘束いかんに関わらず、また警察官、検察官、裁判官が各々の初回尋問に際して、つまり警察尋問の後で検察官尋問又は裁判官尋問が行われる場合でも、常に行われなければならない。したがって、弁護権告知に関しては、日本が身柄拘束の時点に重点を置いているのに対して、ドイツは尋問（特に初回の）の時点に重点を置いている点で違いがある。しかし、特に初回の取調べは、被疑者が自身に対する犯罪容疑と初めて正面から対峙する場であり、他方捜査機関側においては犯罪解明に向けた強い関心が現れるものでもあることから、被疑者の防御にとって最も重要な手続段階である[43]。そのように考えると、日本でもドイツと同様に、少なくとも初回尋問の場面における実質的な権利保障の必要性は高い。前述のとおり、憲法レベルで弁護権保障が共通の基盤を持ち得ることからも、弁護権保障に関するドイツ法のルールは、基本的に日本にも導入できる。以下、被疑者に対する初回の取調べを念頭に検討する。

41）　田宮（前掲注2）355頁。
42）　最大判平11・3・24民集53巻3号514頁参照。
43）　*Geppert* (Fn 16), S. 913頁.

2　日本の議論への示唆

まず、身柄を拘束されていない被疑者を取り調べる場合、日本の法規定上は、黙秘権に関する告知のみであり、弁護権に関する告知は要求されていない。しかし、単に権利を認識させるというだけでなく、権利行使の機会を現実的に保障させるという権利告知の趣旨からは、黙秘権のみならず、弁護権の告知も必要である。このことは、弁護権の保障がデュー・プロセスの中核であるとの認識から既に導かれる。また、この意味において、任意同行取調べの最中に弁護人が接見のため来署した場合、被疑者にそのことを伝え、必要とあれば取調べを中断するなどして接見の機会を保障すべきである[44)]。

他方、身柄拘束状態で被疑者を取り調べる場合には、既に逮捕の時点で弁護権に関する告知が行われる。確かに、その場合でも取調べとの関係において改めて弁護権の告知が要請されるが、身柄拘束事件では逮捕直後から取調べが開始されるのが通常であるから、実際上は逮捕と取調べ開始との間に時間的間隔があった場合に限り改めての告知が要求されるということで足りる。その上で、日本でより問題が顕在化するのは、被疑者が実際に権利を行使し、弁護人との相談（接見交通）を要求する場面である。刑事訴訟法39条１項によると、身体の拘束を受ける被疑者は、弁護人との立会なき接見交通を保障されるが、同条３項によると、「捜査のため必要があるとき」には、日時、場所等について指定を受けるという形で権利行使を制限され得る。もちろん、そのような指定は、捜査の必要性があっても被疑者の防御準備権を不当に制限してはならない（刑訴39条３項但書）ことから、具体的場面においては両利益の調整が要請される。特に初回取調べの重要性を考えると、取調べの必要性が非常に高い場合でも、この場面では被疑者の防御準備権が優先されなければならない（第11章）。例えば逮捕直後の取調べの最中に弁護人が来署し被疑者との接見を申し出た場合、取調官はこのことを被疑者に伝達し、被疑者が弁護人との面会を要求した場合には、接見指定が許されないだけでなく、執拗に取調べを継続するなどして事実上接見の機会を阻止するようなことをしてはならない[45)]。また、被疑者が新たに弁護人を求めてその連

44）　福岡高判平５・11・16判時1480号82頁。
45）　最判平12・６・13民集54巻５号1635頁参照。

絡を要求するという場合には、捜査機関として一定程度それに協力する義務を負う。この点について、現行法上、被疑者が逮捕された場合、被疑者が特定の弁護士等を指定して弁護人の選任を申し出たときには、捜査機関は指定された弁護士等にその旨を通知しなければならず（刑訴209条、78条）、これに反して通知が懈怠されたとき、被疑者の弁護人選任権が侵害されたことの違法性又はそのような状態に基づく供述の任意性の欠如を理由に、当該状態で得られた自白の証拠能力が否定されるべきものと理解されている[46]。もっとも、そもそも逮捕事件では被疑者の外部へのアクセスが制限されることから、被疑者の身柄を拘束する捜査機関側にこのような通知義務を課すことは弁護人選任権の保障において当然のことであり、この義務の懈怠は、消極的な意味での妨害行為であるにすぎない。他方、逮捕された被疑者が弁護人選任の目的で弁護士名簿の閲読を申し出たが、警察官がこれを拒否したという事案では、捜査機関としては右規定に基づき指定された弁護士等への通知を行うことで足り、それ以上の協力を拒否したとしても被疑者の弁護人選任権を侵害したものではないと理解されている[47]。しかし、ドイツ法に見る弁護権の実質的保障という意味においては、このような結論は妥当ではない。むしろ、前掲最高裁平成17年判決で述べられた「特別の配慮をすべき義務」とは、このような文脈において、通常接見が不可能である場合の代替的措置としての面会接見を導くためだけのものではなく、被疑者の権利保障に向けた実質的な内容を持つものであり、具体的事情における積極的な援助協力義務として理解されなければならない。例えば被疑者に弁護権を告知した後で必要とあれば地区弁護士会の連絡先などの情報を提供すること、貧困等の理由により国選弁護人が任命されるべき場合にはそのことを告知して必要な手続についての援助を行うことなど、被疑者の弁護権行使に向けた積極的な協力が法的に要求される。

以上のような弁護権保障に向けたルールが捜査機関によって違反された場合、その間に得られた供述（自白）は、基本的に証拠能力を否定されなければならない。このことは、被疑者の黙秘権に直接に作用するような妨害行為

46）　大阪高判昭35・５・26下刑２巻５＝６号676頁、大阪地判昭46・５・15判時640号20頁。
47）　東京高判昭48・３・23判タ306号286頁。

が行われた場合だけでなく、供述自体は任意に行われたが供述を行うか否かを判断するために重要な機会である弁護人による援助が十分受けられなかったと評価される場合も同様である。

もっとも、このような弁護権保障に向けたルール付けに対しては、日本では、そもそも特に身柄拘束下の被疑者取調べは、学理の強い反対にもかかわらず、実務では強制的に、すなわち取調べ受忍義務が課された状態で行われる性質のものであるとの前提で運用されているようであり[48]、議論の前提を欠くとの疑問もあり得る。取調べ受忍義務の肯否はそれ自体大きな問題であるが、受忍義務が肯定されることを前提にしても、それは弁護権の実質的保障と矛盾するものではない[49]。受忍義務を課した上で強制的に取調べを実施するための手続的条件として、被疑者の弁護権が存在するものと解されるからである。この意味からすると、被疑者の弁護権行使が取調べそのものを遮断する効果を持つかという問題も、受忍義務否定説からはなおのこと、肯定説からも、弁護権行使の実質的保障が強制的取調べの前提条件であると位置付けられるならば、その保障が妨げられた状態での取調べを行うことは許されないことから、結論として遮断効を肯定することになる。

Ⅴ．小　括

以上、本章では、ドイツ法における議論を参考にして、被疑者・被告人の弁護権の実質的保障の在り方を探求した。被疑者・被告人の防御にとって、捜査段階、特に取調べへの対応が重要であることは、もはや自明である。それゆえ、被疑者・被告人の弁護権保障を考える上でも、初回尋問における権利告知規定を権利保障に向けた実質的内容を持つものととらえ、消極的な妨害禁止だけでなく積極的な協力義務まで導き、その違反に対して基本的に証拠能力を否定するというドイツの態度は、大いに参考になる。

48)　例えば最大判平11・３・24民集53巻３号514頁も、取調べ受忍義務を否定してはいない。

49)　三井誠「被疑者の取調べとその規制」刑雑27巻１号176頁。

第10章　捜査手続における弁護人の関与

Ⅰ．総　　説

刑事手続は、発生した犯罪を解明し、犯人の適切な処罰を目的とする（刑訴１条）。そのためには、実体的真実の発見が重要な課題である。これは、刑法上の責任主義からの要請でもある[50)]。刑事手続の中核は、公判手続である（公判中心主義）。刑事司法において、犯人の処罰は、裁判所の有罪判決を待たなければならない。裁判所は、訴訟関係人から提出・申請された証拠に基づいて事実を認定するが、それは公判審理の総体に基づいて判断されるべきものである。その意味で、公判中心主義は、刑事司法における普遍的な原理である。

もっとも、公判に先駆けて、犯罪発生・認知の時点から捜査手続が行われる（刑訴189条２項）。そこでは、後の公判における認定手続に備えて犯人を突き止め、必要に応じてその身体を拘束し、多くの証拠が収集される。そして、大抵の事件では、被疑者が自白するなどして、捜査段階でほぼ事案の解明が果たされる。もとより、このような事態が公判中心主義との関係で妥当であるかは、刑事法学だけでなく、法社会学的見地からも十分検討されなければならないが[51)]、現行法を前提にしたそのような実務の現実は、諸問題の検討に当たっても十分考慮されなければならない。

このような現実を踏まえると、捜査段階は、単に公判の準備ということにとどまらず、手続の結論を決する場面でもある。それゆえ、この段階における各訴訟関係人の活動が重要になる。特に被疑者は、強力な権限を持つ捜査・訴追機関に対して十分な防御をするためには、自身が有効な武器を持たなければならない（武器対等性）。もっとも、多くの被疑者はそのような法的素養や

50）　*Beulke*, Rn 25; *Roxin/Schünemann*, § 15 Rn 6.
51）　松尾・下355頁。

経験を持たないことから、これを支援すべき主体が必要となる。このような要請に応えるのが、刑事弁護人である。弁護人が既に捜査段階から刑事手続に関与することにより、公判手続のみならず、捜査手続においても武器対等性が実現される。

本章では、このような認識から、捜査手続における弁護人の関与について、日独の法的比較を踏まえて、解釈論だけでなく、立法論としても在るべき姿を探る[52]。

Ⅱ．捜査手続における刑事弁護の意義

1　弁護人の法的地位

被疑者・被告人は、自身の防御のために、刑事手続のあらゆる段階で弁護人に弁護を依頼することができる（刑訴30条）。弁護人の刑事手続への関与は、前述のとおり、その法的素養と経験をもって被疑者・被告人を擁護し、その正当な利益を実現するために要請されるものである。弁護人の関与は、法治国家としてその刑事裁判が公正に行われるため必要不可欠の要素である。もっとも、「刑事弁護の歴史は刑事訴訟の歴史である」[53]、その刑事訴訟は一国の縮図である[54]といわれるように、弁護人の法的位置付け及びその役割については、時代と地域において様々である。

日本国憲法は、34条と37条に「弁護人」と表記し、国民の基本的権利の一つとして、弁護人に依頼する権利を保障している。それ以前も、刑事訴訟法には弁護人の関与が定められていたが、現行憲法によって初めて、それが憲法上の保障であることが承認された。刑事訴訟の立法及び執行に当たり、この基本権が侵害されることになってはならない。

他方、ドイツ憲法（基本法）には、「弁護人」という表記が見当たらない。しかし、現在、弁護人依頼権の保障が憲法上のものであることに異論はない。すなわち、ドイツ基本法によると、法的聴聞を受ける権利が保障される

---

52)　*Kato*, in Kühne/Miyazawa, 2000, S. 167.
53)　*Glaser*, Handbuch des Strafprozesses Bd. 2, S. 223, 1885.
54)　団藤115頁。

が（ド基103条１項）、そこから一般的に、公正な手続の保障、弁護人依頼権の保障といった手続的権利が導かれている[55]。また、人間の尊厳（ド基１条１項１文）や法治国家原則（ド基20条）も、刑事手続において被疑者・被告人を単なる客体として扱うことを禁止し、彼らが自身の手続に主体的に関与するために必要不可欠なものとして、弁護人依頼権を要求する。更には、欧州人権条約が明示で弁護人依頼権を保障しているが（欧州人権条約６条３項 c）、同条約と国内憲法との関係に基づいて、これが弁護人依頼権の法的根拠となることも承認されている[56]。

このようにして、弁護人依頼権の重要性及び憲法上の地位において、日独で大きな違いはない。したがって、その法制度上の形成及び運用において、一定の共通規範を措定することができる。

2　弁護人の法的義務

弁護人の法的権限及び義務は、個別的には、刑事訴訟法に規定されている。もっとも、その解釈・運用に当たっては、弁護人の法的地位に基づいた一般的考察が必要となる（第２編）。弁護人の法的地位及びその一般的義務という問題について、日独ともに、刑事訴訟法に一般規定はない。そこで、従来、弁護人の訴訟法上の地位及び義務をめぐる議論がなされてきた（第２、３章）。

ドイツでは、従来、弁護人は公的機関、つまり裁判所及び検察官と並ぶ独立の司法機関であるとする見解（司法機関説）が通説である[57]。この見解によると、弁護人は、被疑者・被告人とも独立の地位にあり、具体的活動に当たって、その意思に拘束されるものではない。また、弁護人は、あくまで一義的には被疑者・被告人の正当な利益を擁護・実現することをその任務とする

---

55)　*Beulke*, Rn 147.

56)　BVerfGE 111, 307, 317; *Satzger*, Internationales und Europäisches Strafrecht 7 Aufl, § 11 Rn 13, 2016.

57)　RG JW 1926, 2756; RG DRiZ 1928, 470; BGHSt 9, 20; 12, 367; 15, 326; BVerfGE 16, 214; 34, 293; *Abegg*, Lehrbuch des gmeinen Kriminalprozesses, S. 254, 1833; *Zachariae*, Die Gebrechen und die Reform des deutschen Strafverfahrens, S. 153, Fn 1, 1846; *Frydmann*, Systematisches Handbuch der Vertheidigung im Strafverfahren, 1878; *Meyer-Goßner*, Vor § 137 Rn 1; *Roxin*, in Hanack-FS, S. 1, 1999.

が、それに限られず、一定程度において公的利益にも配慮する義務を負う。例えば真実義務に基づいて、弁護人は、少なくとも訴訟における真実発見を積極的に妨害するなどしてはならない。また、判例によると、弁護人は、手続の進行に協力することも義務付けられる[58]。これに対して、弁護人のこのような公的地位を否定する見解（代理人説）も、有力に主張されてきた[59]。この見解は、弁護人はその活動に当たり被疑者・被告人の意思に拘束されるものとし、また弁護人の真実義務を否定する。もっとも、現在の学理において、両説は、少なくとも結論において相当接近している。通説の立場からは、例えば限定的機関説[60]が有力に主張される。同説は、弁護人の真実義務はあくまで限定的に、司法の核心を阻害しないというものに限られるとする。他方、代理人説からも、例えば契約説[61]が有力に主張される。同説は、被疑者・被告人と弁護人間の私法上の契約関係を前提にしてその効果を民法に求めるものであるが、これによれば、例えば偽証や証拠偽造等の公序良俗に反する態様の行為は、弁護関係を前提にしても無効とされている（ド民134条、138条参照）。

他方、日本でも、司法機関説と代理人説との対立が見られる。まず、代理人説は、弁護人をいわばハイヤード・ガンと見立てて、弁護活動の最終決定権は被疑者・被告人側にあるとし、弁護人はその指示に拘束されるものと主張する[62]。ただし、この見解も、弁護人は、被疑者・被告人の言いなりになるのではなく、自身の専門的な能力を十分発揮すべく、状況を踏まえた専門家としての判断に基づいて被疑者・被告人をよりよき方向へ導くべきものと理解する[63]。これに対して、日本でも、司法機関説が通説である。最高裁も、平成17年判決において、理論的裏付けは示さないまま（上田補足意見で説示されている）、司法機関説に傾いた判断をしている[64]。ただし、司法機関説

58）　BGHSt 38, 111; 38,214.

59）　*Knapp*, Der Verteidiger –Ein Organ der Rechtspflege?, S. 123, 1974; *Holtfort*, in Strafverteidiger als Interessenvertreter [in Holtfort], S. 45, 1979; *Schneider*, in Holtfort, S. 35; *Eschen*, StV 1981, 365.

60）　*Beulke*, Verteidiger, S. 50 ff; *Beulke*, Rn 150.

61）　LR-*Lüderssen/Jahn*, Vor § 137 Rn 33 ff; *Lüderssen*, StV 1999, 537.

62）　村岡啓一「被疑者・被告人と弁護人との関係①」刑弁22号23頁。

63）　浦功「弁護人の義務論」現代の刑事弁護１巻13、19頁。

からも、弁護人には被疑者・被告人との十分な意思疎通を図ることが求められ、専断的な活動を行うことは否定されている。このことは、弁護人の被疑者・被告人に対する誠実義務によって基礎付けられる（第5章）。

このように、弁護人の法的地位及び訴訟上の一般的な義務に関する議論状況は、日本とドイツで相当類似している。

3　捜査手続における弁護人関与の重要性

前述のとおり、刑事手続の中核は、少なくとも理念的には公判手続である。裁判所は、「公判手続の総体」をもって、被疑者・被告人の罪責を認定し、刑を量定するのである（ド刑訴261条）。

もっとも、実際には、多くの事件で既に捜査手続の段階でその帰趨が決せられている。すなわち、捜査手続において、訴追機関は、多くの人的・物的コストを犯罪の解明に傾注する。これによって、多くの決定的な証拠や資料とともに、大抵の事件では、取調べによって被疑者の自白が得られる。それゆえ、被疑者側の防御も、この段階で既に十分なし得ることが要請される。そのためには、弁護人の関与が不可欠である。この点において、両国間で基本的な違いはない。

ただし、捜査段階で被疑者から提供された自白の証拠能力は、日独で違いがある。ドイツでは、直接主義が強く妥当し、原則として、捜査段階の自白は証拠として使用できない。他方、日本では、被疑者が自白した場合、訴追機関が調書を作成しそこに被疑者の署名及び押印を得ることにより（刑訴198条3～5項）、任意性要件の点を除いてほぼ無制約に証拠として使用可能となっている（刑訴322条1項）。これに応じて、被疑者取調べに対する規制の在り方は、両国間で異なっている。

64)　最決平17・11・29刑集59巻9号1847頁。なお、大阪高決平27・2・26刑集69巻4号628頁も参照。

Ⅲ．捜査手続における弁護人関与の必要性

1　国選弁護

（1）　国選弁護の法的位置付け

刑事弁護は、被疑者・被告人の正当な利益の擁護を本質とする。それゆえ、弁護人の法的地位に関する争いにかかわらず、その本質的役割が被疑者・被告人に対する援助者的役割にあり、それが彼らに対する誠実義務の履行であるという点では一致している[65]。したがって、被疑者・被告人は、自身が信頼する者によって弁護を受けることが保障されなければならず、その意味で、私選弁護が原則である（ド刑訴137条１項１文、刑訴30条１項）。

もっとも、被疑者・被告人の多くは、経済的理由等により、必ずしも自身が適当な弁護人を選任できるわけではない。そこで、被疑者・被告人に代わって、国が弁護人を任命するという制度（国選弁護）が不可欠となる。国選弁護に関して、日本国憲法37条３項２文には、これを保障する明文の規定が置かれている。他方、ドイツ基本法には、国選弁護について明示の規定はない。しかし、前述したとおり、欧州人権条約６条３項ｃに明文規定があり、条約に適合した憲法解釈の原則[66]から、基本権に準じる効力が認められている（第12章）。

（2）　国選弁護の保障範囲

国選弁護は、刑事手続のどの段階から保障されるか。この点については、日独の間で法制度上の違いがある。

日本では、前述のとおり、憲法に国選弁護の保障規定が定められているが、そこには「被告人」の権利として規定されている。この規定の解釈について、起訴後に限らないとする見解も有力であるが[67]、通説は起訴後の手続

---

65)　*Dornach*, NStZ 1995, 57.

66)　*Satzger* (Fn 56), § 11 Rn 13.

67)　憲法的刑事手続〔竹之内明〕402頁、村井敏邦編〔大出良知〕『現代刑事訴訟法』17頁（三省堂、第２版、1998年）。田宮裕『捜査の構造』407頁（有斐閣、1971年）、同『刑事訴訟とデュー・プロセス』152頁（有斐閣、1972年）は、憲法34条前段から被疑者段階の国選弁護権を導いている。

を対象とするものと理解している[68]。それゆえ、刑事訴訟法上も、長い間、国選弁護人の任命は起訴後に初めて行われるものとされてきた（刑訴36条、37条）。もっとも、2004年に、裁判員裁判の導入など一連の刑事司法改革の中で、起訴前段階の国選弁護制度が導入されるに至った（刑訴37条の2）。本改正は、「被疑者段階と被告人段階とを通じ一貫した弁護体制を整備すべき」との認識に基づいている[69]。本改正の当初は、一定の重大事件（「死刑又は無期若しくは長期3年を超える懲役若しくは禁錮」）を対象に、勾留状が発付され、被疑者自身が貧困等の事由で弁護人を選任することができないときには、裁判官が国選弁護人を任命するものとされていた（刑訴37条の2）。これにより初めて、起訴前段階にも国選弁護制度が導入されたのである。しかし、その後も、日本弁護士連合会を中心に、対象事件の拡張や、より早期の段階での保障などが求められてきた[70]。2011年から始まった法制審議会特別部会では、取調べの可視化や司法取引及び刑事免責の導入を柱としつつ、被疑者の権利保障も議論の対象とされた。部会は、2014年7月に最終案を議決し、そこでは、前述の重要制度の導入に加えて、国選弁護制度の拡充が図られることになった[71]。これによると、重大事件の限定が解除され、勾留状が発せられた全ての刑事事件を対象に、国選弁護人の任命が可能とされることになった（刑訴新37条の2）。もっとも、選任の時期は、依然として勾留開始後とされている。日本では、勾留に先行して逮捕が行われることになっているが（刑訴203条以下、207条）、逮捕から勾留までの時間は最長で72時間に及び、この間に弁解録取（刑訴203条1項、205条1項）だけでなく取調べまで行われ得る

---

68)　平野74頁は、憲法上の権利としては否定しつつも、「立法論としては大いに考慮の余地がある」と述べている。

69)　司法制度改革審議会意見書（http://www.kantei.go.jp/jp/sihouseido/report/ikensyo/；最終確認2016年5月1日）、辻裕教『司法制度改革概説・裁判員法／刑事訴訟法』4頁（商事法務、2005年）。

70)　日本弁護士連合会「第12回国選弁護シンポジウム基調報告書　みんなで担う国選弁護―全ての被疑者に弁護人を―」6頁（2012年）。

71)　法制審議会・新時代の刑事司法制度特別部会「新たな刑事司法制度の構築についての調査審議の結果〔案〕」（http://www.moj.go.jp/content/001127393.pdf；最終確認2016年5月1日）。刑事訴訟法改正法案は、2016年5月24日に衆議院で可決され、取調べの録音・録画義務は3年以内に、司法取引は2年以内に導入されることが決められた。

（刑訴198条１項）。したがって、依然として、国選弁護の早期化を求める議論が続くことが予想される[72]。

他方、ドイツでは、国選弁護は、必要的弁護事件を対象とし、これに連動する形で保障されている[73]。必要的弁護は、刑事訴訟法の幾つかの箇所に規定されているが、特に重要なのは刑事訴訟法140条１項である。身体拘束との関係で見れば、従来は、勾留開始から３か月が経過して初めて弁護人の関与が必要的とされていた（ド刑訴140条１項５号）。もちろん、日本とドイツでは、勾留の目的や身体拘束状態での捜査の在り方（特に取調べの性質）について違いがあるため、単純に数的比較で評価することはできない。しかし、日本では、起訴前の勾留期間が最長でも20日間（逮捕段階を含めると約23日間）であることと比較しても、ドイツの身体拘束状態における弁護人不在の期間は相当長いものであった。案の定、ドイツのこのような法制度に対しては、欧州人権裁判所より否定的判断が下されたため[74]、ドイツの立法者は、改革を求められることになった。そこで、2009年の法改正[75]により、身体拘束との関係で重大な改正が行われた。すなわち、従来とは異なり、勾留（又は仮収容）が「執行された」時点で弁護人の関与が必要的となり、被疑者・被告人が弁護人を選任できない限りで、国選弁護人が任命されることになった（ド刑訴140条１項４号）。また、この改正によって、従来は、捜査段階での国選弁護人の任命は検察官の申立てに基づくものとされてきたが（ド刑訴141条３項

72）　高平奇恵「被疑者国選弁護制度の拡充」川﨑英明・三島聡編『刑事司法改革とは何か――法制審議会特別部会「要綱」の批判的検討』192頁（現代人文社、2014年）。

73）　BVerfGE 39, 246. ドイツでは、国選弁護は被疑者・被告人の利益だけのためにあるのではないとされている（*Welp*, ZStW 90（1978）, 804, 821）。

74）　欧州人権裁判所は、2001年に、被疑者と弁護人は、裁判官による勾留決定の適法性について、被疑者の供述や捜査記録等によって検討できる機会と、対審に基づく武器対等性を保障された手続で争う機会とが保障されなければならないとし、捜査上の秘密保持の利益は、身体拘束に際しての弁護権の実質的な制限を正当化するものではないと判示した（EGMR NJW 2002, 2013（Lietzow/Deutschland）; 2002, 2015（Schöps/Deutschland）; 2002, 2018（Garcia Alva/Deutschland））。また、同裁判所は、2007年にも、武器対等性の要請からは、弁護人において被疑者・被告人の身体拘束の適法性を判断するための情報が十分に与えられるべきことが要求され、それは、単に記録に記載された事実及び証拠について口頭で提供されるだけでは足りないと判示している（EGMR StV 2008, 475（Mooren/Deutschland））。

75）　BGBl. I, 2009, S. 2274.

2文)[76]、勾留が執行される場合には、直ちに裁判官より任命されることになった。従来と同様、被疑者・被告人には自身が意図する弁護士を指定する権利（ド刑訴142条1項）も残されており、これによって、捜査段階における弁護人を選任する権利は著しく拡張されることになった[77]。本制度の運用に関して様々な問題点も提示されているところであるが[78]、少なくともその方向性において、国選弁護制度が拡充されたことは明らかである。

2　取調べにおける弁護人立会い

（1）　被疑者取調べの意義

被疑者の取調べは、事件当事者と推定される本人からの供述を得るものであることから、刑事手続の進行及び結果にとって重要な情報をもたらせる。ドイツでは、被疑者に対して起訴までに最低一回は尋問しなければならないと規定されているが（ド刑訴163a条1項）、その趣旨は、被疑者に弁解の機会を与えるためのものと理解されている[79]。ただし、尋問で得られた情報を以後の捜査の根拠資料とすることは禁止されていない。また、捜査段階の自白は、後の公判において、裁判官による尋問を除いてその調書を書証として朗読することはできないが（ド刑訴250条、254条）、一定条件において、尋問した捜査官を証人として供述させることは可能とされている[80]。それゆえ、法定の禁止手法（ド刑訴136a条）に違反した場合、警察官による尋問も含めて証拠能力が否定されることになっている（ド刑訴136a条3項）[81]。日本の刑事訴訟法では、被疑者が自白した場合、調書を作成してこれに被疑者の署名・押印を得ておくことで（刑訴198条3項～5項）、後の公判でその調書を証拠とする

76)　この点について *Esser*, in FS-Kühne, 2013, S. 539 ff.

77)　ダーヴィット・ヘルマン〔加藤克佳＝辻本典央訳〕「国選弁護の現在」近法60巻2号43頁、ラインハルト・ミカルケ〔加藤克佳＝辻本典央訳〕「未決勾留の改革―チャンスは潰えたか？―」近法60巻2号75頁。

78)　Strafrechtsausschuss der Bundesrechtsanwaltskammer (BRAK), Thesen zur Praxis der Verteidigerbestellung nach §§ 140 Abs. 1 Ziff. 4, 141 Abs. 3 Satz 4 StPO i.d.F. des Gesetzes zur Änderung des Untersuchungshaftrechts vom 29.07.2009, StV 2010, 544.

79)　*Roxin/Schünemann*, § 18 Rn 3 ff.

80)　*Beulke*, Rn 416.

81)　*Beulke*, Rn 142 ff.

ことができる（刑訴322条１項）。このようにして、捜査段階における被疑者取調べは、いずれにせよ自白という決定的な証拠が得られる手続であることから、捜査機関による追及も必然的に厳しくなる。

もっとも、被疑者には黙秘権が保障されている。ドイツ基本法にその旨の規定はないが、人間の尊厳原理に基づくネモ・テネテュール原則の承認や、法治国家原則を通じて、刑事手続における被疑者・被告人の基本的権利であると理解されている[82]。欧州人権条約も同様に、明文規定はないが、拷問が禁止され（欧州人権条約３条）、公正な手続を受ける包括的権利（同６条）に基づいて黙秘権は当然に保障されるものと解されている[83]。日本国憲法は自己負罪拒否特権の形式でこれを定めており（憲38条１項）、これに違反して供述が強要された場合には、その証拠能力が否定される（憲38条２項）。これを受けて、刑事訴訟法上も、被疑者・被告人に包括的な黙秘権が保障されている（刑訴198条２項、311条）。

このようにして、被疑者段階の尋問・取調べとその黙秘権との関係は、刑事手続における最も重要かつ難解な問題である。それゆえ、日本では、裁判実務においてしばしば捜査段階で提供された自白の証拠能力が重要な争点とされてきた。捜査段階では、被疑者の取調べは基本的に非公開で行われることから、自白強要の有無を明らかにし、黙秘権に対する侵害性を判定することが困難とされてきたのである。

（２）　取調べの規制

そこで、日本では、かねてより議論のあった取調べの可視化の要請として、取調べ状況の録音・録画を義務付ける規定が導入されることになった（刑訴新301条の２）。これによると、一定の重大事件（裁判員裁判対象事件）と検察独自捜査事件（汚職や巨大経済事犯など）を対象に、被疑者・被告人を逮捕・勾留して取調べを行う場合に、この録音・録画が義務付けられる。この録音・録画記録は、供述の任意性が争いとなった場合に証拠調べが請求される

82）　*Roxin/Schünemann*, § 25 Rn 1; *Beulke*, Rn 125 ff. ドイツにおけるネモ・テネテュール原則の研究として、松倉治代「刑事手続における Nemo tenetur 原則――ドイツにおける展開を中心として――(1)～(4)完」立命335号138、336号168頁、337号77頁、338号186頁。

83）　EGMR NJW 2006, 3117; EGMR JR 2013, 170.

ことになっているが、それ自体を有罪証拠として使用することができるかは争いがある[84]。また、供述の困難が予想される場合など、一定の除外事由も定められている（刑訴新301条の2第4項）。

このようにして、取調べにおける密室性を除去し、被疑者・被告人の黙秘権を保障しつつ、他方で、裁判における立証の困難性をも解決しようとする試みは、「新しい刑事司法」としてそれ自体評価に値する。もっとも、日本で「取調べの可視化」という問題が提起されたとき、その中心課題とされたのが、取調べに際しての弁護人の立会いである[85]。アメリカでは、ミランダ・ルール[86]が確立され、被疑者・被告人の憲法上の権利（合衆国憲法修正5条）として弁護人の立会いを求めることができるとされているが、これを日本にも導入すべきとする提案がなされた。論者は、取調べは法規定上は任意で行われるべきであるが、事実上強制手段となっており（刑訴198条1項）、それを払しょくするためにも、被疑者を擁護すべき弁護人の立会いが必要であると述べている。しかし、今回の改正論議においては、録音・録画規定の導入が中心課題とされ、弁護人の立会いは採り入れられなかった。

これに対して、ドイツでは、刑事訴訟法上に規定はないが、判例において、警察による尋問において弁護人の立会いを求めることが事実上できるとされている[87]（第9章）。

このようにして、被疑者の尋問・取調べに関する制度上の規制は、日本では録音・録画、ドイツでは弁護人の立会いという形で図られている点に違いがある。これは、弁護士の数や身体拘束事件の数などの要素に加えて、法文化の違いも影響しているように思われる。また、捜査段階の自白が公判で使用される場合の基準や機能にも、原因があるのかもしれない。アメリカの冤罪報告[88]にもあるとおり、取調べの録音・録画は捜査機関側の管轄にある制度であり、その潜脱の虞も危惧される。そのため、取調べの録音・録画が制

84）　宇都宮地判平28・4・8 LEX/DB 25542682参照。

85）　三井（前掲注49）176頁。

86）　Miranda v Arizona（384 U.S. 436（1966））.

87）　BGHSt 38, 372.

88）　Garrett, *Convicting the Innocent: Where Criminal Prosecutions Go Wrong,* 2011（US）.

度化された後も、なお弁護人立会いの必要性が残されている。

3　検察官の訴追裁量

現在の刑事裁判において、弾劾主義は、およそ普遍の原理である。改革された刑事訴訟において、訴追者と判断者の分離は、至上の命題であった[89]。検察官の公訴提起により刑事裁判が開始されるという点で、日独に違いはない。

もっとも、検察官の公訴提起権限の在り方については、法制度上の違いがある。すなわち、ドイツでは、起訴法定主義が採用され、捜査の結果、一定の嫌疑と訴訟条件の具備が認められる限り、検察官は、原則として公訴提起を義務付けられる（ド刑訴170条1項）。したがって、捜査の結果を踏まえた検察官の判断に当たり、基本的に裁量の余地は否定される（起訴法定主義）[90]。これに対して、日本は、起訴便宜主義を採用している。すなわち、検察官は、公訴提起の判断に際して、たとえ被疑者に相当の嫌疑が認められ、訴訟条件が具備されている事案でも、「犯人の性格、年齢及び境遇、犯罪の軽重及び情状並びに犯罪後の情況により訴追を必要としないときは、公訴を提起しないことができる」（刑訴248条）。これにより、検察官の公訴提起に関する判断には、広い裁量が認められている。

このようにして、検察官の公訴提起における裁量行使に関して、両国の法制度上に本質的な違いがある。もっとも、ドイツでも、現在では、検察官による手続打切りの機会が広く認められている（ド刑訴153条以下）。中でも、賦課の履行等を条件とする手続打切り（ド刑訴153a条）は、起訴便宜主義的な運用を可能とするものである[91]。それゆえ、現在では、公訴提起における検察官の裁量に関して、本質的な違いはなくなった。

これにより、検察官の裁量行使による不起訴（手続打切り）の裁定を求めることは、捜査段階における被疑者の防御にとって重要となる。その限りで、被疑者は、刑事裁判で有罪とされ刑罰を科せられることがなくなるからであ

89）*Roxin*, § 70 Rn 8.
90）*Roxin/Schünemann*, § 41 Rn 1, 7; *Beulke*, Rn 333.
91）*Beulke*, Rn 17.

る。そのためには、被疑者は、ただ検察官の判断を待つだけでなく、積極的に不起訴に向けた働きかけを行うことも必要となる。もとより、そのような協議は、被疑者本人が十分なし得るものではなく、弁護人の関与が不可欠となる。

このようにして、検察官の裁量権行使による不起訴・手続打切りをめぐり、捜査段階から弁護人が関与していくことの意義は、両国で共通のものである。

4　司法取引

(1)　司法取引の意義

日独両国において、近時、司法取引に関する法改正が図られている。「司法取引」の定義は多様であるが、ここでは、訴訟関係人間における「協議」に基づいて、訴訟の進行及び結果に関する一定の「合意」が形成され、それに基づいた処理が図られるものと理解する[92]。

ドイツでは、1982年に著名な刑事弁護人 *Weider* が“*Deal*”というペンネームを使用して発表した論文でこの問題を公表して以来、実務及び学理での活発な議論が繰り広げられた[93]。連邦通常裁判所も、1997年と2005年の二度にわたり基本的判断を示し[94]、合意手続の基本的承認と一定のルール化を図っている。2009年には立法され[95]、刑事訴訟法257c 条を中核とする合意法が制定されるに至った。これと同時に、王冠証人規定（ド刑46b 条）も再び制定・改定されている。合意の問題については、既に多くの文献が出され[96]、連邦憲法裁判所も改めてその合憲性を承認する判断を示している[97]。

他方、日本でも、取調べの可視化問題と関連して、2011年から３年に及ぶ討議を経て、司法取引（協議・合意手続）が導入されることとなった（刑訴新

92)　宇川春彦「司法取引を考える（1）」判時1584号31、40頁、川出敏裕「司法取引の当否―刑事法の観点から」公正取引617号21頁、池田公博「新たな捜査手段―いわゆる『司法取引』との関係を中心に」ジュリ1370号93、94頁。

93)　*Deal*, StV 1982, 545.

94)　BGHSt 43, 195; 50, 40.

95)　BGBl. I 2009, S. 2353.

96)　代表的なものとして *Niemöller/Schlothauer/Weider* (Hrsg.), Gesetz zur Verständigung im Strafverfahren, Kommentar, 2010.

350条の2以下)。もっとも、今次の改革では、ドイツ法のような「自己負罪型」(自分の事件に関して、自白と引換えに減刑等の給付を受ける類型)の導入は見送られ、「捜査・公判協力型」(他人の事件に関して、その情報提供と引換えに不訴追等の給付を受ける類型)のみ導入されることとなった。

このようにして、形式こそ異なるが、日独両国において司法取引が刑事司法に導入されるに至ったことは、大きな改革である。いずれにしても、それが正しく運用されるための制度設計が重要である。そのために不可欠の要素は、被疑者・被告人の自律的な判断と意思決定の保障である。すなわち、取引の要素が介在することで、自白及び供述が不当に誘引されることになってはならない。取引への不当誘引は、黙秘権侵害はなおのこと、実体的真実の解明及び責任主義にも抵触する[98]。

(2)　司法取引に対する保護装置

このようなリスクを回避するために、ドイツ法では、一定の保護装置が規定されている。すなわち、合意手続において、最終の合意内容だけでなく、協議の開始からその経過を調書化し(ド刑訴202a条2文、271条)、公判で報告されなければならない(ド刑訴243条4項)。これによって、非公開で行われる協議の段階から可視化が図られ、法的規制が可能となる。連邦憲法裁判所は、このような刑事訴訟法上の保護装置を潜脱する形で行われてきた従来の実務をはっきりと否定し、これに反する実務を違法と断じた[99]。この点は、日本でも、今後の運用に際して参考にされなければならない。

もっとも、ドイツ法では、合意手続に弁護人の関与が必要的とされていない。確かに、合意に向けた協議に際して、現実には弁護人の関与が不可欠である。しかし、法規定上は、被疑者・被告人自身が単独で取引への対応を迫られるという可能性が残されている[100]。この点、日本の改正法では、弁護

97)　BVerfGE 133, 168. ドイツの合意手続について、*Tsujimoto*, ZIS 2012, 612; 辻本典央「刑事手続における取引――ドイツにおける判決合意手続(1)～(3)完」近法57巻2号1頁、58巻1号1頁、59巻1号1頁、同「ドイツの判決合意手続に対する外在的評価」近法60巻3号35頁、同「ドイツの司法取引と日本の協議・合意制度」法時88巻4号61頁、加藤克佳・辻本典央他「司法取引」名城65巻4号33頁。

98)　辻本典央「約束による自白の証拠能力」近法57巻4号33頁。

99)　BVerfGE 133, 168.

100)　*Tsujimoto* (Fn 97), S. 621.

人の関与が必要的とされ（刑訴新350条の3、350条の4）、これによって、被疑者・被告人の自律的判断が確保されることになっている。

このように、司法取引の導入は、事実上だけでなく法律上も、弁護人の関与を必要的なものとさせる。そして、取引の効果を考えても、通常はその協議が既に捜査段階から行われることになる。これに伴って、弁護人の捜査段階における関与もより重要となる。同時に、捜査段階における証拠開示[101)]等、弁護活動が十分行われるような制度上の整備も今後の課題として残されている。

Ⅳ. 小　　括

以上、本章では、捜査手続における弁護人の関与について、日独の法制度上の比較を踏まえて検討した。その際、基本的な視点は、被疑者の防御の保障である。被疑者が十分防御できることは、彼自身の主観的利益であるとともに、刑事司法全体の公的利益でもある。弁護人の関与が憲法上求められていることは、このことを端的に示すものである。

刑事訴訟の現実において、捜査手続が事案解明に向けて決定的な役割を果たすものである以上、この段階における被疑者の防御への配慮が不可欠となっている。これに応じて、今後更に、捜査段階における弁護人の役割が重要となる。以上の点を考慮すると、刑事訴訟の制度設計は、弁護人の活動を支援こそすれ、不当に抑制するものとなってはならない。

101)　斎藤司『公正な刑事手続と証拠開示請求権』371頁（法律文化社、2015年）。

第11章　接見交通権の課題と展望

Ⅰ．総　　説

接見交通権は、被疑者・被告人が弁護人の援助を受ける上で不可欠の権利であり、弁護人からしても自身の活動を実効的なものとするために重要な権利である。我が国の刑事訴訟法も、身柄拘束中の被疑者・被告人に対して、立会人のない「秘密交通権」を保障している（刑訴39条１項）。もっとも、他方で、我が国の刑事訴訟法は、逃亡、罪証隠滅、戒護に支障のある物の授受を防ぐため必要な措置を規定することができる（刑訴39条２項）ことに加えて、「捜査のため必要があるとき」は被疑者と弁護人との接見をその日時、場所、時間を指定するという形で制限することを許容している（刑訴39条３項）。

このように、接見交通権とその制限という問題は、刑事手続における被疑者・被告人（及びその弁護人）の本質的な権利と一定の公的利益との対立が顕著となるものであり、我が国の刑事訴訟法学理及び裁判例において多くの議論が積み重ねられてきた。後述のとおり、1999年に、接見指定制度の合憲性に関して最高裁大法廷判決が判断を下し、それを基にして以後の最高裁判例で幾つかの重要な裁判が下されており、それぞれで検討された論点に関して裁判実務上の決着を見ている。もっとも、それらの裁判例の当否に関する検討に加えて、なお積み残された問題もある。

本章では、刑事訴訟法上の最も重要な論点の一つであるこの接見交通権に関する従来の議論を総括し、今後の展望を探る。

Ⅱ．接見交通権の意義

刑事訴訟法39条１項によると、「身体の拘束を受けている被告人又は被疑者は、弁護人又は弁護人を選任することができる者の依頼により弁護人となろうとする者（括弧内省略）と立会人なくして接見し、又は書類若しくは物の授受をすることができる」。このように規定される被疑者・被告人と弁護人との接見交通権は、それ以外の者（例えば配偶者などの家族）の場合は「法令の範囲内」、すなわち立会人が同席の下で接見が許されていること（刑訴80条前段、刑事収容116条1項本文）との比較において、刑事訴訟法上強い保護の下に置かれている。この被疑者・被告人と弁護人との接見交通権の機能として、①身体を拘束された被疑者にとっての外界との窓口となり、その結果、心理的安定が確保されて市民としての自己回復が可能となること、②継続的な取調べによる不当なプレッシャーから解放させることが挙げられるが、これらは弁護人以外の者との接見によっても果され得るものであり、より重要であるのは、③弁護人との相談により被疑者側の訴訟準備が可能となることである[102]。すなわち、「被疑者側の防御活動は、被疑者と弁護人との密接な連絡のもとに行われる必要がある」[103]が、そのためには、両者の間での意思疎通が十分図られることが必要であり、その前提として相互の間で重要な情報が共有されなければならない。そのような情報の中には、防御上他者、特に捜査機関には内密にされるべきものもあり、そのためには、立会人のない秘密交通権としての意義が重要となるのである。

この点について、旧刑事訴訟法では、公判開始前はなおのこと（同法111条は現行法80条と同様の規定であり、弁護人との接見もこの規定によって規律されていた）、公判開始後の接見についても立会人を置くことができると理解されていた[104]。しかし、第二次世界大戦後に創設された日本国憲法は、「何人も……直ちに弁護人に依頼する権利を与へられなければ、抑留又は拘禁されない」（憲34条1文後段）と定め、被疑者・被告人の基本的権利の一つとして、身体拘束状況での弁護人依頼権の保障を明示した。このような基本的権利の一つとしての弁護人依頼権は、単に依頼するにとどまるといった形での形式的な保障にとどまらず、その核心において実効的な弁護を受ける権利という形で

102)　田宮142頁。
103)　鈴木94頁。
104)　小野清一郎『全訂刑事訴訟法講義・第3版』132頁（有斐閣、1933年）。

実質的に保障されなければならない。そのためには、前述のような被疑者・被告人と弁護人との秘密交通が必要不可欠のものとなる。最高裁大法廷平成11年判決[105]も、接見指定制度の合憲性を判断するに当たり、その前提として「憲法34条前段……の弁護人に依頼する権利は、……弁護人から援助を受ける機会を持つことを実質的に保障しているものと解すべきである。……刑訴法〔39条１項の〕規定は、憲法の保障に由来するものである」と判示し、直接的であるか間接的であるかはおくとしても、接見交通権が憲法上の保障を受けるべき重要な権利であるということを認めている。このような被疑者・被告人と弁護人との接見交通権は、被疑者・被告人が弁護人の援助を受け得るための「刑事手続上最も重要な基本的権利に属するもの」であり、弁護人にとっても「その固有権の最も重要なものの一つ」[106]として、刑事手続における被疑者・被告人の主体的地位の尊重という観点からも最大限に保障されるべき「手続的基本権」と位置付けられるものである。

また、弁護人との接見交通権は、「身体の拘束を受けている被告人又は被疑者」だけでなく、全ての被疑者・被告人に保障されるべきものである。この点について、福岡高裁平成５年判決[107]は、弁護人が任意同行取調中の被疑者との面会を求めたところ、これに応対した警察官が接見の申出を拒否した措置について国賠請求が提起された事案において、「被疑者の弁護人又は弁護人を選任することができる者の依頼により弁護人となろうとする者（以下「弁護人等」という。）は、当然のことながら、その弁護活動の一環として、何時でも自由に被疑者に面会することができる。その理は、被疑者が任意同行に引き続いて捜査機関から取調べを受けている場合においても、基本的に変わるところはない」との前提から、被疑者が身柄を拘束されていない場合でも弁護人との接見交通権が保障されるべきであるとした。そして、被疑者が取調べ中である場合には、「弁護人等は、任意取調べ中の被疑者と直接連絡を取ることができないから、取調べに当たる捜査機関としては、弁護人等

105）　最大判平11・３・24民集53巻３号514頁。
106）　最判昭53・７・10民集32巻５号820頁、福岡高判昭63・４・12判時1288号89頁、大阪地判平16・３・９判時1858号79頁。
107）　福岡高判平５・11・16判時1480号82頁。

から右被疑者に対する面会の申出があった場合には、弁護人等と面会時間の調整が整うなど特段の事情がない限り、取調べを中断して、その旨を被疑者に伝え、被疑者が面会を希望するときは、その実現のための措置を執るべきである」として、単に取調べ中であるとの理由で弁護人の接見申出を拒否した警察の措置は違法であると結論付けられた[108]。

Ⅲ．接見指定制度の問題点

1　接見指定制度の合憲性

（1）　学理の動向

被疑者・被告人と弁護人との接見交通権は、被疑者・被告人の防御にとって重要な手続的基本権であり、「憲法（34条前段）の保障に由来するもの」として位置付けられるべきものであるが、他方で、我が国の刑事訴訟法は、39条３項においてこの権利を制限する「接見指定制度」を定めている。接見指定制度は憲法上一定の根拠を持つ接見交通権を制限する規定であるため、その合憲性が問題となる。

この点について、弁護士実務家を中心に、接見指定制度を憲法違反であるとする見解が主張されている。かつては、接見指定制度の合憲性の検討に際して、「違憲論にしろ、合憲論にしろ、その論理の貧困さは否めない」との分析も見られたが[109]、近時は、この批判に応えるべく、詳細な論理が展開されている。例えば「捜査官が弁護人の弁護活動を制約するというのは、憲法が保障する弁護権という概念そのものと矛盾する。……身体を拘束された被疑者の弁護人の役割は、黙秘権をはじめとする被疑者の諸権利の保障を実質的に確保し、捜査官の違法行為を防止し、被疑者の防禦権に実体を与えることにある。この目的に奉仕する弁護人の諸活動は、捜査官の捜査活動を制約するものとして憲法上保障されているのである。弁護権は、国家が個人を

108）　角田正紀「判評」研修524号15、19頁は、法的根拠の欠如を理由に権利としての性質を否定するが、身柄不拘束の被疑者・被告人の弁護人等にも接見交通権に準じた利益を認めるべきであるとも述べており、結論において異ならない。

109）　若松芳也『接見交通権の研究』166頁（日本評論社、1987年）。

刑事訴追するに際して遵守しなければならない憲法上の制約なのである。この弁護権を『捜査の必要』によって制限することを認めるのは、明らかな論理的矛盾である」（傍点原文）[110]、「憲法下における国家刑罰権は個人と個人の利益の衝突を調整する原理に他ならず、憲法34条の権利保障は、人身の自由を手続的に保障するため自由に伴う内在的制約を憲法自身が具体化したものであるから、改めて、国家刑罰権という公共の福祉によって制約を受けることはないのである。〔……すなわち、〕憲法34条がすでに捜査権を制約する手続的保障として憲法レベルでの比較衡量を終えており、接見交通権をつねに捜査権よりも優先するものとして位置づけた」ものと理解すべきである[111]など、接見交通権の捜査権に対する絶対的優位という関係から接見指定制度の違憲性が主張されている。また、接見交通権を「実体的請求権」ではなく「手続的請求権」と性格付けた上で、「それが憲法上の権利である以上、立法上、国政上、最大の尊重を必要とし、被疑者の防御権を形骸化するような規制を弁護活動に加えることは、もとより違憲となる。〔原文改行〕さらに手続的請求権と解することによって、捜査権の行使との調整を求める『公共の福祉』や『内在的制約』との衝突は問題とならないともいえる」として、接見交通権の法的性質からこれを制限する接見指定制度が憲法違反とする見解も見られる[112]。

研究者の側からも、接見指定制度を憲法違反とする代表的論者として、高田昭正[113]は、多角的な観点から検討を加えている。高田によると、接見交通権は被疑者自身の「捜査上の主体的防禦活動のための基本的前提・基本的条件の一つ」であり、この権利を制限する接見指定制度は、①即時接見が可能であるのにこれを保障しない、あるいは本来の留置場所で即時に接見できるよう措置すべきなのにこれを保障しないといった形で権利侵害の実質を持つ処分として運用されてきた、②接見指定処分は権利侵害の実質を持つ以

110）　高野隆「刑事訴訟法39条３項の違憲性――憲法は被拘禁者の弁護権として何を保障しているか」柳沼・若松編著『接見交通権の現代的課題』15、30頁（日本評論社、1992年）。
111）　憲法的刑事手続〔村岡啓一〕289頁。
112）　丹治初彦『「捜査弁護」覚書』92頁（現代人文社、2005年）。
113）　高田昭正『被疑者の自己決定権と弁護』132頁（現代人文社、2003年）。

上、その処分主体は本来は裁判官でなければならなかったはずである、③接見指定理由について「捜査のため〔の〕必要」という抽象的文言が使用されたため、捜査機関の広範な裁量的判断を認める余地を与えることになってしまう[114]、④捜査活動の本質は公判準備にあり、いわばその「予備的手続」段階でも「刑事被告人」として保障されるべき「弁護人の実質的な援助を受ける権利」を侵害するものである、⑤被疑者取調べを理由に接見指定を認めるという場合、黙秘権侵害の実質を持つ、⑥被疑者の捜査手続で主体的に防御し、刑事手続の遂行処理過程に主体的に関与すべき法的地位と権利を侵害するものである。また、渡辺修[115]は、刑罰権及び捜査権は憲法上明文で保障された市民の権利を制約する根拠とはならないとの理解を前提に、接見指定制度は、これが強制処分であるとすると、憲法34条、38条のみならず、憲法31条の強制処分法定主義、適正手続に違反する可能性があるとした上で、刑事訴訟法39条３項が予定する接見指定は「任意処分」、すなわち指定自体に法的拘束力はなく、被疑者と弁護人に「協力を求める処分」であると解釈することによってのみ憲法に適合するものとなると主張する。

（２）　判例の動向

これに対して、最高裁裁判例は、従来、「捜査機関のする右の接見等の日時等の指定は、あくまで必要やむをえない例外的措置」であるとしつつ、その前提として「弁護人等と被疑者との接見交通権と捜査の必要との調整」を所与のものと理解し、接見指定制度の合憲性を詳細に検討することはなかった[116]。また、合憲性を判断した下級審裁判例でも、原告側から主張される接見指定制度は違憲・違法であるとの主張は、一様に排除されてきた[117]。

---

114)　この点で同旨の見解として、梅田豊「被疑者の権利としての接見交通権についての覚書」井戸田侃先生古稀祝賀論文集『転換期の刑事法学』235、246頁（現代人文社、1999年）。

115)　渡辺修『刑事裁判を考える』56頁（現代人文社、2006年）。

116)　最判昭53　7・10民集32巻５号820頁、最判平３・５・10民集45巻５号919頁、最判平３・５・31判時1390号33頁。

117)　浦和地判平４・３・23判時1440号116頁、大阪地判平４・11・９判時1470号106頁、仙台高判平５・４・14判時1463号70頁、札幌高判平５・５・19判時1462号107頁、東京地判平５・12・７判時1505号91頁、東京高判平６・10・26判時1519号91頁、福岡高判平６・２・21判タ874号147頁。

しかし、最高裁は、平成11年大法廷判決[118]において、接見指定制度の合憲性という問題に正面から取り組んだ。本大法廷判決は、「憲法は、刑罰権の発動ないし刑罰権発動のための捜査権の行使が国家の権能であることを当然の前提とするものであるから、被疑者と弁護人等との接見交通権が憲法の保障に由来するからといって、これが刑罰権ないし捜査権に絶対的に優先するような性質のものということはできない。そして、捜査権を行使するためには、身体を拘束して被疑者を取り調べる必要が生ずることもあるが、憲法はこのような取調べを否定するものではないから、接見交通権の行使と捜査権の行使との間に合理的な調整を図らなければならない。憲法34条は、身体の拘束を受けている被疑者に対して弁護人から援助を受ける機会を持つことを保障するという趣旨が実質的に損なわれない限りにおいて、法律に右の調整の規定を設けることを否定するものではない」として、接見交通権は絶対的に保障されるべき性質のものではなく、刑罰権又は捜査権という公的利益からの制限を受け得るものであるとの見解を示した。

もっとも、最高裁大法廷は、更に続けて、「刑訴法39条の立法趣旨、内容に照らすと、捜査機関は、弁護人等から被疑者との接見等の申出があったときは、原則としていつでも接見等の機会を与えなければならないのであり、同条３項本文にいう『捜査のため必要があるとき』とは、右接見等を認めると取調べの中断等により捜査に顕著な支障が生ずる場合に限られ〔る〕」として、この要件が合憲的に限定解釈されるべきことを判示した。最高裁大法廷は、その上で、①弁護人接見は単に時間等を指定するにすぎないものであること、②捜査のため必要があるときとは捜査に顕著な支障が生ずる場合に限られること、③②の要件が備わる場合には、弁護人等と協議してできる限り速やかな接見等のための日時等を指定し、被疑者が弁護人等と防御の準備をすることができるような措置を採らなければならないこと、④捜査機関の接見指定に対して準抗告による簡易迅速な司法審査の道が開かれていることを挙げて、現行法下での接見指定制度は接見交通権との合理的調整として憲法が許容する範囲にあるとした。

118)　最大判平11・３・24民集53巻３号514頁。

このようにして、最高裁大法廷において接見指定制度の合憲性について明確な判断が示されたことから、少なくとも裁判実務においてこの問題は決着された。もとより、本大法廷判決に対する評価も分かれ得るところであるが、本章では、従来の問題点の整理及び実務の将来を展望するという観点から、本大法廷判決において合憲性を基礎付ける要素として挙げられた点を考慮しつつ、個別の問題点を検討する。

2　指定方式

(1)　一般的指定方式

(i) 接見指定の方式について、かつては「一般的指定方式」が採られていた。この一般的指定方式は、検察官又は検察事務官が具体的事件についてあらかじめ「捜査のため必要があるので、右の者（被疑者）と弁護人又は弁護人を選任することができる者の依頼により弁護人となろうとする者との接見又は書類若しくは物の授受に関し、その日時、場所、及び時間を別に発すべき指定書のとおり指定する」という内容の「接見等に関する指定書」（一般的指定書）を作成し、その謄本を被疑者及びその弁護人と被疑者の在監する監獄〔刑事施設〕の長に交付しておき、弁護人から接見の申出があったときに指定の日時及び時間、指定の場所を記載した「指定書」（具体的指定書）を弁護人に交付し、接見させるという方式である。このような方式は、刑事訴訟法上明示されているものではないが、法務大臣訓令事件事務規程（旧）28条において「検察官又は検察事務官が、刑訴第39条３項の接見等の指定を書面によってするときは、接見等に関する指定書（様式48号）を作成し、その謄本を被疑者及び被疑者の在官する監獄の長に交付し、指定書（様式49号）を同条１項に規定する者に交付する」と規定され、これを法的根拠として運用されていた。また、司法警察員が右書面を発行する場合もあり、その内容は検察官の場合と同様であった（司法警察職員捜査書類基本書式例で規定されていた）[119]。

確かに、接見指定のこのような運用（「面会切符制」[120]）は、弁護人の来訪い

119)　若松（前掲注109）15頁。

かんにかかわらず全事件について具体的接見を指定しておくことはおよそ不可能であり、他方で何もしなければ刑事施設責任者としては自由に接見を認めなければならないこととなり、接見指定制度がほとんど機能しないこととなることから、捜査機関の側からすれば、接見指定権の行使を円滑かつ確実にするものとして便宜な方式である。また、留置業務上も、無用の混乱を避けるとともに、全ての事件について弁護人の面会申出に際し指定権者に取り次がなければならないとするとその数は膨大なものとなることから、適切な業務遂行という観点からも便宜な方法である。しかし、被疑者及び弁護人の側からすると、一般的指定書が発せられている事件については、指定権者の発する具体的指定書を持参しない限り接見を拒否されることとなるから、接見交通は一般的に禁止、個別的にのみ解除という効果が生ずることになる。それゆえ、当時、このような一般的指定方式は、前記のとおり接見交通権は手続的基本権として憲法上の保護を受けるものとして最大限尊重されるべきものであり、本来は接見交通が原則であってその指定は例外的なものとされるべき関係を逆転させるものである、このような運用は「捜査のため必要があるとき」の要件を捜査機関の便宜において広く解釈することを前提とするものであり、接見交通と捜査の必要との具体的衝突が生じていない段階において前者に制限を加えるものである、と批判されていた[121]。

（ⅱ）この問題について、下級審裁判例では、当初、一般的指定方式の処分性を否定し、その合憲性が肯定されていた[122]。しかし、昭和40年代に入ると、下級審裁判例において大きな対立が生ずることになる。その嚆矢となったのが、鳥取地裁昭和42年決定[123]である。本決定は、一般的指定の処分

120）　毛利与一「奇形の定着―新刑訴の四半世紀―」自正24巻２号2、6頁は、「面会切符制は秘密交通権を葬り去るためのそれなりの知恵である。指定権の乱用は当該検察官の力だけでやって行けるものではない。集団的な支えが必要である。その支えが切符制である」と述べ、「刑訴骨抜きの典例として珍重すべき資料である」と批判する。

121）　下村幸雄「被疑者の接見交通権の制限」『司法研修所創立十五周年記念論文集・下巻』353、360頁（司法研修所、1963年）、佐伯千仭「消えてゆく秘密交通権／接見指定の問題」佐伯千仭編著『生きている刑事訴訟法』19、25頁（日本評論社、1965年）、田宮（前掲注67）408頁。

122）　岐阜地決昭38・６・１下刑５巻５＝６号635頁、京都地決昭33・２・21一審刑集１巻２号327頁。当時の裁判実務に対する批判的見解として、青木英五郎・下村幸雄・判評63号48、49頁。

性、被疑者と弁護人の権利に対する法的制約性を肯定した上で、このような制約は刑事訴訟法39条等の趣旨に照らして違法であると判断した（被疑者側の準抗告を認容し、一般的指定処分を取り消した）。また、富山地裁高岡支部昭和43年決定[124]が一般的指定による運用は、刑事訴訟法が接見交通権の保障を原則とするものであるのに対して「原則と例外を逆にするもの」として違法であると判示するなど、以後多くの下級審裁判例で一般的指定方式を違法と判断する事例が続いた[125]。

しかし、下級審裁判例では、なおも、前記のように一般的指定の処分性を肯定しこれを違法であると評価する見解に反対する見解も少なからず見られた。例えば、東京地裁昭和43年決定[126]は、従前同様に、一般的指定方式の処分性を否定し、これは捜査機関と留置担当者との内部的連絡行為であるとの理由で適法とした[127]。また、神戸地裁昭和46年決定[128]は、弁護人が接見のため検察庁に出向いて交付を受けなければならないという点も、「通常の弁護活動に伴う当然の負担」であるとして、やはり一般的指定方式を適法としている。

昭和50年代に入ってからも下級審裁判例の見解が分かれていたが[129]、この頃から、一般的指定書によって生ずる状況を個別具体的に検討する傾向が

123）　鳥取地決昭42・3・7下刑9巻3号375頁。

124）　富山地高岡支決昭43・6・1判時521号90頁。

125）　東京地決昭43・7・4判時529号82頁、東京地決昭43・7・4判時529号84頁、東京地決昭43・7・5判時529号85頁、東京地決昭43・7・22判時529号87頁、東京地決昭43・8・5判時529号89頁、東京地決昭43・8・5判時529号89頁、東京地決昭47・5・24判タ283号251頁、高知地決昭43・1・26判タ218号96頁、東京地決昭43・7・4判時529号86頁、東京地決昭43・7・29判時529号87頁、東京地決昭43・7・30判時529号88頁、東京地決昭43・8・4判時529号89頁、広島地福山支決昭44・3・4刑月1巻3号335頁、松江地決昭44・6・18刑月1巻6号718頁、福岡地決昭44・6・25刑月1巻6号722頁、東京地決昭45・4・17判時595号102頁、名古屋地決昭45・6・29判時615号103頁、札幌地決昭46・4・19刑月3巻4号615頁、岡山地決昭46・7・1刑月3巻7号1039頁、京都地決昭47・7・7判タ288号388頁、福岡地決昭47・11・20判タ289号326頁、高知地決昭47・12・15判タ289号327頁、函館地決昭48・4・19刑月5巻4号870頁。

126）　東京地決昭43・7・5判時529号85頁。

127）　同旨の裁判例として、東京地決昭43・7・8判時529号86頁、東京地決昭43・8・2判時529号88頁、広島地決昭47・2・26判時668号98頁がある。

128）　神戸地決昭46・7・6判時639号112頁。

見られるようになった。例えば、神戸地裁昭和50年判決[130]は、結論において一般的指定処分の違法性を認めた上で、当該処分が「弁護人等に対する提案程度のものにすぎない」ような場合には許されると判示している。

（２）　通知書方式

（ｉ）その後、捜査実務において方式が改められ、「通知書方式」が採られるようになった。これは、従来の一般的指定方式とは異なり、検察官が具体的事件ごとに刑事施設の長のみに宛てて、又は一般的に都道府県警察本部に宛てて（例えば、接見禁止決定が下された事件を対象とするなど）「被疑者と弁護人又は弁護人を選任することができる者の依頼により弁護人となろうとする者との接見又は書類若しくは物の授受に関し、捜査のため必要があるときは、その日時、場所及び時間を指定することがあるので通知する」という内容の書面を交付しておき、弁護人からの面会申出があった場合に、なおも接見指定の機会を確保しておくというものである。法的根拠として、事件事務規程28条が1987年12月に改正され、従来一般的指定方式に際して用いられてきた様式48号が廃止されたことによる。

このような通知書方式について、下級審裁判例では、当該通知書の発出自体について処分性を否定し、これを適法とする見解が相次いだ[131]。これらは、当該通知書は外部的効力を持たない「内部的事務連絡文書」にすぎないとの理解によるものである[132]。

もっとも、通知書方式の処分性が否定されるとしても、これによって留置担当者が指定権者に問い合わせを行う間弁護人は待機させられ直ちに接見が実現されないという意味では、通知書方式も一般的指定方式と同様に接見交通権の原則性を脅かすものではないかが問題となる。この点について、下級審裁判例では、「合理的な範囲内である限り、いわば事務処理のための所要

129)　違法説として、富山地判昭54・９・28判時958号99頁、神戸地決昭56・７・31判時1019号143頁、秋田地決昭58・８・12判タ527号161頁。適法説として、東京地決昭58・10・５判タ527号162頁。

130)　神戸地判昭50・５・30判時789号74頁。

131)　東京地決昭55・２・27判時1019号140頁、京都地決昭56・３・12判時1019号142頁、京都地判昭59・５・11判タ532号199頁。

132)　これに対して、福島地郡山支決昭62・12・10判タ665号235頁は、通知書方式も一般的指定処分と同じく処分性を持つものであり、違法としている。

時間」であるとの理解から[133]、いわば接見交通権に内在するものであるとして適法とする見解が支配的である。ただし、この見解を前提にしても、例えば弁護人が通知書方式により接見の申出から約28分間待機させられた事案で、「接見の申出に対しては直ちにこれに認めるべき情況にあ〔る〕……場合には直ちに接見させるよう予め包括的に指示しておくか、代用監獄の担当者に対して直ちに連絡させ短時間内に接見させるような態勢に置く等常に弁護人の接見交通権を実質的に侵害することのないような措置」を講じておかなければならないとして、当該措置が怠られた場合には違法とされた事案も見られる[134]。

この問題について、最高裁は、平成３年（５月31日）判決[135]において、通知書方式によって生ずる弁護人の待機時間も「合理的な範囲内」にとどまる限りは適法な措置であるとの見解を示し、最高裁平成16年判決[136]でも支持されている。確かに、通常の留置業務に伴って弁護人の待機時間が「合理的範囲内」であれば、これを違法と解することはできないが、この基準自体の曖昧性は否定できない。それゆえ、「検察官は、右のような接見申出に備え、留置係員との連絡態勢を整え、その連絡を受けた時は、これに対応できる態勢を整えておく等の措置を講じ、これに速やかに対処すべき義務がある」[137]との指摘は重要である。

（ⅱ）他方、このような通知書方式は、弁護人が速やかな接見を希望する場合には事前に検察官より「具体的指定」を受け、当該書面を持参して刑事施設へ赴くことを求めるという効果が生ずるため、やはり接見指定の原則性の観点から問題が生ずる。この問題について、下級審裁判例では見解が分かれている。すなわち、違法説は、「対等な立場にある検察官と弁護人等との間で、しかも、弁護人等の接見交通の自由を例外的に制約する場面におい

133)　東京地決昭55・２・27判時1019号140頁。京都地決昭56・３・12判時1019号142頁、札幌地判昭63・６・23判時1283号32頁も同旨。

134)　京都地決昭56・３・12判時1019号142頁。名古屋地判平４・５・29判時1438号94頁も、結論において同旨。

135)　最判平３・５・31判時1390号33頁。

136)　最判平16・９・７判時1878号88頁。

137)　名古屋地判平４・５・29判時1438号94頁。

て、法律上根拠のない義務を弁護人等に課するもの」との理由から[138]、適法説は、「この程度の負担は制度の趣旨に照らし受忍すべき範囲内に属するもの」との理由から[139]、それぞれの結論が根拠付けられている。

この問題について、最高裁は、平成３年（５月10日）判決[140]において、「捜査機関が右日時等を指定する際いかなる方法を採るかは、その合理的裁量にゆだねられているものと解すべきであるから、電話などの口頭による指定をすることはもちろん、弁護人等に対する書面（いわゆる接見指定書）の交付による方法も許される」とした[141]。もっとも、同判決は、検察官において、「〔弁護人〕の希望する接見等の日時等を聴取させるなどして同人との時間調整の必要を判断し、また必要と判断したときでも弁護人等の迅速かつ円滑な接見交通を害しないような方法により接見等の日時等を指定する義務がある」との前提から、「〔弁護人〕と協議する姿勢を示すことなく、ただ一方的に、当時往復に約２時間を要するほど離れている検察庁に接見指定書を取りに来させてほしい旨を伝言して右接見等の日時等を指定しようとせず、かつ、刑訴法39条１項により弁護人等に認められている被疑者に対する物の授受について裁判所の接見禁止決定の解除決定を得ない限り認められないとしたものであるから、同検察官の措置は、その指定の方法等において著しく合理性を欠く違法なもの」であると判示した。他方、最高裁平成12年（２月22日）判決[142]は、「Ａ弁護士の事務所と地検支部との距離及び地検支部と甲警察署との距離はそれぞれ約1,250メートル及び約3,100メートルであり、それぞれの間の所要時間は自動車で10分内外であったことに加え、検察官は、接見指定書の受領に来るのは事務員でも差し支えないとの意向を示したり、第二次準抗告を審理する地裁支部の裁判官から事情聴取を受けた際には、その場でＡ弁護士に接見指定書を交付する旨提案するなどしたというのであるから、接見指定書を受領し、これを甲警察署に持参することがＡ弁護士及

138）　福岡地判昭63・４・27判時1283号124頁、浦和地判平４・３・23判時1440号116頁。
139）　岐阜地決昭60・２・12判時1165号184頁。
140）　最判平３・５・10民集45巻５号919頁。
141）　最判平12・２・22裁判集民192号397頁も同旨。辻本典央「判評」甲法44巻１＝２号159頁。
142）　最判平12・２・22裁判集民192号397頁。

び上告人Sにとって過重な負担となるものであったとまではいえない」として、当該検察官の措置は合理的範囲内にとどまるものであると判示している。

これらの事例を見ると、弁護人自身の負担の程度が重視されているが、接見交通権は弁護人固有の権利であるだけでなく被疑者にとっての手続的基本権であることが看過されてはならない。仮に具体的指定書の持参を要求することが弁護人にとって過剰な負担であるとはいえない場合でも、その要求によって本来保障されるべき接見交通を阻害するような効果が生じ得るような場合には、もはや合理的裁量の範囲内にあるとはいえない[143)]。

（iii）更に、接見開始後に留置係官が通知書事件であることを失念していたこと又は検察官より具体的指定を受けているものと誤解していたことに気付き、接見を中止させるという措置の適法性が問題となっている。この問題についても、下級審裁判例で適法説[144)]と違法説[145)]とで見解が分かれていた。

この問題について、最高裁は、「上告人〔原告〕は、C係長〔留置係官〕が過誤に基づいて接見を開始させたことを知り得、A検察官が接見の日時等を指定すればこれを中止せざるを得なくなることを予想し得たものである」[146)]、「接見を中断させる措置……が接見開始直後にされたものであるなど社会通念上相当と認められるときは、当該措置を採ったことを違法ということはできない」[147)]などとして、いずれの事案でも適法であったと判断している。

（3）小　括

（i）以上のとおり、接見指定の方式に関して、従来の一般的指定方式から通知書方式に改められ、現在でもこのような形で運用されていることが確認された。前掲鳥取地裁昭和42年決定を嚆矢とする多くの下級審裁判例に見られるように、従来の一般的指定方式は、一般的に接見を禁止しておき部分

143）　三井誠「接見交通権問題の現状と今後」法時65巻3号16、18頁。
144）　名古屋地判平3・10・17判時1424号95頁、名古屋高判平7・10・18訟月43巻1号161頁。
145）　名古屋地判平6・7・8判時1524号74頁、京都地判平13・7・12判時1782号99頁。
146）　最判平12・3・21訟月46巻9号3678頁。
147）　最判平16・9・7判時1878号88頁。

的にこれを解除するというものであり、これによって広く捜査の便宜において接見を制限することが可能となることを考えると、憲法及び刑事訴訟法が保障する接見交通権の理念に反するものである。

（ⅱ）もっとも、このような一般的指定方式が現在のような通知書方式に改められたことによって、問題点が全て解消されたといえるのであろうか。ここで改めて一般的指定方式の問題点を確認しておくと、①法が予定する接見交通権とその指定の原則と例外の関係を逆転させるものであること、②接見指定要件である「捜査のため必要があるとき」に該当しない状況において接見指定権限が行使され得ること、③具体的指定書の交付を受けなければ接見できないため指定書を受領し刑事施設へ持参しなければならないという負担を負わせるものであることであった[148)]。このような問題点は、通知書方式に改められたことによってどのように変化したのであろうか。

この点について、前述のとおり、裁判例では、このような通知書は検察官と留置係官との間の内部的事務連絡文書であり、その効果は国家機関内部での指示という効果にとどまるものであるから、被疑者及び弁護人の接見交通に対して作用するものではなく、接見に関する処分には当たらない理解されている。しかし、国家機関の行為が市民にとって処分的性質を持つかどうかは、単に書面の形式によるのではなく、その実質に着目されるべきものである[149)]。

もっとも、通知書方式の処分性が肯定されるとしても、直ちにそれが違法な措置ということにはならない。このような措置が採られることによって接見交通権が制限を受けるとしても、そのような制限が受忍されるべき合理的なものであるとするならば、当該措置はなお許されてよい。このような措置が採られるべきことの合理的根拠として、前掲の裁判例によると、留置係官など接見指定権限を持たない者が接見申出を受けた場合、指定権限を持つ者に右申出に対して接見指定を行うか否かを判断させるために連絡を取り、具体的措置について指示を仰ぐことの必要性が挙げられる。確かに、接見指定

148)　光藤景皎「接見交通権」井戸田侃編『総合研究・被疑者取調べ』651、664頁（日本評論社、1991年）。
149)　最判平12・2・22裁判集民192号397頁の元原裁判官反対意見。

制度が憲法上許容され、接見交通権と国家の刑罰権及び捜査権との合理的調整が求められるとの前提からは、この通知書の効果により指定権者には接見指定の機会が保障されることになり、捜査機関の便宜という観点からは通知書制度が必要である。しかし、通知書が実際に生じさせる効果が従来の一般的指定の場合と同様の「一般的指定書で作り出される一般的禁止状況」を創出するようなものであれば、それは、およそ接見交通権と刑罰権又は捜査権との合理的調整を必要としない場合にまで一般的に制限を加えるものであり、接見指定の機会を保障すべき必要性が疑われるものとなる。つまり、通知書が発せられることにより、具体的指定書を持参しない限り即時の接見は認められず、指定権者との連絡に要する待機時間が常に生ずることにより、これが一般的指定による場合に生じていた「接見封鎖」という状況を生じさせるものと評価できるかが問題となるのである[150]。

この点について、前掲の裁判例によると、待機時間がが合理的範囲内にとどまる限りでなお許されるべきものとされている。このような見解は、「どんな手続も若干の時間は必要」であるとの理解[151]を根拠にする。具体的には、接見申出から28分ないし45分の待機時間が生じた場合でも、例えば休日や早朝の接見申出であったために担当検察官と速やかに連絡が取れなかったというような場合には、なお合理的範囲内にあるとされている。このような理解は、確かに、市民が公的機関よりサービスを受けようとする場合、申請した時点からそのサービスを受けるために必要な限りで合理性を持つ。また、担当検察官は常時の接見申出に備えて留置担当者との連絡体制を整えておく義務を負うという場合[152]、現在の通信事情をも併せ考慮するならば、待機時間もより限定されたものとなるであろう[153]。しかし、接見交通権と通知書方式との関係についての問題は、接見の申出がなされた場合、これを受けた留置係官が指定権者に連絡を取りその指示を仰ぐという手続が、市民が接見交通権の実現というサービスを受けるために必要なものといえるかと

150)　田宮裕『日本の刑事訴追』412頁（有斐閣、1998年）、田宮151頁。
151)　田宮151頁。
152)　名古屋地判平４・５・29判時1438号94頁。
153)　最判平12・３・17裁判集民197号433頁の梶谷裁判官反対意見。

いう点にある。たとえ待機時間は僅かであったとしても、理論的には、常に接見指定権者の判断を先行させて具体的な接見指定をする場合はなおのこと、接見指定しない場合であっても、それは一般的禁止に対する解除と変わるものではなく、これによって接見封鎖の状況が生じていると評価することができる。

このような問題意識から、一部の弁護士実務家より、留置係官の捜査機関からの独立性[154]を前提にして、留置係官は接見の申出を受けた場合通知書に拘束されず独自に接見指定要件を判断すべきである、との見解が主張されている[155]。確かに、接見指定の要件を解釈するに当たり、接見指定を被疑者の身柄の調整手段であるとする見解（限定説）によるならば、指定要件は明確であり、被疑者の身柄を管理する留置係官にも容易に判断できる。しかし、留置係官の独立性を前提とするのであれば、むしろ、留置係官はそもそも捜査機関による接見指定に便宜を図るべき立場にはなく、捜査機関の権限である接見指定要件を独自に判断することはそれ自体そもそも不要である。すなわち、留置係官は、被疑者の身柄が自身の管理下にある場合、留置管理業務との関係で特段の支障がある場合は別として、弁護人からの接見申出を受けた場合には、通常の留置接見業務（接見室の準備や被疑者の出入等）に要する待機時間は別として、直ちに接見を実現させるべきである。このように理解して初めて、現実的にも理論的にも、通知書による接見封鎖という効果を否定することができる。実践的にも、28分ないし45分程度の待機時間は量的に見れば僅かであるが、希望する時間に接見できなければその当日、更には数日間接見がかなわないという事態も想定され、被疑者の防御準備権に重大な制限となることも考えられる。

このような理解からは、接見指定権の行使が現実に不可能になるとの問題も考えられる。しかし、問題の本質は一般的な接見封鎖という状況の発生いかんであり、接見交通権の原則性を併せ考慮するならば、捜査権がこの限り

154)　留置実務研究会『留置業務ガイダンス』（未公刊）。
155)　安藤和平「接見交通権と留置業務」柳沼・若松編『接見交通権の現代的課題』189、199頁（日本評論社、1992年）。最判平12・３・17裁判集民197号433頁の河合裁判官反対意見も、これに同旨である。

で接見交通権に劣後することも致し方ない。また、これによって直ちに通知書の効果が全く否定されるということにもならない。すなわち、現実に捜査権と接見交通権との合理的調整が必要となる場合（例えば、取調べの予定が事前に通知されていた場合）、接見の申出を受けた留置係官は、その旨を指定権者に連絡し、接見指定の有無を確認すべきことは否定できない。また、通知書が発せられている事件では、接見開始後に捜査機関から捜査の準備等の要請があった場合、捜査機関との合理的調整を図るべく捜査の申出を接見中の弁護人に取り次ぐことは認められてよい。ただし、この場合においても、あくまで秘密交通権の趣旨に反しないような方法が要請される156)。要するに、留置係官は、接見業務に際していずれか一方（特に捜査機関側）の便宜を図るべき立場にはなく、いわばインフォメーション・センターとしての中立的な役割を果たすものである。

（iii）ただし、弁護人としては、通知書が発せられている事件では、無用の混乱を避けるために、接見申出に際して事前に具体的指定書を受領しこれを持参することが望ましい。このようないわゆる指定書持参方式について、判例によると、指定の方法は検察官の合理的裁量に委ねられるべきものであり、弁護人に対して具体的指定書の受領持参を要求することも、それが著しく合理性を欠き、円滑かつ迅速な接見交通が害される結果になるような場合以外は許されるべきものとされている。

また、仮に具体的指定書の受領持参要求が合理的裁量の範囲内にあるにもかかわらず、弁護人が頑なにこれを拒否して指定書を持参しないで接見を求めるという場合、結果的に、被疑者の防御にとって不利益が生ずることになる。確かに、弁護人のこのような態度が不適当であるとすると、弁護人固有の権利としての接見交通権が制限を受けることになったとしても致し方がない。しかし、弁護人のこのような瑕疵を直ちに被疑者に帰属させることは問

156)　例えば最判平16・9・7判時1878号88頁（第三次若松事件）における濱田裁判官反対意見は、「いったん弁護人と被疑者とが適法に接見を開始した後においては、留置係官が接見の場所に突然に立ち入ることは、それが接見開始の直後であったとしても、弁護人等と被疑者との秘密交通権を侵害するおそれを生じさせることとなるものであるから、『被疑者が防禦の準備をする権利を不当に制限する』ものといわなければならない」と述べている。

題がある。このような場合、被疑者の防御準備権の保障という観点から、捜査機関は、柔軟な対応が求められる。

3　指定要件

接見指定の要件は、①「捜査のため必要があるとき」及び②被疑者の防御準備権の保障である（刑訴39条３項）。接見指定の要件について、従来、両要件を混合的に考察する見解が支配的であったが、両要件は次元の異なるものであり、各々独立して分析することが妥当である[157]。

（１）　抽象的指定要件（「捜査のため必要があるとき」）

（ｉ）まず、接見指定を行うためには、「捜査のため必要があるとき」に該当することが要件となる。これは、接見指定を行う段階でそもそも捜査状況が接見指定を必要とする場面であることが必要であり、いわば接見指定が行われるべき抽象的要件と位置付けることができる[158]。この「捜査のため必要があるとき」の解釈として、従来、検証や実況見分に同行しているなど事実上被疑者の身柄に支障がある場合に限るという「限定説」と、そのような場合に限らず、例えば弁護人との接見により被疑者から供述を得ることが困難になる又は罪証隠滅の虞があるなど、広く捜査全般の遂行上の支障が予想される場合を含むとする「非限定説」とが対立してきた。

非限定説は、一般的指定方式と密接に結び付くものである[159]。すなわち、捜査機関が被疑者と弁護人の接見において広く捜査全般の必要性、具体的には自白獲得の困難や罪証隠滅の虞を認める場合には、捜査遂行にとっての抽象的な危険を理由に接見指定ができるとする見解である。裁判例でも、従来、一般的指定を肯定する過程で、非限定説の考え方が示されてきた[160]。他方、限定説は、一般的指定制度の違法性を主張する中で示されてきた見解

157）　田宮（前掲注150）420頁、辻本典央「判評」甲法44巻１＝２号147、152頁。
158）　辻本（前掲注157）152頁。
159）　限定説からのそのような批判として、下村（前掲注121）360頁、佐伯（前掲注121）25頁、田宮（前掲注67）408頁、光藤（前掲注148）660頁。
160）　札幌高判昭25・12・15年12月15日高刑特15号188頁。本判決は、裁判例における非限定説の端緒とされている（大コンメンタール１巻〔河上和雄＝河村博〕449頁、中川清明「弁護人と被疑者との接見(1)」平野龍一・松尾浩也編『新実例刑事訴訟法・第１巻』153、160頁（青林書院、1998年））。

である[161]。ただし、限定説の中でも、現に取調べ中の場合に限るとする見解[162]、これに加えて検証及び実況見分に立ち合わせている場合及びそのような処分を行おうとしている場合を含むとする見解[163]などに分かれる。いずれにせよ、限定説の主眼は、接見指定制度は被疑者の身柄を必要とする捜査活動との調整にすぎず、接見指定をそのような具体的必要性の認められる状況に限定しようとするところにある。

更に「準限定説」、「折衷説」、「修正限定説」なども主張されている[164]。このうち準限定説は、限定説を前提に、時間的切迫性と実施の確実性の二要件によって、現行犯と準現行犯の関係に類似させた限定説の一類型と評価し得る見解である[165]。これに対して、折衷説又は修正限定説は、限定性の観点からの制限を否定しつつ、非限定説のような捜査機関の裁量を広く認める方向性に限定を加えようとするものである[166]。

（ⅱ）最高裁は、昭和53年判決[167]において、この問題について初めて判断を下した。これによると、接見指定をなし得るのは、「現に被疑者を取調中であるとか、実況見分、検証等に立ち会わせる必要がある等捜査の中断による支障が顕著な場合」である。もっとも、本判決の理解について、対立がある。学理上、これを限定説に立つものと評価する見解が多数を占めており[168]、本判決は「被疑者の身体を利用することが不可欠な場合」に限定すべきとしたものと考えられている[169]。しかし、最高裁調査官解説[170]が、本

161）　下村（前掲注121）360頁、佐伯（前掲注121）25頁、田宮（前掲注67）408頁、光藤（前掲注148）660頁。

162）　平野105頁、井戸田侃「弁護人の地位・権限」刑事訴訟法講座１巻93、110頁。

163）　下村（前掲注121）360頁。

164）　中川（前掲注160）160頁、法務省刑事局刑事訴訟法研究会編『実務刑事訴訟法』114頁（立花書房、1994年）。

165）　田宮（前掲注150）419頁。

166）　中川（前掲注160）160頁、法務省刑事局刑事訴訟法研究会編（前掲注164）115頁。

167）　最判昭53・７・10民集32巻５号820頁。本判決は、接見申出を受けた捜査官が指定権者である捜査主任の具体的指定を受けるよう求めた行為を違法とした原判決を破棄した。

168）　井戸田侃・百選５版40、42頁。同旨の見解として、岡部泰昌・判評243号174、178頁、佐藤博史・警研50巻９号98、102頁、林修三・時法1033号54、61頁、村重恵一・判タ390号172、173頁、笹川隆太郎・法学47巻４号152、157頁、椎橋隆幸・憲法百選２版230、231頁。

判決が例示する「捜査機関が被疑者の身柄を現に必要としている場合」以外にどのような場合が指定要件に「包含されるかは、必ずしも明らかでな〔い〕」と述べるなど、非限定説を排除したものではないとの評価を許す余地も残すものであった[171]。それゆえ、以後もなお、「事件の難易度、捜査の進行状況、弁護人等の弁護活動の態様等具体的事情をも勘案し、慎重な吟味が必要であ〔る〕」との課題が残された[172]。

その後、最高裁は、平成３年（５月10日）判決[173]において、改めてこの問題に取り組むこととなった。それによると、「捜査の中断による支障が顕著な場合には、捜査機関が、弁護人等の接見等の申出を受けた時に、現に被疑者を取調べ中であるとか、実況見分、検証等に立ち会わせているというような場合だけでなく、間近い時に右取調べ等をする確実な予定があって、弁護人等の必要とする接見等を認めたのでは、右取調べ等が予定どおり開始できなくなるおそれがある場合も含む」というのである。本判決は、昭和53年判決と比べて、「捜査機関が被疑者の身柄を現に必要としている場合」に限らず、そのような捜査の「間近」かつ「確実」な予定がある場合にも接見指定を可能とさせるものであることから、その評価も分かれている。学理上、依然として限定説の範囲内にあるとする見解が有力であったが[174]、なおも非限定説を排斥するものではないとする見解も主張された[175]。また、本判決は新たな枠組みとして「捜査中断の顕著な支障の有無」（捜査中断の顕著な支障説）を基準としつつ、あまりに漠然とした予定を理由とする接見は認めない

169）　笹川（前掲注168）157頁。

170）　時岡泰・最判解民（昭53）267、277頁。

171）　飯田英男「弁護人に対する接見指定の手続」研修363号63、67頁、馬場義宣「被疑者と弁護人の接見指定について」ひろば31巻10号18、24頁、人見信男「弁護人との接見交通」警論33巻７号25、37頁、河上和雄「検察実務からみた接見交通」法時54巻３号16、19頁。

172）　時岡（前掲注170）277頁。

173）　最判平３・５・10民集45巻５号919頁。最判平３・５・31判時1390号33頁も同旨。

174）　高田昭正・法セミ440号127頁、小早川義則・法セミ450号123頁、井上正仁・百選６版40頁。久岡康成・民雑106巻４号490頁は、杉山事件判決により「捜査のため必要があるとき」という文言の解釈という抽象的レベルでの議論は決着がつき、本判決は、そこで示された具体的基準（捜査の中断による支障が顕著な場合）の検討を行ったものであるとする。

175）　佐久間達哉・警論44巻９号142、148頁、馬場義宣・ひろば44巻10号43、47頁。

といういわば「法政策的な限界を設定した」ものと理解する見解[176]、「具体的状況に応じて両者の調整をフレキシブルに図る余地を認めたもの」であり、逆に取調べ中であってもそれを一時中断するなどして設権を認めるべき余地を認めたものと理解する見解[177]、捜査の現在性を要求するのではなく、捜査スケジュールの確定性という要件によって限定するものと理解する見解[178]も主張された。このように、本判決に対する学理の評価は分かれているが、最高裁調査官解説[179]は、本判決が非限定説を採らなかったことは明らかであるとしつつ、昭和53年判決自体に捜査の現在性を必須の要件とするものではないという考え方（準限定説）を認める余地があったものと評価し、間近かつ確実な予定という基準によって限定を加えたものであると説明している。また、調査官解説は、間近かつ確実な取調べ予定があれば常に捜査の中断による支障が顕著な場合に当たるとしたものではなく、接見指定の「要件の存否を判断する際には、単に被疑者の取調状況から形式的に即断することなく、右のような措置が可能かどうかについて十分検討を加える必要があり、その指定権の行使は条理に適ったものでなければならない」とも述べており、捜査のため必要があるときという接見指定要件の解釈に当たっては、捜査の現在性（又は間近かつ確実な予定）を基礎としつつ、実質的な判断が必要であるとの見解を示している。

そして、最高裁は、平成11年大法廷判決[180]において、「『捜査のため必要があるとき』とは、右接見等を認めると取調べの中断等により捜査に顕著な支障が生ずる場合に限られ〔る〕」という従来の基準を踏襲し、「弁護人等から接見等の申出を受けた時に、捜査機関が現に被疑者を取調べ中である場合や実況見分、検証等に立ち会わせている場合、また、間近い時に右取調べ等をする確実な予定があって、弁護人等の申出に沿った接見等を認めたので

176)　渡辺修・伝教133号100頁。
177)　安村勉・百選７版76頁。渥美東洋・判評398号182頁は、限定説は取調べの有無という形式的基準に着目するものであるが、それ自体妥当ではなく、実質的観点からの衡量が必要であると主張する。
178)　大久保忠志・立教法研12号67頁。非限定説の立場から、同様に河上和雄・判タ764号79頁。
179)　佐藤歳二・最判解民（平３）313、325頁。
180)　最大判平11・３・24民集53巻３号514頁。

は、右取調べ等が予定どおり開始できなくなるおそれがある場合などは、原則として右にいう取調べの中断等により捜査に顕著な支障が生ずる場合に当たると解すべきである」と判示した。最高裁調査官解説[181]は、大法廷の右解釈は、「小法廷の各判例において示されていた見解をそのまま踏襲し、それを大法廷として確認されたもの」であり、最高裁は前掲昭和53年判決及び平成３年判決から一貫した見解を示してきたと説明している。本大法廷判決に対しても、学理上の評価が分かれるところであるが[182]、そのような評価の対立は、本判決が取調べの中断「等」と表現しており、この「等」という表現にどのような意味を持たせるかで結論が異なり得ることに起因する[183]。この点について、「『取調べの中断』に準ずるような、被疑者の身柄を必要としている点にも併せて注目すべき」として、「限定説の立場にもう少し幅広く時間調整的な発想を取り入れたゆるやかな考え方」であると分析する見解[184]や、罪証隠滅の虞が（一般的にではなく）具体的に存在する場合に備えて含みを持たせたもの、つまり非限定説の観点も考慮する余地を残すものであると分析する見解[185]が見られた。

（iii）以上のとおり、接見指定要件としての「捜査のため必要があるとき」の解釈をめぐる限定説と非限定説との対立は、最高裁の三度にわたる判断を中心に議論されてきた。ただし、三判例を中心とする議論に当たり念頭に置かれてきたのは、弁護人が警察署に赴き直ちに面会を求めるという事例（直行型）である。ここで、このような議論が、弁護人が時間的に離隔した時点での接見を求めるという事例（事前連絡・予約型）にも妥当するものであるかは問題である。最高裁は、平成12年（２月22日）判決[186]において、このよう

181）　大坪丘・最判解民（平11）250、279頁。

182）　現代刑事法13号、季刊刑事弁護26号などで特集が組まれた。批判的見解として、井戸田侃・民雑122巻６号49頁、山本正樹「接見交通権の保障について――平成11年最高裁大法廷判決を契機に――」近法50巻２＝３号35頁、洲見光男・現刑11号64頁。肯定的見解として、佐藤陽一・判タ1065号136頁、大野重國・警論52巻６号44頁。

183）　椎橋隆幸他（座談会）〔三井誠発言〕「取調べと接見交通権をめぐる諸問題」現刑13号5、22頁。

184）　椎橋他（前掲注183）〔田中康郎発言〕22頁。

185）　椎橋他（前掲注183）〔椎橋隆幸発言〕23頁。

186）　最判平12・２・22裁判集民192号397頁。

な事前連絡・予約型の事例について判断を求められた。同判決は、前掲平成11年大法廷判決を引用し、具体的事例の判断に当たって直行型と特に区別することなく指定要件の存在を認めた。

本最高裁判決に対して、時間的接着性要件（つまり〔準〕限定説）を維持しつつ、その判断基準時を、弁護人が接見を申し出た時点ではなく、実際に接見を希望する時点に置いたものと分析する見解が見られる[187]。しかし、そのような理解は、限定説の本質に適合しないように思われる。限定説は、弁護人が希望するとおりの接見を認めた場合に生ずる捜査（現在している場合及びそれに準じる間近かつ確実な予定がある場合）の「中断」という要素に着目し、それによって生ずる捜査に顕著な支障の回避の必要性を接見指定要件として肯定するものであるが[188]、論者の述べるとおり時間的現在性・接着性の基準時を接見申出の時点から切り離すとすると、それは中断の要素を不要とするものとなり、もはや限定説の観点を捨てるものといわざるを得ない。これに対して、学理上、限定説とは一線を画したものと評価し、例えば、最高裁判例の基準を「『捜査の顕著な支障』があれば同条の指定要件である捜査の必要を認める」もの（捜査の顕著な支障説）と理解した上で、「時間的には『間近』とはいいがたいとしても身体を利用する捜査の予定が確実な場合、指定要件を認める」ものであって、「この結果、被疑者取調べスケジュールを重視した接見指定が是認される」ことになるとの評価も見られる[189]。

（vi）以上から、改めて一連の最高裁判例を見直すと、次のことが確認される。すなわち、接見指定要件が認められる場合として、前掲昭和53年判決及び平成3年判決では「捜査の中断による支障が顕著な場合」であるとされているのに対し、平成11年大法廷判決では「取調べの中断等により捜査に顕著な支障が生ずる場合」という表現に改められ、これが事前連絡・予約型の事例にも引き継がれている。そして、前者については、これを限定説（又は準限定説）の立場から理解する見解が有力であったが、後者に至ると、特に

187）　田邊哲夫・警論53巻7号190頁。
188）　酒井安行「接見指定行為の構造と最高裁判例」『光藤景皎先生古稀祝賀論文集・上巻』251、257頁（成文堂、2001年）。
189）　渡辺（前掲注115）25頁。酒井（前掲注188）258頁は、これを「捜査スケジュール説」と呼ぶ。

事前連絡・予約型に関する議論を見る限り、(準) 限定説の考え方を一貫させるには問題があるとする見解が有力となっている。そこで、最高裁は、前者と後者との間で見解を改めるに至ったのかという点が問題となる。

確かに、平成11年判決は大法廷によって下されたものであり、判決文の形式的指摘は別として、実質的に判例変更したものと理解することも可能である (裁所10条但書３号)。しかし、平成11年判決では、昭和53年判決及び平成３年判決が参照判例として掲記されている点から見ても、従来の見解が踏襲されたものと考えるべきである。すなわち、刑事訴訟法39条３項本文にいう「捜査のため必要があるとき」とは、希望どおりの接見を認めると捜査に顕著な支障が生ずるという場合であり、このような基準は、杉山事件判決以来、最高裁の見解として一貫しているのである。つまり、最高裁は、接見交通権を憲法の保障に由来する被疑者の手続的基本権であり、かつ弁護人にとっても固有の権利であるということを前提に、かかる重要な権利を制限するためには、そもそもそれだけの必要性が存在していなければならず、それは単なる抽象的・一般的な支障ではなく、顕著な支障という、刑罰権又は捜査権という公的利益に対する相当程度具体的かつ切迫した危険が存在することが必要であり、刑事訴訟法39条３項の解釈としてそのような場合に限定すべきことを一貫して判示してきたのである。そして、直行型の事例においては、捜査に顕著な支障が生ずる具体例として接見による捜査の中断という要素を例示しつつ、事前連絡・予約型の事例においても、スケジュールの変更を余儀なくされることで直行型の場合の中断に匹敵する程度の支障が生ずる場合には接見指定要件を認めるものしたのである。すなわち、捜査の中断性の要素は、直行型の事例においてのみに妥当し、それ自体が絶対的条件というのではなく、捜査の顕著な支障を徴表するいわば間接事実でしかないのであって、事前連絡・予約型の事例においては、異なる観点からの検討を要すると理解されるべきものである。

このような理解は、「捜査のため必要があるとき」という文言の文理解釈として無理のあるものではなく、実質的にも、接見交通権を制約するだけの必要性として相当程度限定的に対立利益を捉えるものである。また、このような理解を前提にしても、接見指定は被疑者の防御準備権を不当に制限するものであってはならないのであるから（刑訴39条３項但書）、捜査に顕著な支障が生ずる場合常に接見指定が可能であるとされるものでもない。つまり、接見指定を行うためには、抽象的レベルで、そもそも捜査に顕著な支障が発生するだけの切迫した状況があることが前提であり、かつ、具体的指定によっても被疑者の防御準備権が十分保障されるという場合に限って接見指定が可能になるのである。

従来の議論は、接見交通権と刑罰権又は捜査権との調整という問題であるとしつつ、「捜査のため必要があるとき」という文言の解釈として論じられてきたために、硬直的なものであったことは否定できない。また、そのような対立軸においては、自ずと、捜査の現在性又は間近かつ確実な予定といういわば捜査側の事情に引きずられた形で検討が行われることとなり、逆に、例えば取調べ中であれば容易に接見指定が認められるという結果になってしまっていた。その原因は、前述のとおり[190]、最高裁判例が一貫して刑事訴訟法39条３項の本文と但書を分析するという方法によらず、両要素を一元的に考察するという方法を採ったことによる。そのような一元的な視点からは、平成11年大法廷判決で示された対立利益の合理的調整が十分果されるかは疑問である。刑事訴訟法39条３項の構造を見る限り、但書の意義を十分考慮し、本文との関係を正しく理解することで初めて立法者が予定する本来の形での合理的調整が果されるであろう。

（２）　具体的指定要件

（ｉ）接見指定は、捜査のため必要があるとき、つまり最高裁判例によると捜査に顕著な支障が生ずる場合であることが要件となるが（刑訴39条３項本文）、その指定を行うときも、それによって被疑者の防御準備権を不当に制限するものであってはならない（刑訴39条３項但書）。この二つの要件の関係について、前述のとおり、判例は一元的に捉えており、学理もそれに応じた形で議論が推移してきた。

しかし、そのような一元的な考察は、接見指定の可否という問題に固定され、柔軟な解決を阻んできたように思われる。希望どおりの接見が行われた

190）　田宮（前掲注150）421頁。

のでは捜査にとって顕著な支障が避けられないという場合、接見指定は可能となるが、その際にどのような方式・内容でその接見指定が行われるべきであるかは、限定説と非限定説の対立から解答が導かれるものではない。やはり、接見指定の可否とその具体的指定内容の当否とは、明確に区別して考察されなければならない。

（ii）最高裁は、平成12年（６月13日）判決[191]において、捜査に顕著な支障と防御に顕著な支障とが対立する場面における接見指定内容の適法性という問題に取り組むこととなった。本件は、警察官が弁護人になろうとする者からの逮捕直後の初回の接見申出に対して、速やかに接見時間を指定することなく、かつ最終的には翌朝の時間を指定したという事案である。原審は、これを適法な処分であったとしたが、最高裁は、これを違法と断じた。それによると、「逮捕直後の初回の接見は、身体を拘束された被疑者にとっては、弁護人の選任を目的とし、かつ、今後捜査機関の取調べを受けるに当たっての助言を得るための最初の機会であって、直ちに弁護人に依頼する権利を与えられなければ抑留又は拘禁されないとする憲法上の保障の出発点を成すものであるから、これを速やかに行うことが被疑者の防御の準備のために特に重要」であり、「接見の申出を受けた捜査機関としては、前記の接見指定の要件が具備された場合でも、その指定に当たっては、弁護人となろうとする者と協議して、即時又は近接した時点での接見を認めても接見の時間を指定すれば捜査に顕著な支障が生じるのを避けることが可能かどうかを検討し、これが可能なときは、留置施設の管理運営上支障があるなど特段の事情のない限り、犯罪事実の要旨の告知等被疑者の引致後直ちに行うべきものとされている手続及びそれに引き続く指紋採取、写真撮影等所要の手続を終えた後において、たとい比較的短時間であっても、時間を指定した上で即時又は近接した時点での接見を認めるようにすべき」であるから、本件のように接見指定によって捜査に顕著な支障の発生を避けることが可能である場合に、「被疑者の取調べを理由として右時点での接見を拒否するような指定をし、被疑者と弁護人となろうとする者との初回の接見の機会を遅らせることは、

191）　最判平12・６・13民集54巻５号1635頁。

被疑者が防御の準備をする権利を不当に制限するものといわなければならない」。

最高裁調査官解説[192]によると、本判決は、①初回接見であり、弁護人選任の目的において即時又は近接時点での接見を行う必要性が大きかったこと、②取調べを比較的短時間中断することによって①の目的に応じた合理的時間を確保することができたこと、③即時又は近接時点での接見を認めても、接見時間の指定により捜査への顕著な支障を避けることができたことという事情において、捜査機関に対し、弁護人等と協議の上接見時間を指定して即時又は近接時点で接見させるという「きめ細やかな対応」をすることを要求するものである。

本判決は、学理上、「弁護人又は弁護人となろうとする者と被疑者との初回接見につき、即時接見をほとんど制約できない権利として明快に認めた」ものであるなど[193]、肯定的な評価を受けている。しかし、本判決は「取調べの中断等により捜査に顕著な支障が生じる場合には、原則として接見指定ができるという枠組み自体を変更したものではなく、逮捕直後の初回の接見であれば、およそ即時又は近接した時点での接見を許さなければならないとしたものではない」[194]。そのような判断枠組みにおいては、あくまで捜査に顕著な支障の有無を基準として接見指定が行われ得るのであり、少なくとも「捜査の顕著な支障があっても逮捕直後の初回接見を優先させるべき」と判断したものではない[195]。確かに、「実際問題としては、速やかに30分ほどの接見をさせることがどうしてもできないという事例はごく特殊」であろうが[196]、しかし、被疑者の自供による重要証拠物捜索に当たっての引き当たり捜査の場面などを考えると[197]、接見交通権と接見指定との合理的調整の在り方として依然問題は残される。特に取調べとの関係、例えば「重大事件

---

192)　矢尾渉・最判解民（平12）上巻522、547頁。
193)　笠井治「初回接見交通権の優位性——最高裁平成12年６月13日判決の意義——」現刑18号55、59頁。
194)　矢尾（前掲注192）548頁。同旨、山本和昭・現刑26号90、95頁。
195)　渡辺（前掲注115）29頁。
196)　後藤昭・平12重判178、179頁。
197)　川出敏裕・百選８版78、81頁。

につき、被疑者がまさに真相に迫る供述を始めたときなどは、供述が一段落して調書が作成されるまでは初回接見であっても、接見開始を遅らせる正当化事由がある」[198]といい得るかは、重要な問題である。被疑者側からすれば、そのような場面こそ弁護人の助力を必要とし、接見指定によってその機会を制限することが被疑者の防御準備権の不当な制限にならないのかが問われる[199]。

（iii）このように、最高裁平成12年判決は、具体的接見指定内容を違法とした結論はともかく、その基礎付けの問題点は、接見交通権と捜査権との合理的調整に対する判例の考え方が表されたものである。すなわち、接見交通権と接見指定による捜査権との合理的調整において、決定的な基準は捜査に顕著な支障の回避可能性であり、そのような支障が回避不可能である場合には、たとえ初回接見であったとしても制限が可能とされ得る。そのような理解は、基本的に捜査権を優先させるものである

しかし、このような見解は、39条３項の文理構造に表された、憲法及び刑事訴訟法による利益衡量に反する。憲法は接見交通権の原則的保障を示し、これを受けて、刑事訴訟法はそもそも接見指定を行うことができる場合を捜査に顕著な支障が生ずる場合に限定しつつ、更にそのような支障が生ずる場合であっても、具体的な接見指定が被疑者の防御準備権を不当に制限するものであってはならないとしている。初回接見のような被疑者の防御準備にとって本質的な機会が制限を受けることは、被疑者が弁護人からの援助を受けることなく捜査の客体とされるものであることから、そのような機会の制限はそれ自体で不当であり、仮に捜査に顕著な支障が生ずる場合であっても優先して保障されるべきものである。

例えば平野龍一[200]は、限定説を前提に、「取調中であっても、但書の事由にあたるときは、これを中断して接見させなければならない。この但書の事由にあたる事情があるかどうかは、捜査機関には判断できないから、明らかに理由がないと思われる場合の外は弁護人の主張に従う外はない」と述べて

198）　山本（前掲注194）95頁。
199）　川出（前掲注197）81頁。
200）　平野105頁。

いるが、これは刑事訴訟法の文理に忠実であるというだけでなく、実質的にも憲法が予定する接見交通権と刑罰権又は捜査権との合理的調整として妥当な理解である。被疑者の接見交通権と刑罰権又は捜査権とはおよそ裸の利益衡量に乗せられるものではなく、憲法及び刑事訴訟法上本質的に前者が優遇されるべきものとされている点に留意しなければならない。

この点に関して、渡辺修[201]は、「『刑罰』作用は、捜査、公訴、裁判、刑の執行、処遇と被疑者・被告人の防御、服役者の主体的権利の行使が総合されて実現する国家作用だ。憲法の明文で保障されている市民の人権保障を前提としてのみ刑罰権実現が認められる」と指摘している。この指摘は、要するに、憲法33条は被疑者の身柄を拘束する権能を認めており、仮に取調等捜査権の行使が憲法上認められた国家の権能であるとしても、それは憲法38条１項の黙秘権に加えて、憲法34条で保障される弁護人依頼権が保障されて初めて行使され得るものであって、そのような関係を逆転させて、捜査権行使の必要を接見交通権という権利の制約根拠とすることは背理であるとするものである。これによると、接見指定の適法性に関する基準は、指定が捜査に顕著な支障の発生を回避させるために必要なものであり（刑訴39条３項本文）、かつ、それによって防御に顕著な支障を生じさせるものではないもの（刑訴39条３項但書）ということになる。

4　複数の犯罪が追及される場合の問題

被疑者・被告人が複数の犯罪について追及される場合、接見指定とその理由となる被疑事実との関係が問題となる。この問題は、以下のとおり、被疑者・被告人の身柄拘束の状況に応じて検討する必要がある。

（１）　起訴後勾留が行われているが、余罪について逮捕勾留が行われていない場合

本事例ついての判例として、最高裁昭和41年決定[202]が挙げられる。本決定は、「およそ、公訴の提起後は、余罪について捜査の必要がある場合であ

201）　渡辺（前掲注115）30頁。
202）　最決昭41　7・26刑集20巻６号728頁。同旨の裁判例として、東京地判平11・３・23判タ1001号294頁。

っても、検察官等は、被告事件の弁護人又は弁護人となろうとする者に対し、同〔刑事訴訟法〕39条３項の指定権を行使しえない」として、接見指定は認められないと結論付けた。

接見指定は、「身体の拘束」を前提に、かつ「公訴の提起前に限」られるものであることから、判例の結論は妥当である。

（２）　起訴後勾留に加えて、余罪に関して起訴前勾留が行われている場合

本事例は、勾留の効力を事件単位ごとに考察して勾留の競合を認めることを前提とする問題である。かつては、起訴後接見の自由を優先させるべきであり、起訴前部分についての接見指定の目的は「弁護人の良識」に委ねられるべきものであると理解されていた[203]。

しかし、最高裁昭和55年決定[204]は、起訴前勾留を理由とする接見指定を肯定した。すなわち、起訴後勾留と起訴前勾留との競合を前提に、起訴前勾留の効果として接見指定の制限を伴うというわけである。そして、この理解は、最高裁平成13年決定[205]において、起訴後勾留と起訴前勾留とが競合する事案で、被告事件のみについて選任された弁護人の接見申出に対して起訴前勾留を理由に接見指定できるという形で発展させられた。本決定に対しては、批判的評価[206]も見られるが、接見指定は被疑者の身柄利用の調整であるとの理解を前提に、被告事件の弁護人が起訴前の被疑事件の弁護人を兼ねている場合とそうでない場合とで変わることはないとして支持する見解[207]も有力である。

本件のように接見指定の対象となる被疑事件についてそもそも「弁護人」として選任された者がいない場合になお接見指定を認めるという結論は、接見指定が接見交通権に内在するというよりも、逮捕勾留という身柄拘束の強制処分に付随する権限であることを認めることにつながるものである。接見指定が被告事件の防御にとって支障を与えるものであってはならないという

203）　岐阜地決昭38・５・22判時339号42頁。
204）　最決昭55・４・28刑集34巻３号178頁。
205）　最決平13・２・７裁判集刑280号115頁。
206）　清水真・新報108巻７＝８号237、245頁。
207）　大澤裕・平成13年重判190頁。大澤は、被告人の防御準備権が被疑者のそれよりも一層厳格なものとして理解されるべきことによる調整の問題であるとする。

観点からの限定が働くとしても、この事案で接見指定を認めることは、接見指定制度を被疑者の身柄調整の手段というよりも、捜査全般の必要性を考慮するものと理解する見解に近づくものではないかと思われる。この点で、刑事訴訟法は起訴後接見に関して接見指定を認めず、接見が濫用される虞については弁護人の良心に委ねられている[208]ことを考えると、この事案での接見指定は否定されるべきである。

Ⅳ．戒護及び施設管理上の理由による接見制限

接見交通は、被疑者・被告人の逃亡、罪証隠滅、戒護上の支障の防止を目的とする法令（刑事収容118条参照）等の規定に基づく制限を受けることもある（刑訴39条２項）。

1　面会接見

被疑者・被告人との接見は、「仕切り室」（刑事施設及び被収容者の処遇に関する規則70条２項。旧監獄法施行規則126条１項では「接見所」と表現されていた）において行うこととされている。弁護人と被疑者・被告人との接見は秘密性が保障されているが（刑訴39条１項）、刑事施設の長は規律及び秩序の維持その他管理運営上必要な制限をすることができるとされ（刑事収容118条４項）、これに基づいて、仕切り室は遮蔽板等によって物品の授受及び逃走の虞がないような装置が施されるべきこととされている[209]。

弁護人が被疑者・被告人との接見を申し出た場所に仕切り室が設置されていなかった場合、そのような面会のための場所がないことを理由に接見を拒否できるか。この問題について、最高裁は、平成17年判決[210]において初めて検討することとなった。本件は、被疑者が取調べのため検察庁舎内で待機中に弁護人が同検察庁舎を訪れて接見を申し出たところ、検察官が庁舎内に

208）　岐阜地決昭38・５・22判時339号42頁。
209）　昭和３年司法省行政局通牒行甲978号「刑務所建築準則内規制定ノ件」79条、小野清一郎・朝倉京一『ポケット注釈全書監獄法』344頁（有斐閣、改訂版、1970年）。
210）　最判平17・４・19民集59巻３号563頁。

接見室がないことを理由に弁護人の申出を拒否し、接見させなかったという事案である。第一審[211]及び控訴審[212]は、検察官の接見拒否の措置を違法としたが、最高裁は、接見室がないことを理由とする検察官の措置を違法ではないとした。もっとも、最高裁は、「検察官が上記の設備のある部屋等が存在しないことを理由として接見の申出を拒否したにもかかわらず、弁護人等がなお検察庁の庁舎内における即時の接見を求め、即時に接見をする必要性が認められる場合には、検察官は、例えば立会人の居る部屋での短時間の「接見」などのように、いわゆる秘密交通権が十分に保障されないような態様の短時間の「接見」（以下、便宜「面会接見」という。）であってもよいかどうかという点につき、弁護人等の意向を確かめ、弁護人等がそのような面会接見であっても差し支えないとの意向を示したときは、面会接見ができるように特別の配慮をすべき義務がある」として、本件のように「検察官が、上記のような即時に接見をする必要性の認められる接見の申出に対し、上記のような特別の配慮をすることを怠り、何らの措置を執らなかったときは、検察官の当該不作為は違法になる」と結論付けた（ただし、このような配慮義務に違反したことについて過失がないとして、国賠請求は棄却された）。最高裁は、本判決により、「面会接見」という新たな接見類型を設定し、接見交通のできる限りの実現に向けた国側の義務について論定したものであり、「被疑者と弁護人の接見について新しい判断をしたもので、刑事訴訟実務にも大きな影響がある」ものとされている[213]。

本判決に対して、学理上、「面会接見」という新たな接見の類型が認められたことは、接見交通権を画一的に見るのではなく、当事者の各々の場面における要請に則した判断をしようとするものであり、できる限り当事者の要請に応える義務を検察官に課したことで接見交通権との合理的調整が図られることとなる[214]、との肯定的な評価が見られる一方で、面会接見の類型により、理論的には従来許可されていなかった場合にまで接見を認めようとす

211）　広島地判平７・11・13判時1586号110頁。
212）　広島高判平11・11・17民集59巻３号641頁。
213）　森義之・ジュリ1302号151頁。
214）　川出敏裕・刑ジャ１号165、168頁。

るものであるが、本来通常の接見が認められるべき場合でも面会接見しか許されないという運用がなされる虞がある[215]、との慎重な評価も見られる。

本判決の評価に当たり、①接見拒否の法的根拠及び実質的根拠、②「面会接見」の持つ意義及び接見交通実現に向けた国家機関の配慮義務という点が重要である。

①の点に関しては、罪証隠滅防止又は戒護上の理由による接見の制限（刑訴39条2項、刑事収容118条4項）は、39条3項による制限の場合と同様に、憲法の保障に由来するという接見交通権との合理的調整として妥当なものでなければならない。罪証隠滅及び施設管理上の虞はそもそも被疑者の身柄拘束において常に前提となるものであり、単なる抽象的な危険で足りるとするならばおよそ接見交通は認められないことになるから、接見を制限する上でのそのような危険は、具体的事例において具体的かつ現実的なものでなければならない。接見交通権を制限する根拠としてこのような現実かつ具体的な危険が要求されるとすると、弁護人接見の場合にそもそもそのような危険が生ずるといえるかが問題となる。この問題は、弁護人の刑事手続における法的位置付けとも関係するが、弁護人は、弁護士として個人の基本的人権の擁護だけでなく社会正義の実現も義務付けられ、その使命に基づいて誠実に職務を行い、社会秩序の維持及び法律制度の改善に努力すべきことを義務付けられ（弁護士1条）、いわば公的利益にも配慮すべき地位にあるものとの前提からすると（第2、3章）、戒護及び施設管理上の危険は弁護人接見においては生じないとの推定が働くものというべきである。

②の点に関しては、前述のような弁護人接見の特殊な状況を考慮しつつ、従来接見が許されなかった場面でもこのような形式で接見を実現させようとするものであれば評価できる[216]。今後は、面会接見においていかなる立場の者が立ち会うべきかが問題となる。この点について、当該被疑事件の検察官が立ち会ったという事例について既に国賠請求が提起されていると報告されているが、押送担当の警察官等、捜査機関とは独立した立場の者に担当さ

215)　榎本雅記・名城55巻3号93、102頁。
216)　大迫唯志・刑弁43号66頁。面会接見に批判的な見解として、渕野貴生・法セミ607号124頁。

せるべきである[217]。もっとも、このような面会接見は、秘密性が保障されるべき接見交通にとってはいわば例外的な措置にすぎず、より本質的には、接見が行われ得る施設においては専用の接見室の設置が要求される。

その上で、本判決の最も重要な意義は、面会接見という接見類型の存在を前提に、国家機関の側に被疑者と弁護人との接見が効果的に行われるよう配慮する義務を課した点にある。すなわち、従来の接見交通権に関する議論は、特に刑事訴訟法39条３項の解釈に見られるように、国家機関と被疑者側との対立という図式で検討されてきたが、本判決は、むしろ国家機関側の後見的な立場からの配慮義務という形で被疑者側との協力を求めたものである。このような観点は、例えばドイツの判例[218]にも見られるところであり、義務の内容も含めて今後の展開が注目される[219]。

2　書類及び信書等の検閲

（１）被疑者・被告人と弁護人との接見は、秘密性が保障されているとはいえ、なお「逃亡、罪証の隠滅又は戒護に支障のある物の授受を防ぐため必要な措置」が施される（刑訴39条２項、刑事収容118条４項）。

この規定に関して、例えば、弁護人は、証拠物品であるビデオテープを視聴しながら被告人と接見することを求めることができるか。この問題に関して、大阪地裁平成16年判決[220]は、「被告人等と弁護人とが直接面会して被告事件等に関する口頭での打合せを行うことと証拠書類等を見せるなど口頭での打合せに付随する行為とは密接不可分である以上、刑訴法39条１項の「接

217）　定者吉人「接見国賠訴訟」法セミ615号14、16頁。
218）　BGHSt 42, 15.
219）　中井隆司・警論58巻８号73、88頁によると、このような配慮義務は、従来、接見指定に際して接見交通権との合理的調整として刑事訴訟法39条から導かれてきたが、本件のような接見交通に対する制限という場面では、その根拠をいかに求めるかの検討が必要であるという。もっとも、本文で述べたとおり、合理的調整はこのような場面でも要求されるのであり、接見指定の場合と同様、憲法34条及び刑事訴訟法39条から導かれるべき義務であると思われる。村岡啓一・判評565号28、32頁も同旨。
220）　大阪地判平16・３・９判時1858号79頁。本件の詳細については、後藤国賠訴訟弁護団編『ビデオ再生と秘密交通権：後藤国賠訴訟の記録』（現代人文社、2004年）及び同『ビデオ再生と秘密交通権：後藤国賠訴訟の記録控訴審編』（現代人文社、2005年）参照。

見」とは、口頭での打合せに限られるものではなく、口頭での打合せに付随する証拠書類等の提示をも含む打合せと解すべきである」との理解を前提に、「弁護人が被告人等と直接接見するに当たって持ち込もうとしている書類等の事前検査としては、刑訴法39条1項及びそれが由来するところの憲法の保障の趣旨に照らし、罪証隠滅ないし逃走の用に直接供される物品ないし収容施設内の規律ないし秩序を著しく乱す物品の持込みの有無について、外形を視認することによって確認したり、書面又は口頭で質問する程度の検査を実施することは格別……、持ち込まれる書類等の内容にまで及ぶ検査については、秘密接見交通権が保障された趣旨を没却する不合理な制限として許されない」とした。すなわち、本判決によると、刑事訴訟法39条2項の制限は、弁護人と被疑者・被告人との接見における秘密性を害するものであってはならず、例えばビデオテープの視聴に必要な器具の持ち込みも、外形的に見て戒護の支障及び罪証隠滅の虞がない限り、接見交通権保障の範囲内にあるものとして許可されるべきものとなる[221]。

（2）被疑者・被告人と弁護人との接見は、信書の発受によって行われることもある。これに対して、かつては、未決拘禁者が発受する信書は検閲され（監獄法施行規則130条）、そこで得られた情報は記録され（同137条、139条）、在監者が閲読した後は領置されることになっていた（刑事施設ニ於ケル刑事被告人ノ収容等ニ関スル法律49条）。

この旧制度に関して、大阪地裁平成12年判決[222]において、弁護人と拘置所に勾留されていた被疑者・被告人との間の信書が開披され又は未封緘のままでその内容が確認されてその要旨が記録化された上、検察官からの照会に対して右信書の発受状況（信書の内容の要旨を含む）が回答されたこと、及び、検察官が右回答書を裁判所に対する接見禁止の申立ての資料及び検面調書の

221）　葛野尋之『刑事司法改革と刑事弁護』213頁（現代人文社、2016年）は、「接見」のための器具の使用が可能であるとしつつ、携帯電話機など接見交通権の保障外にある物品の持込みも、それを用いた第三者との会話が防御準備に必要な限りで禁止されず、ただ、不要・不当な会話が行われる虞については、弁護人の高度の専門的能力と職業倫理に基づいてコントロールされることが期待されると述べる。

222）　大阪地判平12・5・25判時1754号102頁。本件の詳細については、高見・岡本国賠訴訟弁護団編『秘密交通権の確立／高見・岡本国賠訴訟の記録』（現代人文社、2001年）参照。

特信性を立証するための資料として使用したことの適法性が争われた。大阪地裁は、「信書の内容をできる限り捜査機関、訴追機関及び収容施設側に秘密にすることを保障するのが刑訴法39条1項の趣旨であることからすると、収容施設における信書の内容の閲読は、あくまで右の限度〔外形上の検査〕で認められるもので、それ以上の内容の情査は許されないというべきである。更に、右の信書の内容を収容施設において記録化することまで同項が許容しているとは考えられない。なぜなら、信書の開披等をしてその内容を閲読して弁護人宛のものあるいは弁護人からのものであることが判明した以上、前記の秘密保護の要請から、それ以上に信書の内容に収容施設側が立ち入ってはならないと解すべきであるからである」として、本件に関係する諸規定の右判示に基づく限定解釈の必要を指摘した上で、本件拘置所長及び検察官の措置を違法と結論付けた。本判決に対して、学理上、書類・物の授受も口頭による場合と同じく弁護人と被疑者・被告人とのコミュニケーションとして重要であり、それに対する制限の可否についてパラレルに検討した点を評価する見解が見られるが[223]、他方で、信書を封緘したままで授受を認めるための法的措置が欠如しているため、刑事訴訟法39条1項は弁護人と被疑者・被告人との信書を開披しないことまで求めていないと判示する点について、今後の立法の必要性を主張する見解も見られた[224]。

現行法は、この点に関して、未決拘禁者が発受する信書は検査を受けるが（刑事収容135条1項）、弁護人等から発せられた信書はこれに該当することを確認するため必要な検査に限られる（刑事収容135条2項1号）としている。この点は、未決拘禁者と弁護人等との秘密交通権の保障に配慮されたことに加えて、「弁護人等がその発する信書に不適切な記述をすることは、通常、想定されないことを踏まえたもの」と説明されている[225]。このような理解は、弁護人を公的利益にも配慮すべき司法機関と位置付ける見解になじむものである。ただし、被疑者・被告人等から弁護人に宛てて発せられる信書は、依然として開被及び検閲を伴う検査の対象とされる。この点は、当該信書が弁

223)　宇藤崇・法教244号108頁。
224)　岡田悦典・平13重判192頁。
225)　林眞琴他『逐条解説刑事収容施設法』688頁（有斐閣、改訂版、2013年）。

護人から第三者に交付されるなどして転々流通することが考慮されたものとされているが[226]、司法機関説を前提にすると、信書の発受によるこの取扱いの違いは疑問である[227]。

3　執務時間外の接見

被疑者・被告人との接見は、「刑事施設の執務時間内」で行われるべきものとされている（刑訴39条2項、刑事収容118条1項）。この規定に関して、例えば弁護人が接見を申し出た時点で既に留置施設の執務時間外であった場合、そのことを理由に右接見を拒否することができるか。

この問題に関して、一般的には、「接見交通権の憲法上の地位からすると、執務時間終了後の接見拒否が合憲性を有するというためには、右の接見が慎重かつ厳重な戒護体制に支障をきたすおそれがあるというのみでは足らず、現実的かつ具体的な支障があることを要する」[228]とされており、あくまで接見交通の原則性が前提とされている。例えば弁護人が被疑者の逮捕直後の深夜に接見を求めて警察署を訪れたという場合でも、当該執務時間外の接見要求に応じることが施設の戒護保安体制に現実的、具体的な支障を生じさせる虞が認められ、かつ、そのような執務時間外の接見を必要とさせる防御上の緊急性等も認められない場合に限り、最も近接する執務時間内に接見させるなどの措置を講じる限りで、執務時間外であることを理由とする接見拒否が適法とされることとなる[229]。

その後、法改正により、弁護人接見の場合も「執務時間内」とすることを原則とするが、「刑事施設の管理運営上支障」がない限り、執務時間外での接見も許すものとされている（刑事収容118条3項）。具体的には、①弁護人等

226）　林他（前掲注225）688頁。

227）　この点、ドイツ法によると、被疑者・被告人と弁護人間の信書に対する差押免除特権（ド刑訴97条2項1文）は、その規定文言を超えて、秘密交通権の保障（ド刑訴148条）の趣旨から被疑者・被告人自身がそれを所持している場合にも及ぶとされている（BGH NJW 1973, 2035）。これを敷衍するならば、被拘禁中の被疑者・被告人から弁護人に宛てられた信書は、外形上そのような信書であると認められる限り、開封による内容の検査は禁じられるというべきである。

228）　神戸地判昭50・5・30判時789号74頁。

229）　福岡高判昭63・4・12判時1288号89頁、最判平12・2・22裁判集民192号397頁。

からの事前予約を条件とし、②被疑者の場合には、平日夜間、土曜午前には面会が許され、初回面会に関してはそれ以外の時間帯でも許される、③被告人の場合には、公判期日又は上訴期限が５日以内に迫っているときは夜間に、２週間以内に迫っているときには土曜午前に面会が許される、④弁護人等が遠隔地から来訪するなどの事情があるときは、夜間・休日の執務時間内に面会が許される[230)]。

4　食事時間中の接見

被勾留者にも、当然ながら食事が与えられる（刑事収容40条１項２号）。もっとも、食事を配給する事務には多くの職員を必要とすることから、刑事施設の長はその時間帯を定めることができる（刑事収容38条１号）。具体的には、昼食は11時から13時、夕食は16時から19時までの間に定められる（刑事施設及び被収容者の処遇に関する規則12条１項１号）。この食事時間帯に弁護人が接見を求めて訪れた場合、食事時間帯であることを理由に接見申出を拒絶できるか。

最高裁は、平成12年（２月24日）判決[231)]において、この問題に取り組んだ。それによると、「身柄拘束中の被疑者にとって食事及びその前後の休息の時間が重要であること」などに鑑みて、食事時間帯の接見申出に対してその翌日に接見指定した措置を適法とした。もっとも、本判決について、遠藤裁判官は、食事給与による被疑者自身の健康保持等の利益は肯定されるとしつつ、「被疑者にとって、それを上回る利益ないし必要性、切実性が認められる場合には、昼食時間帯の確保の利益を自ら放棄することは決して許されないことではない。現に身柄を拘束されている被疑者にとってみれば、特段の事情が存しない限り、弁護人等との接見は、何ものにも代え難い切実な要請事項というべきものであり、その利益及び必要性等は、昼食時間等の確保の利益よりはるかに高いものとみてよい」と述べて、「被疑者の利益確保を理由として昼食時間帯における接見拒否を正当化することは許されない」との

230）　平成19年３月13日付け法務省と日本弁護士連合会の申合せ、林他（前掲注225）605頁。

231）　最判平12・２・24訟月46巻９号3665頁。

反対意見を示している。

ここでの問題は、二つの観点から検討されなければならない。すなわち、第一に、食事時間中の接見が戒護及び施設管理上の危険をもたらすこととの調整という点と、第二に、被疑者・被告人の権利としての接見交通権と食事との調整という点である。第一の観点からは、これまでに検討されてきたことと同じく、弁護人との接見により戒護及び施設管理上の危険をどの程度生じさせるものであるかということから、弁護人の役割等に応じて、接見交通の制限は相当程度限定的に解釈されなければならない。第二の観点からは、前掲遠藤裁判官反対意見が述べるとおり、ここで対立する利益は双方とも被疑者・被告人のものであり、そのいずれを優先させるべきかは基本的に被疑者・被告人自身に委ねられてよい。

V. 小　括

以上のとおり、本章は、接見交通権に関する様々な問題点を裁判例の評価を中心に検討した。そこからは、被疑者・被告人と弁護人との接見交通権が憲法上の保障に由来する「手続的基本権」であることの再確認と、それに対する制限に当たっては、現行諸規定の問題点に鑑みて相当程度限定的に解釈されるべきことの必要性が導かれた。

もとより、諸権利には濫用の虞が内在し、一定の公的利益からする権利の制限は、憲法自体が予定するものである。したがって、個人の権利と公的利益との衝突が生ずる場合には、正に合理的調整が必要となる。しかし、弁護人との接見交通権の制限に関して、そもそもいかなる場合にそのような衝突が生ずるのかは、それ自体が重要な問題である。現行法における合理的調整を目的とした諸規定の解釈・運用に当たっても、弁護人の刑事手続における役割等を十分考慮した検討が必要である。

第12章　国選弁護制度の現状と課題

Ⅰ．総　　説

被疑者・被告人は、刑事手続の全ての段階で「弁護人」を選任することができる（刑訴30条）。もっとも、被疑者・被告人は、その人的及び物的資源の限界から、自身で弁護人を選任できないことも多い。そこで、被疑者・被告人自身が弁護人を選任することができないときは、「国でこれを附する」（憲37条３項２文）こととされている。このようにして、国が被疑者・被告人のために弁護人を選任する制度を、国選弁護制度という。

しばしば、「刑事訴訟法の歴史は、まさに弁護制度拡充の歴史であった」といわれるとおり[232)]、その内容いかんは、刑事訴訟の構築に当たる立法者の考え方を端的に示すものである。現在も、国選弁護制度の在り方は、刑事立法における最重要検討課題の一つである。

本章は、国選弁護制度の在るべき姿を探るために、その制度設計を根拠付けるための理論的考察を行う[233)]。その際、比較法的視点として、近時重要な改正が行われたドイツの動向[234)]を参考とする。

Ⅱ．日本の国選弁護

1　総　　説

刑事被告人は、「資格を有する弁護人」に弁護を依頼することができるが（憲37条３項１文）、「自らこれを依頼することができないとき」は「国でこれ

232)　団藤115頁。*Glaser*（Fn 53), S. 223.

233)　岡田悦典「被疑者弁護と公的弁護制度の将来的課題」刑弁58号101頁以下は、イングランド・ウェールズの動向を参考にして、「実質的な弁護権保障」の充実を提唱する。

234)　丹治初彦編著〔斎藤司〕『保釈――理論と実務』（法律文化社、2013年）38頁以下は、勾留との関係で近時の立法動向にも言及している。

を附する」（憲37条３項２文）。この国選弁護制度は、「弁護人依頼権を実質的たらしめんとする20世紀的発想を示すもの」であり[235]、弁護人依頼権を補充すべく、被告人の「国選弁護人を付してもらう権利」（国選弁護人権）として理解される[236]。

これを受けて、刑事訴訟法は、従来「被告人」が貧困等の事由によって自ら弁護人を選任することができないときは、「その請求」に基づいて、裁判所が被告人のために弁護人を附するものとされてきた（刑訴36条本文）。また、被告人が未成年者であるなど特にその防御に必要と認められるときには、裁判所は、「職権」で弁護人を附することもできる（刑訴37条）。

国選弁護は、憲法上の基本権としては現行憲法で初めて定められたものであるが、刑事訴訟法上はその歴史も古く、既に治罪法（明治13年）では重罪裁判所事件が必要的弁護とされ、弁護人が選任されない場合に備えた「官選弁護制度」が定められていた。官選弁護制度は、旧々刑事訴訟法及び旧刑事訴訟法でも継承され、その対象範囲が徐々に拡張されてきた。現行刑事訴訟法の制定過程では、その第三次案までは、起訴後に限らず勾留中の被疑者についても国選弁護人を付する規定が置かれていたが、最終的に起訴後の被告人に限定された。

21世紀に入り、弁護制度の拡充問題が司法制度改革審議会の議論に上り、2004年には、刑事訴訟法改正及び総合法律支援法の成立により、一定の要件の下で起訴前の被疑者段階にも国選弁護制度が導入されることになった[237]。被疑者国選弁護は、既に2006年及び2009年に拡張され、「死刑又は無期若しくは長期３年を超える懲役若しくは禁錮に当たる事件」で、「被疑者に対して勾留状が発せられている場合」がその対象とされてきた[238]。そして、2016年には、犯罪の軽重による制限が撤廃され、全ての勾留事件（勾留請求段階を含む）が対象とされることとなった（刑訴新37条の２）。

235）　樋口陽一他〔佐藤幸治〕『憲法Ⅱ・第21条～第40条』（青林書院・注解法律学全集、1997年）353頁。
236）　野中俊彦他〔高橋和之〕『憲法Ⅰ・第５版』（有斐閣、2012年）446頁。
237）　辻裕（前掲注69）38頁以下。
238）　我が国の国選弁護制度の歴史について簡潔にまとめたものとして、山口健一「日本における国選弁護制度のあり方について」現代の刑事弁護１巻383頁。

2　被疑者国選弁護拡張論

国選弁護制度の性質及びその対象範囲について、従来、現行憲法の解釈をめぐって争われてきた。

国選弁護制度の性質については、これが市民の権利であるのか、又は国家に対する制度的義務付けであるのかという点で対立がある。これを権利であると解すると、市民の側はその放棄が可能であり、更には請求がない限り、国家に積極的な協力義務まで課すものではないことになる。これを制度的義務付けであるとして、被告人からの請求いかんにかかわらず、弁護人の必要性が認められる限り、国には弁護人を付する義務があるとする理解も在り得るが[239)]、これを権利であると解する見解[240)]が通説となっている。このような理解に基づいて、刑事訴訟法上、被告人の請求を国選弁護人の任命要件とし（刑訴36条）、一定の場合には職権でも付することができるとされた。特に2004年改正では、請求に当たり資力申告書の提出が要件とされたことから（刑訴36条の２）、国の制度的義務付けとする理解はより困難になった。

より実践的で、活発な議論の対象とされてきたのが、国選弁護の対象範囲である[241)]。従来、憲法上の「被告人」の文言をめぐり、これを起訴後に限定して解釈する見解[242)]と、広く被疑者段階にまで及ぶとする見解[243)]とで対立してきた。この対立は、現在でも、憲法解釈としては在り得るが、2004年改正により、刑事訴訟法上は解決された。ただし、制定当初は、事物的には一定程度以上の重大な犯罪に限定されていたことに加えて、時間的には「勾留状が発せられている場合」に限られていた。もっとも、その後、2006年には短期１年以上の合議事件等に、2009年には必要的弁護事件に、そして2016年には全ての勾留事件にまで拡張された。立法論としては、なお、全ての被

239）　高橋（前掲注236）446頁参照。

240）　最大判昭24・11・２刑集３巻11号1737頁、最大判昭24・11・30刑集３巻11号1857頁、最大判昭28・４・１刑集７巻４号713頁、樋口他〔佐藤〕（前掲注235）354頁。

241）　包括的な研究として、岡田（前掲注１）。

242）　例えば平野74頁は、憲法上の権利としては否定しつつも、「立法論としては大いに考慮の余地がある」と述べていた。

243）　憲法的刑事手続〔竹之内明〕402頁、大出（前掲注67）17頁。田宮（前掲注67）『捜査の構造』407頁、同（前掲注67）『刑事訴訟とデュー・プロセス』152頁は、憲法34条前段から被疑者段階の国選弁護権を導いている。

疑事件について逮捕段階からの選任へと拡張することが有力に提唱されている[244]。

Ⅲ．ドイツの国選弁護

次に、国選弁護の制度設計に向けた比較法的知見を得るべく、近時国選弁護制度の改革が行われたドイツの状況を概観する。

1　国選弁護の基本的理念

（1）　国選弁護制度

ドイツ刑事訴訟法137条1項1文によると、被疑者・被告人は、全ての手続段階において弁護人の援助を受けることができる。ドイツ基本法には、「弁護人」の規定はないが、欧州人権条約6条3項cにより、「自身が選任する弁護人を通じて防御する権利」が保障されており、弁護人の援助を受ける権利は憲法に準じた保障を受ける[245]。

ドイツ刑事訴訟法上、弁護人の関与が必要的である場合で、被疑者・被告人がこれを選任していないときには、国選弁護人が任命される。すなわち、ドイツ刑事手続では、国選弁護は必要的弁護と連動しており、国選弁護人は常に必要的弁護人ということになる。

国選弁護人の任命は、原則として、当該事件につき公判の管轄を有する裁判所又は現に事件が係属している裁判所の裁判長が行うが（ド刑訴141条4項前段）、勾留又は仮収容が執行される事案では、当該身体拘束に権限を有する裁判官が行う（ド刑訴141条4項後段）。国選弁護人の任命に当たっては、事前に、被疑者・被告人に対して任命を希望する弁護士を指名する機会が与えられ（ド刑訴142条1項1文）、裁判長は、その妨げとなる「重大な理由」がない限り、被疑者・被告人が希望する弁護士を国選弁護人として任命しなければ

244)　日本弁護士連合会『第12回国選弁護シンポジウム基調報告書・みんなで担う国選弁護――全ての被疑者に弁護人を――』6頁（日本弁護士連合会、2012年）。

245)　ドイツでは、条約は制定法と同列におかれているが（ド基本25条1文）、ドイツ制定法及び憲法の解釈に当たっては連合法に適合した解釈が求められるため、欧州人権条約は実質的に憲法に準じた位置付けに置かれる（BVerfGE 111, 307）。

ばならない（ド刑訴142条１項２文）。国選弁護人は、任命を受けて就任した後は、基本的に、私選弁護人と同等の権利及び義務を有する。

国選弁護人の解任に当たっては、私選弁護人との対等性をめぐって争いがある。ドイツ刑事訴訟法には、弁護人除斥の制度があるが（ド刑訴138a条以下）、これによると、弁護人に対して対象犯罪についての共犯又は処罰妨害罪等の嫌疑があること（ド刑訴138a条１項１文、３文）や、犯罪遂行又は行刑施設の治安を脅かすために接見交通権を濫用したこと（ド刑訴138a条１項２文）など法定の事由に該当する限りで、かつ、必要的口頭弁論（ド刑訴138d条１項）など所定の手続によってのみ、当該弁護人を手続への関与から除外することができる。弁護人除斥に関する規定は、かつて弁護人がその司法機関としての地位に反する行為をした場合に、法的根拠なく手続から除外するという実務が常態化してきたことに対して、連邦憲法裁判所[246)]がこれを憲法違反であると断じたことから、1974年に法定[247)]されたものである。もっとも、ドイツの刑事裁判実務は、国選弁護人の手続関与からの除外は、かつてはこの弁護人除斥規定によるのではなく、裁判長の裁量手続によってきた。すなわち、裁判長は、任命に際して「重大な理由」があれば被疑者・被告人の希望する弁護士以外の者を任命することができるが、一旦任命された後も解任すべき「重大な理由」が認められる場合は任命を撤回する形で解任することができる、と解されてきたわけである。学理上、このような実務に反対する見解もあるが[248)]、これを肯定するのが通説[249)]である。連邦通常裁判所[250)]も、国選弁護人に法定の除斥規定が適用され得ることは認めているが、これによっても除斥規定以外の方法で任命が取り消される可能性まで否定しているわけではない。

（２）　国選弁護の基本理念

国選弁護制度は、被疑者・被告人に代わって裁判長が弁護人の任命を行う制度であるが、その基本理念をめぐって対立がある。そして、この点が、実

246）　BVerfGE 34, 293.
247）　BGBl I, S. 3686.
248）　ユルゲン・ザイアー〔辻本典央訳〕「国選弁護人の任命取消」立命278号216頁。
249）　*Beulke*, Rn 169; BVerfGE 39, 238.
250）　BGHSt 42, 94.

務の具体的運用にも影響を及ぼしている。

まず、被疑者・被告人は、自身の手続における防御主体であるが、必ずしも法的素養が十分ではなく、また事件への主体的関与ゆえに客観的かつ冷静な判断を行うことが困難である。それゆえ、刑事手続において自身の正当な権利を行使し、十分な防御を行うためには、弁護人による援助が不可欠である。そして、被疑者・被告人が資力等の理由で弁護人を選任することが困難であるときに、国がこれに代わって弁護人を任命するというその構造からは、国選弁護が刑事手続における被疑者・被告人の援助を実質的なものとする機能を有することは否定できない。欧州人権条約6条3項cでは、公正な裁判を受ける権利の具体化として、「無料で弁護人を付される」権利が挙げられている。

もっとも、国選弁護が必要的弁護と連動しており、必要的弁護事件では被疑者・被告人が希望しない場合でも弁護人が付されるという構造からは、国選弁護を純粋に被疑者・被告人の手続的権利であると解することには問題が生ずる。ドイツ刑事訴訟法上、弁護人の関与が必要的である場合として多くの箇所で法定されているが、そのうち特に重要であるのが140条の規定である。これによると、まず被疑者・被告人の一般的な防御能力が欠けることが推定される事例群として[251)]、第一審が高裁又は地裁で行われる場合、重罪が追及されている場合、勾留が執行されている場合が列挙されている（ド刑訴140条1項）。また、犯罪の重大性や事実問題又は法律問題の困難性ゆえに弁護人の関与が求められる場合や、被疑者・被告人自身が防御することが困難である場合も、弁護人の関与が必要的とされている（ド刑訴140条2項）。これらの規定からは、必要的弁護制度も、一義的には被疑者・被告人の援助を目的としたものであるが、弁護人の任命が被疑者・被告人の意思に反してでも行われるべきことからすると、手続の適切な進行を保全するという目的も併存していることは否定できない[252)]。

このような基本理解は、訴訟の現実的な運用にも反映されている。すなわち、国選弁護人の任命は、必要的弁護事件に限り、かつ被疑者・被告人が弁

251）　*Beulke*, Rn 166.
252）　*Welp*, ZStW 90(1978), 804, 821.

護人を選任していない場合に限られるが、実務では保全弁護人を任命するという運用がなされている[253]。これは、手続が長期化し、事実点及び法律点においても複雑な大規模手続において、私選弁護人が選任されているにもかかわらず国選弁護人を補充的に任命しておき、これを手続に関与させるというものである。必要的弁護事件では、弁護人が欠けると公判を開くことができず、また弁護人が辞任した後に国選弁護人を任命する場合には、弁護準備のため必要な期間につき公判を中断又は延期しなければならない。このような弁護人の辞任が手続遅延を目的に濫用された場合には、迅速かつ適切な訴訟の進行を図ることが困難となる。そこで、手続が長期にわたることが予測される場合には、あらかじめ保全的に弁護人を任命しておき、万一の私選弁護人辞任の場合に備えておくわけである[254]。

このような保全弁護人の任命は、被疑者・被告人の意思に反してでも行われており、これは正に国選弁護が手続保全を（も）目的とした制度であるとの理解に基づいたものである。被疑者・被告人の自律権保障の観点からこのような実務に対する批判は強いが[255]、判例は、これを適法としている[256]。

2　近時の改正

（1）　従来の問題点

国選弁護の関係で、従来、被疑者・被告人が身体拘束された場合の弁護人の関与について、勾留が執行されてから３か月以上経過し、かつ公判開始の２週間前までに釈放される見込みがない場合に初めて必要的となるものと規定されていた（ド刑訴140条１項５号。本規定は現行法上も残されている）。ドイツでは、記録閲覧権[257]は弁護人に対してのみ認められてきたため（ド刑訴旧147条）、弁護人がいない場合には、被疑者・被告人は、自身の刑事事件に関す

---

253)　*Welp*, (Fn 252), S. 822.

254)　日本でも、このような運用を肯定する見解が、実務家を中心に多数を占める。小林充「刑事訴訟指揮における若干の問題」曹時33巻２号1頁、内藤丈夫「訴訟関係人に対する在廷命令」熊谷他編『公判法体系Ⅱ／公判・裁判(1)』321頁（日本評論社、1975年)、河上和雄「必要的弁護事件における国選弁護」警論26巻７号27頁。

255)　*Roxin/Schünemann*, § 19 Rn 40.

256)　BGHSt 15, 306; BGH NJW 1973, 1985.

257)　ドイツにおける記録閲覧権について詳細は、斎藤（前掲注101）207頁以下。

る捜査記録等の内容を知ることができなかった。このことによる不利益は、特に被疑者・被告人が身体拘束されている場合には顕著であり、彼らは長期を経て弁護人の任命を受けるまでは十分な防御を行うことが困難な状況に置かれていた。例えば、被疑者・被告人は勾留されている間はいつでも勾留の取消し又は保釈を求めて裁判所の審査を請求することができるが（ド刑訴117条）、このような請求は、法的素養のある弁護人を得て、これが被疑事実に対する嫌疑等を十分知った上でなければ、実質的になし得るものではなかった。

このような法律状況について、欧州人権裁判所[258]は、早くから、被疑者・被告人が未決勾留に付されている場合には、捜査手続における記録閲覧の完全な拒否は許されないと判断してきた。それにもかかわらず、ドイツの裁判実務では、拘束されている被疑者に対してその追及されている被疑事実及び彼に不利となる事実を実質的に告知すること（ド刑訴115条３項）で十分であり[259]、ただ例外的に裁判所の勾留裁判においてそれがなければ効果的な防御が保障されないといった場合に限り、勾留命令の執行前に記録閲覧が保障されるべきものとされてきた[260]。しかし、欧州人権裁判所は、このような実務の見解をはっきりと批判した[261]。

その後、ドイツの判例も、欧州人権裁判所の見解を支持するに至り、弁護人には勾留裁判官と同じ情報が与えられなければならないとした上で、検察官が捜査戦術上の理由で証拠を差し控えようとした場合、武器対等性の理由から、勾留を当該証拠に基づかせることは許されないとしている[262]。

（２）　改正法

連邦政府は、欧州人権裁判所判例（及び欧州拷問等防止委員会の勧告）を受けて、2009年１月に「勾留法改正法案」[263]を提出した。この法案は、法務委員会での討議[264]を経て、同年に議決・公布、2010年１月１日から施行されて

258）　EGMR StV 1993, 283.
259）　BVerfG StV 1994, 1.
260）　BVerfG NStZ 1994, 551; BVerfG wistra 2004, 179; BGH NJW 1996, 734.
261）　EGMR StV 2001, 201; EGMR NStZ 2009, 164.
262）　BVerfG StV 2006, 281; OLG Hamm StV 2002, 318.
263）　BT-Drs. 16/11644.

いる[265]。本章に関連する改正点は、次のとおりである。

第一に、起訴前での弁護人の記録閲覧権が、従来よりも広く保障されることになった。すなわち、弁護人の記録閲覧権は、起訴後は無制限に保障されるが、起訴前は捜査目的が阻害される場合には制限されることになっている（ド刑訴147条２項１文）。本改正により、前述の制限がなされる場合でも、被疑者が勾留に付されている（又は被疑者が仮拘束されて勾留が申請されている）事件については、弁護人に対し身体拘束の合法性を評価するために重要な情報について適切な方法でアクセスできることが保障され、この点について原則として記録閲覧が認められるべきこととされた（ド刑訴147条２項２文）。また、被疑者・被告人に弁護人が付されていない場合には、適切な防御のため必要であり、勾留の目的を阻害せず、かつ第三者の優越する利益を害さないという限りで、被疑者・被告人自身にも記録閲覧が認められることになった（ド刑訴147条７項）。

第二に、勾留との関係で、弁護人の関与が必要的とされ、これに伴って国選弁護人が任命されるべき要件が緩和された。すなわち、従来は、被疑者・被告人の勾留が執行されてから３か月が経過しないと弁護人の関与が必要的とはされず、それまでに国選弁護人が任命されることはなかった。これに対し、本改正により、被疑者・被告人に対して勾留又は仮収容[266]が執行された場合には、既にその段階で弁護人の関与が必要的とされ（ド刑訴140条１項４号）、被疑者・被告人本人が弁護人を選任しないときは国選弁護人が任命されることとされた。

本改正により、特に被疑者・被告人が勾留される事件においては、従来と比較して国選弁護人が付される可能性が著しく高められるとともに、記録閲覧権の行使を通じてその身体拘束に関する防御手段を講じることが容易になった。

---

264)　BT-Drs. 16/13097.

265)　BGBl I, S. 2274.

266)　責任無能力の状態で違法行為を行った者に対して、保安拘禁に備えて精神病院等に暫定的に収容すること（ド刑訴126a 条、275a 条）。

3　残された課題

今回の改正は、特に被疑者・被告人が勾留に付される場合にその防御権の保障を高めるものであるが、若干の課題も残されている。

まず、連邦弁護士会は、2010年7月に、本改正に対する意見書[267]を提出した。そこでは、改正法が勾留事件で国選弁護人の任命を早期化すべきとする長年の要請に応えたことに対する評価とともに、既に現実の運用においても生じている問題点が提示されている。その主たる関心として、被疑者・被告人自身が信頼できる弁護士の任命を確保するとともに、実際にも国選弁護が私選弁護に比べて二級のものとならないよう配慮されるべきことが主張されている。そこから、連邦弁護士会は、次の点を今後の課題として提示している。

①被疑者・被告人において弁護士を指定するための熟慮期間として、1週間の期間を置くこと。

②被疑者・被告人に対して、国選弁護を引き受ける意思を示している弁護士又は法律事務所のリストを交付すること[268]。

③被疑者・被告人の留置場所が管轄裁判所から離れており、身体拘束の翌日までにそこへ引致できないときは、直近の区裁判所へ引致して尋問することになっているが（ド刑訴115a条1項、2項1文）、その尋問に際してまずは応急的に弁護人を任命し、その後に管轄裁判所より被疑者・被告人の希望を聞いた上で国選弁護人を任命すること。

④裁判所に、任命に先駆けて弁護士と面接して国選弁護を引き受ける意思及び能力を確認し、それに満たないときは改めて被疑者・被告人に指定の機会を与えること。

⑤被疑者・被告人が弁護士を指定しないときでも、裁判所は、その選定に当たり合理的な判断を行うこと（単に氏名のアルファベット順に選定す

267)　BRAK (Fn 78), S. 544.

268)　従来の規定では、裁判所の管轄内で登録している弁護士が優先されるべきとされていた（ド刑訴旧142条1項1文）。今回の改正で本規定が削除されたのであるが、弁護士会提言によると、それは、裁判所の自由裁量（自身が気に入る弁護士を任命できること）を意味するのではなく、広く被疑者・被告人にその選択権を保障するものと解されている。

るようなことをしてはならない)。

⑥弁護活動が開始された後、被疑者・被告人からその解任と新たな弁護士の任命を求める申立てがあった場合、重大な理由が妨げとならない限りその申立てが聞き容れられること。

⑦弁護士が被疑者・被告人の家族等から依頼されたと申し出るときは、まず被疑者・被告人本人との立会いなき面会を許すこと。

本提言を見ると、確かに、国選弁護人の任命が迅速に行われるべきことは重要であるが、それ以上に、被疑者・被告人自身が信頼を置き、実際にも適切な弁護をなし得る弁護士が任命されるべきことが強く要請されていることがうかがわれる[269)]。この点は、弁護士の素養いかんにかかわる問題でもあり、単純に比較することはできないが、ともかくも身体拘束が行われた事案では迅速に弁護人を付した上で（提言③)、以後の弁護人の選定に当たっては被疑者・被告人の意思を尊重することが求められている（提言①③⑥）ことがわかる。このような提言は、前述のとおり、国選弁護制度の基本的趣旨に対する理解と、特に保全弁護人の取扱いに見られるような実務の運用に対する問題意識が反映されたものである。

Ⅳ．若干の検討

国選弁護の制度設計をめぐり、2004年の司法制度改革立法に向けた「司法制度改革本部」に設置された「公的弁護制度検討会」（以下、検討会という）において、諸論点をめぐって活発な議論が行われた。そのうち特に重要と思われる点について、前述で得た比較法的知見を参照しつつ若干の検討を行う。

1　私選弁護の原則

検討会では、私選弁護と公的弁護との関係について、少なくとも現行法上

269)　これに対して、信頼を置く弁護人の任命以上に、迅速な弁護人の任命を要求する見解として、*Wohlers*, StV 2010, 151; ヘルマン（前掲注77）51頁。また、ミカルケ（前掲注77）78頁は、多くの事例で「捜査手続の本質的な方向付けは、すでに仮拘束後の最初の１時間のうちに行われうるという事実を考えると」、勾留執行後では遅すぎると述べる。

は私選弁護が原則であり、公的弁護はこれを補充するものであるとの見解が多数を占めた。すなわち、「被疑者・被告人の弁護人を選任する権利を保障するという意味からすれば、国家刑罰権行使の対象として、国から犯罪の嫌疑ありとして被疑者又は被告人とされた場合に、それに要する弁護人の費用を国が負担するということは理論上あり得るかもしれないが、現行法の枠組みは、私選が原則で、国選弁護は補充とされており、これを被疑者段階で変える必要はない」というわけである[270]。また、一歩進んで、「弁護には信頼関係が必要となるので、本来私選が原則であるという前提を崩すべきではない」との原理的な理解も見られた[271]。

私選弁護の原則は、そこから、被疑者・被告人の資力要件が導かれるとされている。すなわち、国選弁護が国費で賄われることから、国民の理解が得られるためには、あくまで被疑者・被告人本人が弁護人を選任できない場合に限られるべきというわけである。また、被疑者段階の国選弁護対象事件についても、財政上及び弁護士側の対応能力の限界という理由から、一定程度以上の重大な事件に限定された。この点も、被疑者としては、自身が希望しかつ雇用能力がある限り、私選弁護人を選任すればよいという考え方がその根底にある。

確かに、このような形での国選弁護の制限は、私選弁護の原則を前提に導かれ得るものである。しかし、前出の検討会意見にも見られるとおり、私選弁護の原則は、それ自体が所与のものではなく、現行法上の枠組みからそのように理解されているにすぎない。したがって、この原則から国選弁護の限定を導くことは循環論法である。また、被疑者・被告人と弁護人との信頼関係は、必ずしも私選弁護の原則を導くわけではない。例えばドイツにおける国選弁護人任命に際しての被疑者・被告人の弁護士指定権を見ると、国選弁護によっても十分な信頼関係の構築を保障することは可能である。

それゆえ、私選弁護の原則は、刑事訴訟の原理から当然のものとして導かれるわけではなく、我が国の現行法上の構造を指す程度のものにすぎず、これによって国選弁護の制限を正当化し得るものではない。

270）　公的弁護制度検討会（第四回・平成14年７月23日）議事概要。
271）　公的弁護制度検討会（第三回・平成14年６月25日）議事概要。

2　国選弁護人選任の始期

刑事訴訟法上、起訴前では、勾留に先駆けて必ず逮捕手続を行わなければならない（「逮捕前置主義」、刑訴207条1項）。この逮捕手続は、その規定の趣旨からは、勾留に向けたスクリーニングを行うことが主たる目的であるが[272]、この段階で警察又は検察官による被疑者の取調べ（刑訴198条2項）が禁止されているわけではない。更に、逮捕後に被疑者の引致を受けた司法警察員又は検察官は、所定の手続の中で犯罪事実の要旨を告知した上で、被疑者に弁解の機会を与えなければならないが（刑訴203条1項、204条1項）、既にその際に被疑者が自白した場合は、これを録取した書面（弁解録取書）は被疑者の自白を示す証拠として使用することができる[273]。弁解録取手続は、取調べと異なり、「専ら被疑者を留置する必要〔が〕あるか否かを調査する」ことを目的とし、刑事訴訟法上は黙秘権の告知も不要とされている[274]。

このような捜査・裁判実務の状況を見ると、被疑者は、身体拘束を受ける場合、拘束直後から捜査機関と対峙し、訴訟の結論を左右する供述（弁解）を求められている[275]。そして、前述のような弁解録取の手続を見ると、弁護人ができるだけ迅速に被疑者と接見し、黙秘権等の諸権利を教示し、以後の手続に向けた対応を協議しておくことは、被疑者の防御準備にとって非常に重要である[276]。

このような必要性を前提にして、勾留に先駆けた逮捕段階で国選弁護人を付することは可能であろうか。そのためには、まず物的及び人的な資源の充実化が必要である。国家の財政的支援と、これを引き受ける弁護士側の準備態勢の整備が不可欠である。法制度の設計は、それを支えるべき財政的及び人的資源の充実が図られるのでなければ画餅に帰する。

では、国選弁護人の選任時期を逮捕段階に早めることについて、法的問題点はどうか。国選弁護が一定の制限を伴いながらも被疑者段階に拡張されたのは、それによって、「弁護人の援助を受ける権利を実効的に担保」し、「充

272）　大コンメンタール4巻〔渡辺咲子〕355頁。
273）　最判昭27・3・27刑集6巻3号520頁、東京高判平19・12・11刑集63巻9号1880頁。
274）　最判昭27・3・27刑集6巻3号520頁、最判昭28・7・14集刑84号799頁。
275）　ミカルケ（前掲注77）参照。
276）　最判平12・6・13民集54巻5号1635頁。

実しかつ迅速な刑事裁判の実現を可能にする上でも、刑事弁護体制の整備」を図るために、「被疑者段階と被告人段階とを通じ一貫した弁護体制を整備すべき」ことを目的とする[277]。このような要請からは、弁護人の選任ができる限り早期に行われることが望ましく、これを勾留段階に限定する理由はない。このことは、私選弁護と国選弁護とで異なるものでもない。

他方で、2004年改正では、現実的な運用可能性を考慮し、既に逮捕段階で国選弁護人を選任することは、逮捕についての法定の制限時間やそれを担う弁護士側の受け入れ態勢を考えると難しく、最終的に、選任の始期は勾留手続に入ってからとされた。検討会では、「逮捕段階から請求権を認めるという制度設計を理想にして、何とか技術的な問題点をクリアするというのが筋であろう」、「制度設計として非常に難しいかもしれないが、何とか工夫して、身柄拘束されてから速やかに弁護人が付くよう知恵を出して欲しい」といった意見も見られたが、「当番弁護士制度を前置することを前提に、勾留段階から国選弁護人を選任するという仕組みがよい。勾留審査と併せて、裁判所が弁護人を付するという仕組みである」、「逮捕直後の接見の重要性は分かるが、逮捕段階で選任するという仕組みは、現実には動かないのではないか」といった意見が、決定的となった[278]。確かに、現実の運用可能性は重要な視点であるが、制度設計の本質はその理念であり、今回の改正は妥協にすぎない。

このような点を考えると、財政的及び人的整備が前提条件となるが、法制度的には、より早期に国選弁護人が選任される機会が設けられることが要求され、かつそれを妨げるべき法的理由はない。

3　国選弁護人の解任

2004年改正では、国選弁護人の解任事由が法定された（刑訴38条の３）。

従来、刑事訴訟法学理上、私選弁護と国選弁護とではその選任主体及び手続が異なるのみであり、一旦就任した後はその法的地位に違いはなく、ただ

277）　司法制度改革審議会「意見書――21世紀の日本を支える司法制度――」（平成13年６月12日）。

278）　公的弁護制度検討会（第四回・平成14年７月23日）議事概要。

解任についてのみ異なるものとされてきた。すなわち、国選弁護人は、私選弁護人と異なり、自ら辞任し又は被疑者・被告人がこれを解任することはできず、選任主体である裁判所が解任しない限り国選弁護人としてのその地位を失うものではない[279)]。もっとも、裁判所はいかなる事由があれば解任できるのか、また被疑者・被告人が弁護人の解任を求めることはできるのかといった点が問題として残されてきた。

解任事由が法定されたことにより、裁判所（官）は、所定の事由に該当しない限り解任できず、解任の手続として弁護人の意見を聴取し、かつ解任によって被疑者・被告人の権利が不当に制限されないよう配慮すべきとされた。これによって、国選弁護人の解任をめぐる不要な争いが防止され、また解任権者や解任手続が明示されることによって従来の実務に法的根拠が与えられることになった[280)]。

もっとも、今回の改正によっても、被疑者・被告人と弁護人との間に対立が生じて信頼関係が損なわれたような場合でも、被疑者・被告人に解任権又はその請求権が与えられることはなかった。この点について、検討会では、「公的弁護制度の選任は、裁判所の裁判により行われるのだから、身柄が釈放される等選任の基礎がなくなるような場合以外は、裁判所の判断により解任されるという構成にならざるを得ず、法律論としては、解任請求権というものは成り立たない」、「被疑者から弁護人が嫌だと言われたら解任するとすると、選任のときも、被疑者にどの弁護士がいいか聴くべきだということにもなりかねない。国費で資格ある有能な弁護士を弁護人に付けるという制度なのであるから、被疑者が嫌だから弁護士を代えるという問題ではない」といった意見が優勢であった[281)]。しかし、国選弁護人の選任に際して被疑者・被告人の意見を聴取するというのは、ドイツの法制でも見られるところであり、国費で弁護士を弁護人として付することと矛盾するものではない。また、選任を行う裁判所に解任権もあるということは、直ちに被疑者・被告人

279)　最判昭54・７・24刑集33巻５号416頁。加藤克佳「弁護人の訴訟法上の地位」現代の刑事弁護１巻55頁。

280)　大コンメンタール１巻〔石井俊和〕430頁。

281)　公的弁護制度検討会（第四回・平成14年７月23日）議事概要。

側の解任請求権まで否定するものではない。逆に、被疑者・被告人と弁護人との信頼関係は弁護人依頼権の実質的な保障にとって不可欠のものであり、それは一旦構築されたとしても事後的に破綻する場合もあり得ることを考えると、被疑者・被告人に国選弁護人の変更又は解任請求権を認めることが考えられてもよい。また、国選弁護人を推薦する立場にある弁護士会に、一定の関与を認めることも考えられてよい[282]。

V. 小　　括

以上、本章では、国選弁護制度の諸問題について、2004年改正の分析を含めて検討した。

今後も刑事訴訟の歴史は発展し、それに伴って弁護制度の在るべき姿も探究されなければならない。それゆえ、現在の法状況は、それが最高の到達点ではなく、常にその通過点にすぎない。他方で、国選弁護制度は、公的資金を投入し、社会における負担の上に成り立つものである。それゆえ、被疑者・被告人の防御権の充実は常に追求されなければならないとしても、現在の「通過点」をどこに置くべきかは、諸利益の衡量が不可欠となる。

その意味で、国選弁護制度の在るべき姿の検討は理念と現実とが正面から対抗する問題であり、今後も常に必要かつ重要なものである。

---

282)　公的弁護制度検討会（第四回・平成14年７月23日）議事概要。

第13章　弁護活動における瑕疵の被疑者・被告人への帰属

Ⅰ．総　　説

弁護人は、「被疑者・被告人の能力を補い、その正当な利益を擁護すること」[283]を任務とし、その役割に基づいて刑事手続の進行に関与し、刑事訴訟法上の諸権限を行使する。弁護人の活動は多様であり、その任務の遂行に向けて、弁護人は多くの事実的・法律的行為を行う。このような弁護人の活動は、対内的なものと、対外的なものとに区別することができる[284]。弁護人は、例えば、対内的には、被疑者・被告人と接見交通権等を通じて十分に相談して彼らに助言を与え、対外的には、裁判所等に向けて一定の訴訟行為を行う。対外的行為は、代理権と固有権とに区別され、前者は更に包括的代理権と独立代理権とに区別される[285]。

このような弁護活動に際して何らかの瑕疵が生じ、これによって被疑者・被告人に不利な事態が生じた場合、その結果は被疑者・被告人に帰属されるべきか。本章では、実例を基にこの問題を検討し、弁護制度の存在意義を探る。

Ⅱ．対外的弁護活動における瑕疵

1　対外的弁護活動における瑕疵の被疑者・被告人への帰属

弁護人の対外的活動は、前述のとおり３種類に分けることができる。このうち、包括的代理権は、規定上は被疑者・被告人の権限とされ、ただ弁護人

283）　鈴木47頁。
284）　平野79頁。
285）　田宮35頁。

はその地位に基づいて（個別的な委任がなくても）被疑者・被告人を代理してその権限を行使し得るとされる者であるから、被疑者・被告人の意思に反する形で弁護人がこれを行使することはできない[286]。それゆえ、仮に包括的代理権の行使から被疑者・被告人に不利な結果が生じたとしても、その権限行使において被疑者・被告人の意思に合致している限り、そのリスクは被疑者・被告人自身が負担すべきものである。例えば書証の同意（刑訴326条1項）が防御戦略上必ずしも適切なものではなく（具体的訴訟状況において、通常の弁護人ならば同意はしないであろうという場合など）、その結果として、被告人に著しく不利な訴訟状況が生じたとしても、それは、被告人自身がそのリスクを前提として弁護人に代理として自身の権限を行使させたのであるから、不利な訴訟結果を被告人に帰属させることに問題はない。もっとも、このように被疑者・被告人が弁護人の活動に異を唱えなかったこと（つまり、弁護人の行為を承諾したこと）が、例えば弁護人から誤った情報や助言を与えられたことなどを原因とし、又は被疑者・被告人の意思決定に何らかの瑕疵が付着していたことの結果であるということが考えられる。被疑者・被告人が弁護人の代理行為の結果を負担すべきであるのは、弁護人の行為に対する同意・承諾が真摯な意思決定に基づくものであることを前提とするから、その意思決定に際して一定の瑕疵が生じていた場合、何らかの修正が必要となる。この点は、対内的弁護活動における瑕疵の帰属の問題となる。

これに対し、独立代理権ないし固有権（あわせて「独立行為権」と表記されることもある[287]）は、その権限行使に際し必ずしもそれが被疑者・被告人の意思に適合している必要はない。また、法定された訴訟行為以外にも、弁護人が行う様々な事実的行為は、やはり、その全てが必ずしも被疑者・被告人の意思に適合しているとは限らない。もちろん、弁護人の活動は被疑者・被告人の正当な利益の保護をその本質とする以上、ある行為が被疑者・被告人の意思に反しているとしても、その方向性において彼らの利益に適合したものでなければならない（第5章）[288]。すなわち、弁護人の一定の権限が被疑者・

286)　光藤・Ⅰ270頁。

287)　寺崎嘉博『刑事訴訟法』50頁（成文堂、第3版、2013年）、上口裕『刑事訴訟法』45頁（成文堂、第4版、2015年）、光藤・Ⅰ271頁。

被告人の意思とは独立して行使可能であるとされるのは、「（被疑者・）被告人の訴訟上の『失敗』を弁護人がカヴァーできないと考えることは、むしろ弁護制度の本旨に反するもの」との理解に基づく帰結である[289]。

もっとも、そのような独立行為権や事実的行為がその本質において被疑者・被告人の利益擁護のために行われるべきものであり、弁護人は彼らの意思に反してその権限を行使することができるという前提から、直ちに、弁護人のそのような行為による結果を全て（有利・不利を問わず）被疑者・被告人に帰属させてよいという結論が導かれるわけではない。弁護人の意思において、被疑者・被告人の利益を擁護するという目的がある場合はともかくとして、専ら自己又は第三者の利益を図る（被疑者・被告人の不利益と引換えに）目的があった場合、この問題は特に先鋭化する。このような弁護人と被疑者・被告人との利益相反というべき問題は、弁護人が被疑者・被告人の利益を図る目的で違法行為を行うという問題（第８章）に比べて、我が国で議論の俎上に上ることはほとんどなかった。しかし、「神戸市議汚職事件」において、弁護人が自身の刑事訴追を免れるべく捜査段階で被疑者・被告人に不利な事実を記述した上申書を検察庁に提出し、公判で右上申書の証拠請求に同意するという事態が生じた。このような証拠を被疑者・被告人の不利な方向で使用することはできるか、すなわち、弁護人による被疑者・被告人に対する利益相反行為から生じた結果を被疑者・被告人に帰属させることは許されるか。この問題について、当該事件を基にした先行研究[290]を適宜参照の上、本件訴訟経過に照らして検討する。

2　具体的事例の検討

（1）本件の事実経過は、次のとおりである。弁護士Ａは、被告人Ｘのあっせん収賄被告事件の弁護人であった。公訴事実のうち１件はＸが甲社から2,000万円を賄賂として収受したというものであるが、この金員は従前

288）　最決平17・11・29刑集59巻９号1847頁の上田裁判官補足意見参照。

289）　松尾・上232頁。

290）　渡辺修『現代の刑事裁判』229頁（成文堂、2014年）、丹治初彦「弁護人の違法な訴訟行為とその救済」神院38巻３＝４号335頁。

の神戸市議会選挙に際してＸの選挙運動員が逮捕された事件に関する弁護費用としてＡに支払われたものであることが認められている。Ｘは、捜査段階では右金員の授受を否定していたが、捜査の手がＡに及ぶや、Ａは、賄賂の一部はＸも同席の場で交付されたものであることなどＸの供述とは異なる事実を内容とする上申書を作成し、捜査担当検察官にこれを提出した。その際、Ａは、事前にＸの同意を得ておらず、専ら自身の刑事訴追（右金員の収受についてのＸとの共同正犯による罪責）を免れるためにかかる上申書を提出したものであった。それゆえ、Ａによる上申書の提出は、Ｘとの関係において利益相反というべき行為（明白な「敵対行為」[291]）である[292]。そして、この上申書は、公判において検察官から証拠請求され、Ａから交代して主任弁護人に就任していたＢ（Ａと同じ法律事務所のパートナー）がこれに同意したため、Ｘの罪状を立証する有力な証拠として採用された。Ｘは、第一審で有罪判決を受け、上告審まで争ったが、これが棄却されて有罪が確定した[293]。

以上から、本件では、弁護人の被疑者・被告人に対する利益相反行為が行われ、それにより生じた結果が被疑者・被告人に不利益な形で帰属されたことになる。このような対外的弁護活動における瑕疵に対して、被疑者・被告人は救済を求めることができるか。

この問題について、第一審判決後に選任された弁護団は、控訴審において、①被告人は効果的な弁護を受ける権利（憲37条３項）を侵害され、原審裁判所より釈明権等の訴訟指揮権の行使による是正を受けないまま判決に至った点、②Ｂ弁護人が上申書の証拠調べに同意したが、裁判所は本件経過に鑑みて相当性の調査を懈怠しており、証拠能力なき証拠により事実認定がなされた点を主張し、訴訟手続の法令違反（刑訴379条）による原判決破棄を求めた。これに対して、控訴審判決は、「被告人に対する適切な弁護がなされないおそれが明らかに認められるような場合」には、裁判所は釈明権の行使

291）　渡辺（前掲注290）231頁。
292）　大阪弁護士会は、かかる利益相反性を理由に、2009年８月31日付で、Ｔに対して懲戒処分（戒告）を科している（2009年９月２日付読売新聞、朝日新聞）。
293）　最決平21・９・１未公刊。

等による一定の介入・是正を図る義務があるとしつつ、本件事実経過からはそのような事情（つまり、被告人と弁護人との利益相反性）があると疑われるべき理由はなく、またそれゆえ、刑事訴訟法326条の同意に関しても相当性を疑うべき根拠もなかったとして、原審の訴訟手続に違法性はないと判断している。

（２）このような控訴審判決の判断に対して、渡辺修は、「弁護人依頼権が侵害された本質的な利益相反状態を前提にした証拠状態で有罪判決が宣告された」点に、規範的客観的にみて裁判所が是正すべき状態を是正していない瑕疵が認められ、「そのような利益相反状態は一旦有罪判決を破棄して解消」されるべきであると主張する。すなわち、「かかる性状の瑕疵の救済には、被告人があらためて『利益相反のない弁護人』を選任」した上で、本件上申書に関する証拠採用の当否について再検討する機会が提供されるべきというのである[294]。このような見解は、アメリカ法の分析から導かれた「司法の監督権」による、弁護人と被告人との利益相反状態に対する裁判所の介入義務の肯定に基礎を置くものである。これによると、弁護人の利益相反行為に対する是正は、基本的には被告人の弁護人選任権を通じた自己決定権に委ねられるべきであるが、裁判所が具体的に利益相反性を認識し又は合理的に考えて認識すべき事態が存在しているときには、裁判所に司法の監督権を通じた調査義務、及びこれに伴う不利益可能性の摘示義務が発生するという。そして、第一審でそのような監督権が行使されないまま有罪判決に至った場合、被告人は、上訴審において、弁護人が現に利益相反状態を作出したこと及びその現実の利益相反状態が被告人に不利に影響を与えていることを証明した場合、救済を受けることができるとされている。

確かに、このような分析からは、渡辺が主張するとおり、控訴審は原判決を破棄し、利益相反状態の解消に向けた是正を図るべきであったということになる。もっとも、改めての公判において本件上申書が証拠として認められる可能性が残る限り、本件被告人の不利益が終局的に解消されることにはならない。それゆえ、更に、弁護人の利益相反行為によってもたらされた証拠

294）　渡辺（前掲注291）257頁。

の証拠能力いかんが検討されなければならない。本件では、直接には、弁護人Ｂによる刑事訴訟法326条の同意の有効性、及び同条の意味での証拠としての相当性が問題となるが、仮に、控訴審の判断とは異なり、弁護団の主張が認められて刑事訴訟法326条の同意としては無効であるとしても、なお刑事訴訟法321条１項３号により証拠として許される可能性がある。それゆえ、端的に、弁護人の利益相反性のみを理由とする証拠排除の可能性が検討されなければならない。

（３）この点について、丹治初彦は、民事事件における訴訟代理人の弁護士法25条違反（利益相反行為）の訴訟行為を原則として無効とする法理[295]を刑事訴訟に転用し、被告人の「弁護士による実質的な援助を受ける権利」の侵害を理由とする原判決破棄、又は少なくともＢによる刑事訴訟法326条の同意を無効として上申書の証拠排除がなされるべきであると主張する。その理由として、刑事弁護人は民事の訴訟代理人とは異なり、「いわば公的性格を有する任務を負い、単なる訴訟代理人ではなく、被告人の保護者の地位に立つ」との前提から、刑事弁護人の訴訟行為における瑕疵は民事裁判より重く規制されるべきことが挙げられている。また、刑事手続の「公正」、「適正」を担保するためには、裁判官除斥、忌避、回避の規定を類推し、不適格な弁護人は、刑事手続への関与から排除されるべきことも指摘されている[296]。

このような見解は、被疑者・被告人と弁護人とは、民事事件の代理委任関係（この要素が弁護関係の本質であることは否定しないとしても）に尽きるものではなく、一定の独立的な関係にある、つまり、弁護人はいわば（独立の）司法機関としての地位にあるとする見解に親和的である。ドイツでは、刑事弁護人は被疑者・被告人の代理人ではなく、独立の司法機関であるとの見解が通説であり（第２章）、例えば被告事件について共犯として関与したことの疑いがある場合には、事件及び被告人との独立性、つまり機関的地位に基づく活動がなされ得ないとの趣旨から、裁判官と同様に手続への関与から除斥する規定が置かれている（ド刑訴138a条１項１号、３号）。

確かに、このような見解からは、弁護人Ａ及びこれと同一視し得るＢ

295）　最判昭38・10・30民集17巻９号1266頁。
296）　丹治（前掲注290）349頁。

は、収賄事件への共犯的関与を疑われることから、その独立司法機関性を疑われる状況にあり、それゆえ、本件における弁護人としての関与から排除されるべきことが導かれる。そして、本来関与を許されなかった弁護人の訴訟行為は、これを無効とし、例えば弁護人の同意に基づく上申書の証拠能力を否定することも可能であった。もっとも、この見解からも、やはり上申書が刑事訴訟法321条１項３号により証拠として採用される可能性は、依然として排除されない。また、弁護人を独立司法機関と位置付ける前提からは、むしろ、上申書の提出自体は真実解明に寄与する行為として正当化される可能性すら生ずる。すなわち、本件上申書は、第一審が被告人の収賄の事実認定を支える本質的な証拠と位置付けているように、被告人の本件に関する賄賂収受についての重要な事実を暴露する内容のものであり、弁護人が被疑者・被告人の同意を得ることなくこれを捜査機関に提供する行為は、弁護士法23条及び弁護士職務基本規程23条に違反するだけでなく、秘密漏示罪（刑134条１項）にも該当し得る。しかし、弁護人を純粋に司法機関であると位置付けるならば、裁判所や検察官と同様、弁護人も全面的に（被疑者・被告人に不利な方向においても）刑事手続における真実解明を義務付けられるものとなり、それゆえ、本件上申書の提出行為もその義務の履行として違法性を否定すべき「正当な理由」があると認められることにもなり得る。もとより、丹治の見解はそのような帰結を認めるものではなく、被疑者・被告人の法的救済を目指すものであるが、弁護人の独立司法機関性を認めつつなおもそのような救済が可能であるかの論証が必要である。

（４）この点について、弁護人は被疑者・被告人の純粋代理人であるとの見解からは、かかる利益相反的な行為は正当な弁護活動とはいえない。他方、司法機関説を前提にしても、憲法及び刑事訴訟法が予定する弁護人の役割いかんの理解により、同様の結論を導くことは可能である。すなわち、弁護人は被疑者・被告人とは独立の司法機関であるが、それは他の司法機関との関係においても独立の関係にあり、その任務の本質は被疑者・被告人の保護にある。現在では、ドイツの通説も弁護人の機関的地位をこのように理解し、弁護人において真実義務が認められるとしても、それは被疑者・被告人に有利な方向に限られると理解している。そして、そのような被疑者・被告人の保護に向けた機関的地位を明確にしたのが「限定的機関説」（第２章）である。すなわち、弁護人の真実義務は、基本的に、被疑者・被告人の保護の方向に限定され、例外的にその逆方向の真実義務が認められるとしても、それは司法の核心を侵害するような積極的な妨害行為（例えば偽造証拠の提出等）が禁止されるにとどまるというわけである（第８章）。それゆえ、弁護人には被疑者・被告人に不利な方向で積極的に真実を解明するという意味での真実義務は課されず（第６章）、本件の上申書提出といった行為が弁護人の責務から正当化されることはない。

その上で、弁護人の機関的地位の承認は、その者の瑕疵ある行為の帰結を負担すべきなのは被疑者・被告人ではなく国家であるという意味で重要である。すなわち、弁護人は単なる訴訟代理人ではなく国家の司法の一翼を担う機関であるという前提からは、被疑者・被告人の憲法上の権利である弁護権を保障する義務は、弁護人が公的機関としてその限りで国家の側を代表して保障すべき立場にある。それゆえ、被疑者・被告人の弁護権が弁護人自身により侵害された場合には、国家機関が違法行為を行ったものと評価され、その不利益は国家に帰属されるべきことになる。つまり、捜査機関が違法な捜査活動により証拠を不当に獲得したことと、法的評価において異ならないのである。本件弁護人の上申書提出は被疑者・被告人ともはや敵対的な関係に立つともいうべき重度の利益相反行為であり、被疑者・被告人の憲法上の権利は著しく侵害されている。それゆえ、違法収集証拠排除法則に関する最高裁判例[297]の基準を前提にしても、本件上申書の証拠能力は否定されるべきであった。

Ⅲ．対内的弁護活動における瑕疵

１　対内的弁護活動における瑕疵の被疑者・被告人への帰属

次に、弁護人の対内的活動における瑕疵による帰結の、被疑者・被告人への帰属の問題について検討する。すなわち、弁護人が被疑者・被告人に対し

297）　最判昭53・９・７刑集32巻６号1672頁、最判平15・２・14刑集57巻２号121頁。

て、事実認識やその判断の誤りから不適切な助言を与え、被疑者・被告人がそれに基づいて一定の訴訟行為を行った場合、被疑者・被告人は自身のそのような過程で行われた訴訟行為による不利な帰結を帰属されるべきであるか、又は何らかの法的構成によりその帰結の除去を求めることができるか。この場合、被疑者・被告人が自身の訴訟行為による不利益を排除するためには、それが一定の意思的瑕疵に基づくものであるとして無効又は取消しを主張し、その訴訟行為がなかった状態、すなわち原状への回復（刑訴362条以下参照）を求めることが考えられる。

最高裁平成21年判決[298]は、このような弁護人と被疑者・被告人との対内的関係における弁護活動の瑕疵が問題となった事件である。本件は、直接には、即決裁判による第一審判決に対して事実誤認を理由とする上訴を制限した規定（刑訴403条の２）の合憲性が争点となったのであるが、最高裁判決の補足意見で第一審弁護人の不適切・不十分な弁護に対する指摘がなされているところからも、即決裁判に対する被疑者・被告人の同意の有効性を問うことも可能であったと思われる事案である。

2　具体的事例の検討

（1）本件の事実経過は、次のとおりである。被告人Ｘ（当時自衛隊職員）は、勤務先からパソコン１台を自宅に持ち帰ったとの被疑事実（業務上横領罪）で逮捕された。検察官は、Ｘ及び弁護人Ａの同意を得て即決裁判手続を申し立てた。第一回公判期日において、Ｘは公訴事実を認めて有罪の陳述をし、ＡもＸと同様であるとの意見を述べたため、裁判所は即決裁判手続による審判を行う旨を決定し、Ｘを懲役１年（執行猶予３年）に処した[299]。その後、Ｂが弁護人に選任され、被告人側が控訴したが、控訴審は、Ｂの事実誤認を理由とする控訴は刑事訴訟法403条の２第１項により不適法であるとして控訴を棄却した[300]。被告人側が上告したが、最高裁は、右条項は手続の合理化・効率化を図るために適したものであり、弁護人選任が必要的である

298）　最判平21・７・14刑集63巻６号623頁。
299）　千葉地木更津支判平20・３・12刑集63巻６号636頁。
300）　東京高判平20・７・10高刑61巻３号1頁。

など被告人の防御保障にも欠けるところはないとして、上告を棄却した。なお、田原裁判官より、次のような弁護活動の不適切さを問う補足意見が付されている。すなわち、「本件で、控訴、上告までなされているということは、被疑者段階並びに一審公判手続の過程において、被告人が即決裁判手続の制度について十分な理解をしていなかったことを示すものであって、一審弁護人と被告人間の意思疎通が十分でなかったことを窺わせるものであ〔る。……〕言うまでもないことであるが、弁護人が被疑者（被告人）との意思疎通に十全を期し、本件の如き上訴が提起されることがないことを願うものである。」

前述のとおり、本件では、第一審判決後に選任された弁護人が即決裁判に対する上訴制限を定めた刑事訴訟法403条の2の合憲性を争点としたことから、裁判所の判断もその点の検討が中心となっている。もっとも、田原補足意見が指摘するとおり、第一審弁護人が被疑者・被告人との間で十分な意思疎通を図ることができず、その結果、被疑者・被告人自身が即決裁判手続に対する同意を意思的瑕疵（特に動機の錯誤）に基づいて表明した可能性がある。仮にそうだとすると、被告人は、即決裁判の同意は無効であり、その有効を前提とする即決裁判手続の開始決定は違法であるとの理由で、訴訟手続の法令違反を主張して第一審手続のやり直しを求めることも考えられる事案であった。もっとも、このような主張が認められるためには、被告人に生じた自身の弁護人による不適切な弁護に基づく意思的瑕疵について、その帰結が被告人自身に帰属されないための根拠が必要となる。すなわち、弁護人と被疑者・被告人との対内的関係における弁護活動の瑕疵は、被疑者・被告人と国家のいずれが負担すべきという点が、正面から問題とされるべきことになるのである。

（2）（i）そもそも、被疑者・被告人の訴訟行為に意思的瑕疵が付着しているとき、その無効を考えることは可能であるか。この点について、大審院昭和7年判決[301)]は、被告人の上訴放棄は錯誤により無効との主張に対し[302)]、民法95条の援用による訴訟行為の無効性を明確に否定している[303)]。

301）　大判昭7・11・22大刑集11巻1664頁。

しかしその後、最高裁昭和24年判決[304]は、被告人の上訴取下げについて錯誤（被告人の心神耗弱状態が原因）による訴訟行為の無効を認め[305]、学理上も、意思的瑕疵に基づく訴訟行為の無効を認める見解が支配的となっている[306]。

この問題について、ドイツでは、ライヒ裁判所第四刑事部1922年決定[307]が「刑事手続の適切な運営に向けた公的利益の観点」から錯誤に基づく上訴放棄は無効とする被告人の主張を退けているように、かつては、訴訟行為に際しての意思的瑕疵は当該訴訟行為の有効性を害さないとする見解が支配的であった。しかし、現在では、連邦通常裁判所第二刑事部1961年判決[308]が強迫に基づく上訴放棄及び取下げは無効となり得ると判示するように、意思的瑕疵が訴訟行為の有効性に影響を与え得ることが承認されている。ドイツの学理上も、現在では、意思的瑕疵が訴訟行為の有効性に影響を与え得ることが一般的に承認されている[309]。

（ⅱ）そこで、このような意思的瑕疵に基づく訴訟行為の無効はいかなる理論構成に基づくものであるかが問題となる。この点について、単純に民法の意思表示規定（民90条以下）・理論の援用が想起されるが、これに対しては、「私的自治・契約自由の原則のもとに個人の意思を中心として構成された法律行為の概念を、刑事訴訟に持ち込むことは妥当では〔なく、……〕訴訟行為の要件及び訴訟行為の評価についても訴訟法独自の立場から、考えてゆ

301）　大判昭７・11・22大刑集11巻1664頁。

302）　本件被告人は、第一審判決後に上訴を放棄したが、それは判決が被告人を実刑に処するものであったにもかかわらず、未決勾留中の被告人に対し看守（判決期日に被告人を法廷に連行した者）が執行猶予とされたのであるから早く釈放されるためには上訴を放棄せよと申し述べたため、被告人はその言を信じて（判決は大量の被告人に矢継ぎ早に宣告されたため、看守も被告人も実刑判決であることを十分認識していなかったため）放棄を表明したものと認定されている。

303）　当時の学理でも、無効否定説が通説的見解であった（牧野英一『刑事訴訟法』167頁（有斐閣、増補版、1932年））。

304）　最判昭24・６・16刑集３巻７号1082頁。

305）　団藤188頁注２。

306）　小野清一郎『刑事訴訟法講義』211頁（有斐閣、全訂第３版、1933年）、団藤重光『訴訟状態と訴訟行為』183頁（弘文堂、1949年）。

307）　RGSt 57, 83.

308）　BGHSt 17, 14.

309）　*Beulke*, Rn 301; *Roxin/Schünemann*, § 22 Rn 7.

かねばな〔らない〕」として、民法規定・理論の援用を否定するのが一般的な理解である[310)]。ドイツの学理でも、意思的瑕疵が全て訴訟行為を無効とさせるものとする見解は見られず、意思的瑕疵が訴訟行為を無効とさせる場合をいかなる基準に基づいて判断すべきかが問題とされている。

この問題について、ドイツの通説は、瑕疵が重大である場合には訴訟行為が無効になるとする[311)]。しかし、瑕疵の重大性に関する具体的基準が定立されるわけではなく、個別事例ごとの判断に委ねられている。すなわち、刑事手続における法的安定性の要請から、訴訟行為に際しての意思的瑕疵は原則として考慮されず、当該訴訟行為は有効であるのが原則であるが、実体的正義の観点から一定の修正が必要であるとして、具体的事例における事情を総合的に衡量して両要請の調整を図るというのである。

通説的見解は、理論的基礎付けとしては妥当であるが、個別事例における判断の明確性という点に問題を残す。それゆえ、学理上、従来、具体的基準に関する提案がなされてきた。例えば、禁止されるべき尋問方法を規定した刑事訴訟法136a条を類推適用し、国家の側に欺罔や強制等の被疑者・被告人の具体的訴訟行為に向けた意思決定を侵害する行為が存する場合には、同様の行為により引き出された自白の証拠としての使用が禁止されるのと同じく、同様の手段で誘引された被疑者・被告人の訴訟行為は無効である[312)]、行為期間が定められた訴訟行為において原状回復を認める刑事訴訟法44条の類推適用から、被疑者・被告人において帰責性がない場合には無効となる[313)]といった見解が主張されている。前者が国家機関の行為という客観的事情に着目するのに対して、後者が被疑者・被告人の主観的事情を重視する点に違いがあるが、いずれにしても、これらの見解によっては訴訟行為における意思的瑕疵の全てを説明できるものではなく、結論においてなお不明確さが残されている。

310)　光藤・Ⅱ14頁。

311)　BGHSt 45, 51.

312)　*Joachim*, Die Berücksichtigung von Willensmängeln bei nichtrichterlichen Prozeßhandlungen im Strafprozeß, S. 140 f, 1970.

313)　*Schulze*, Der Einfluß von Willensmängeln auf den Bestand des Rechtsmittelverzichts des Beschuldigten, S. 163 ff, 1973.

これらに対して、(特に被疑者・被告人の)訴訟行為における意思的瑕疵がもたらす帰結は刑事訴追機関(裁判所を含む)と被疑者・被告人のいずれが負担すべきかという観点から、いわば責任配分という基準で解決を図る見解が主張されている。例えば*Kleinbauer*は、被疑者・被告人の意思的瑕疵に基づく訴訟行為が裁判所や検察官等の司法機関による「配慮義務違反」に基づくものであるか否かという点にその基準を求めている[314)]。すなわち、司法機関の配慮義務は、フェア・トライアルの観点における法治国家原理に加えて弱者保護という社会国家的原理をも基礎とし、前者の観点からの被告人の防御への妨害禁止という消極的保護だけでなく、後者の観点からのより実効的な手続的権利の行使を保護することをも要請するものである、それゆえ、裁判所は、例えば被告人に対して欺罔や威迫により意思的瑕疵を生じさせてはならないだけでなく、被告人の意思的瑕疵が少なくとも外部的に認識可能であるような場合には、それを是正すべき方向においても配慮義務を負うというのである[315)]。

また、*Meyer*も、刑事訴訟における訴訟主体間の責任配分という観点から[316)]、被疑者・被告人は基本的に自己の訴訟行為による帰結について責任を負担しなければならず、それゆえ、例えば彼が表明した上訴放棄は原則として有効とされなければならないとした上で[317)]、そのような訴訟行為に意思的瑕疵が付着している場合には、その発生原因及び被疑者・被告人のそれに対する対抗策の有無から彼に自身の訴訟行為の責任を帰属させるべきではない場合があるとして[318)]、意思的瑕疵の例外的考慮(つまり、訴訟行為の無効性)を導き出している。例えば、裁判長又は検察官が強迫、欺罔、故意ではない虚偽事情の提示(客観的誤導)などにより被疑者・被告人に意思的瑕疵を生じさせた場合、訴訟主体である被疑者・被告人は、自身の責任において証

314)　*Kleinbauer*, Rechtsmittelverzicht und Rechtsmittelzurücknahme des Beschuldigten im Strafprozeß, S. 193 ff, 2006.

315)　*Kleinbauer* (Fn 314), S. 232 ff.

316)　*Meyer*, Willensmängel beim Rechtsmittelverzicht des Angeklagten im Strafverfahren, S. 29 ff.

317)　*Meyer* (Fn 316), S. 68 ff.

318)　*Meyer* (Fn 316), S. 87 ff.

拠使用禁止、固有の不服申立権などの法定された救済手段を行使しなければならないが（そのような手段が存するときには、被疑者・被告人にはその手段を行使することが要請される）、一定事情においてそのような救済手段を行使することができない又は彼にその行使を期待することができない場合には、訴訟行為における意思的瑕疵が当該訴訟行為を無効にするという形で考慮されるというのである。また、被疑者・被告人自身が国家機関より右のような作為を受けずに訴訟状況を誤解して意思的瑕疵が生じた場合には、彼は基本的にその帰結について責任を負担しなければならないが、そのような瑕疵が存することが外部的に明白である場合には、裁判所はその配慮義務に基づいて適切な教示を行うなどにより被疑者・被告人における意思的瑕疵を是正する義務を負い、裁判所がそれを果たすことなく漫然と被疑者・被告人に意思的瑕疵に基づく訴訟行為を行わせた場合には、その帰結はもはや被疑者・被告人ではなく裁判所の責任領域に帰属されるという形で修正される[319]。そして、このような配慮義務による是正要請は、第三者による強迫、欺罔、客観的誤導がなされた場合にも妥当し、それは、本来被疑者・被告人の側で援助すべき立場にある弁護人から行われた場合にも同様であるとされている[320]。すなわち、弁護人が訴訟状況の認識又はその評価を誤って被疑者・被告人に不適切な助言を与えた場合、それにより生じた意思的瑕疵が裁判所において明白である場合に限り、裁判所はこれを是正する義務を負い、その義務が懈怠された場合には、裁判所が被疑者・被告人の訴訟行為に基づく帰結を負担しなければならない。それゆえ、例えば被告人が弁護人の不適切な助言（いかにしても認められないはず釈放が上訴放棄をすれば認められるなど）により被告人が上訴放棄を表明したとき、被告人のそのような動機の錯誤が裁判所に明白であり、裁判所がこれを適切な教示等により是正するべきであったにもかかわらず放置したまま被告人が上訴放棄を表明した場合には、被告人は、動機の錯誤に基づく上訴放棄の無効を主張し改めて上訴を提起できることになる。

Kleinbauer と *Meyer* の見解は、以上のとおり、訴訟主体間の答責領域の分割という観点からアプローチし、刑事訴追機関の積極的な作為により被疑

319)　*Meyer* (Fn 316), S. 214 ff.
320)　*Meyer* (Fn 316), S. 280.

者・被告人に意思的瑕疵を生じさせた場合だけでなく、配慮義務という観点から、その他の理由により被疑者・被告人に生じた意思的瑕疵の除去も一定事情において要請するものである。いずれも従来の通説的見解が基礎とする法的安定性と実体的正義の衡量という観点と矛盾するものではなく、その実質的・理論的考察において優れているだけでなく、責任領域の分割・配分という抽象的命題から演繹した具体的場面における基準も明確なものであり、実践的要請にも十分耐え得るものである。ただ、被疑者・被告人の訴訟主体性を強調し、彼らに意思的瑕疵の発生に対する一定の除去義務を肯定する点で、*Meyer* の見解の方が当事者主義を標榜する我が国の刑事訴訟理論により親密的であるように思われる。

（３）そこで、*Meyer* の理論・基準を参考に、本件を検討してみよう。*Meyer* は、自身の理論はドイツで近時盛んに議論され立法に結実した合意手続にもそのまま適用されるとする[321]。例えば被告人が事前の合意（本来不許容である上訴放棄を内容とする）に基づき判決宣告直後に上訴を放棄したとき、法的に存在しないはずの義務が存在しているとの錯誤が認められるがそれが裁判所に明白である場合には、裁判所は事前にそれを是正する義務を負う。しかし、そのような義務に基づく適切な教示等が行われたにもかかわらず被告人が上訴を放棄した場合には、被告人の答責的行為として上訴は有効とされるべきというわけである。この結論は、ドイツの判例で要求され立法に結実した「加重的教示」の要請[322]に適合するものであり、*Meyer* の理論からその制度趣旨を合理的に理解することができる。我が国の即決裁判手続は、ドイツの判決合意手続と同じく取引的要素を持つことは否定できない[323]。そこでは様々な利害が交錯し、弁護人からも被疑者・被告人に（必ずしも有利とはいえないものも含めて）様々な助言が与えられる。その結果、訴訟の相手側（検察官だけでなく裁判官も含めて）のみならず、場合によっては味方であるはずの弁護人からの不当な作用によっても、被疑者・被告人の意思決定における

321） *Meyer* (Fn 316), S. 380.

322） 辻本典央「刑事手続における取引(1)―ドイツにおける判決合意手続」近法57巻２号1頁。ただし、合意手続が行われた場合、現行法上、一律に上訴放棄は無効とされている（ド刑訴302条１項２文）。

323） 辻本典央「判評」近法57巻３号17頁。

自由が害され、彼らに不利な帰結がもたらされることが考えられる。その際には、被疑者・被告人の訴訟行為における意思的瑕疵を一定の事情において考慮し、これを無効とする構成が考えられなければならない。その意味において、*Meyer*の基準を援用して考察することは、適切な解決をもたらすであろう。

*Meyer*の答責性分配論を前提にすると、即決裁判手続に同意することについて被疑者・被告人に一定の意思的瑕疵が生じていた場合、基本的にそのリスクは彼自身が負担すべきであり、同意表明は原則として有効と評価される。もっとも、被疑者・被告人が意思表示するに当たり、例えば弁護人から不適切な助言が与えられ、そのことが裁判所にとっても明白である場合には、裁判所は被疑者・被告人の真意を確認し、錯誤等が認められるときには（例えば、被告人が公判の途中で意を転じて無罪であるとの主張を行うなどした場合）、同意に基づく即決裁判手続の申立てを却下し改めての再考を促すなど、適当な是正措置を採るべきである。これがなされず漫然と判決された場合、被告人は、同意の無効を主張し、上級審でその是正を求めることができることになる。

Ⅳ．小　括

以上、本章では、弁護活動に瑕疵がある場合にその帰結を被疑者・被告人に帰属させることの問題性を指摘し、その是正を図るべき理論構成を探求した。もとより、我が国の多くのの刑事弁護人は、真摯な態度で被疑者・被告人と向き合い、彼らの正当な利益の擁護に向けて努力していることはいうに及ばない。しかし、ごく稀に、意図的であるにせよないにせよ、被疑者・被告人にとって十分かつ適切とはいえない弁護活動が行われていることも、本章で言及した事例が示すとおり現実のことである。その際、単純に、弁護人のしたことの責任は全てその依頼人である被疑者・被告人が負うべきであるとはいえない。その点で、刑事手続と民事手続との本質的な違い、刑事弁護人の特殊性が認められるのである。

第14章　弁護人数の制限

――事例研究：３人を超える弁護人の数の許可につき刑訴規則27条１項但書にいう「特別の事情」があるとされた事例（最決平24・５・10刑集66巻７号663頁）――

Ⅰ．事件の概要

１　事　　実

本件は、被疑者Ｘが共犯者らと共謀の上自身が代表取締役を務める会社の業務に関して法人税合計約3,600万円を免れたとの被疑事実による捜査手続において、その弁護人らが、刑事訴訟規則27条に基づき、弁護人の数を３人を超えて６人とすることの許可を求める請求をした事案である。Ｘは、別件の法人税法違反等の公訴事実で既に公訴提起され、徳島刑務所（本件弁護人らの事務所が所在する徳島市内から車で往復約１時間）を留置場所として勾留されていたため、本件被疑事実に関しても同刑務所を留置場所とする勾留が執行されていた。また、Ｘが代表取締役を務める会社は、同県阿波市（弁護人らの事務所から車で往復約１時間半）に所在していた。

原々審は請求を却下し、原審も抗告[324]を棄却したので、被疑者本人及び弁護人らが特別抗告を申し立てた[325]。原決定[326]は、刑事訴訟法35条但書は被告人の弁護人の数の制限については特別の事情があるときに限ると規定

---

324)　抗告は、既に選任されていた弁護人３名と、新たに選任されるべき３名の弁護士の連名による。

325)　なお、本件被疑者に対して、消費税法違反等の別の被疑事実による捜査が先行され、同捜査手続に関しても弁護人を６人と認めることが申し立てられたが、徳島地裁は、それを下回る４人を許可する決定を下した。弁護人らは、これに対して最高裁に特別抗告を申し立てたが、最高裁は、「被疑者の弁護人の人数超過許可決定（本件原決定のように請求人数よりも少ない人数を指定するもの）に対しては、刑事訴訟法419条により高等裁判所に抗告の申し立てをすることができる」として、抗告を棄却した（最決平24・４・20刑集66巻６号645頁）。

326)　高松高決平24・５・２刑集66巻７号682頁。

し、被疑者と被告人とでその弁護人数の制限に差を設けることを許容していることが明らかであり、実質的にも被疑者と被告人ではその弁護人の活動の質及び量が異なる、本件においても被疑者の弁護人を３人以上にすべき「特別の事情」は認められないとしていた。

これに対し、最高裁は、次のとおり判示し、原決定を取り消して原審に差し戻した[327]。

2　最高裁決定要旨

「刑訴規則27条１項ただし書に定める特別の事情については、被疑者弁護の意義を踏まえると、事案が複雑で、頻繁な接見の必要性が認められるなど、広範な弁護活動が求められ、３人を超える数の弁護人を選任する必要があり、かつ、それに伴う支障が想定されない場合には、これがあるものと解されるところ、本件においては、税務申告書に架空の減価償却費用を計上するなどして多額の所得を秘匿したという事件につき、犯意、共謀等を争っている複雑な事案であること、申立人は被疑事件につき接見禁止中であり、弁護人による頻繁な接見の必要性があること、会社の従業員、税理士事務所職員ら多数の関係者が存在し、これらの者と弁護人が接触するなどの弁護活動も必要とされることなどの事情が認められ、上記のような支障も想定されないから、刑訴規則27条１項ただし書に定める特別の事情があるものというべきである。

そうすると、原決定は、特別の事情があるとは認められないとして上記請求を却下した原々決定を是認したものであるから、刑訴規則27条１項ただし書の解釈適用を誤った違法があると言わざるを得ない。そして、３人を超えて何人の弁護人を許可するのが相当であるか改めて検討する必要がある。」

327)　高松高裁は、本決定を受けて、弁護人を６人とすることを許可する決定を下したようである。

Ⅱ．若干の検討

1　刑事訴訟規則27条の合法性（合憲性）

（１）刑事訴訟規則27条１項によると、捜査段階の弁護人数は原則として３人に制限されているが、同条項但書により、「特別の事情」があると認められるときは、裁判所よりこれを超える選任の許可を受けることができる。本件は、この「特別の事情」が存在することを理由に、６人の弁護人の選任を許可することが請求された事案である。

申立人らは、原審において、そもそも捜査段階での弁護人数を原則的に３人に制限する本条項の合法性、合憲性について疑いを示している[328]。すなわち、憲法34条は、身体拘束された者に対する弁護人選任権を保障し、その数に制限を定めていない、被疑者段階と被告人段階とで制限に差異を設けることは、平等原則（憲14条）にも反する、刑事訴訟法35条もこれを受けて原則として被疑者段階、被告人段階を問わず弁護人の数に制限を設けないこととしているのであり、刑事訴訟規則はこの原則と例外の関係を逆転させるものである、というのである。

これに対して、原決定は、次のように判示してその主張を退けた。すなわち、刑事訴訟法35条の文理上、被疑者段階と被告人段階とで弁護人数の制限に差が設けられることが前提とされている。実質的にも、公判が当事者主義構造を採るものであるのに対して、捜査はそのような構造のものではなく、被疑者や弁護人の権利にも制限が課せられているのであり、更には被疑者の身体拘束に厳格な時間的制約があることからしても迅速に捜査を進める必要性が高い。それゆえ、被疑者の弁護権を実質的に損なうものではない限り、被告人段階とは異なった調整規定を設けることを許すものである。刑事訴訟規則27条は、そのような調整規定として、弁護人数を原則として３人に制限し、特別の事情がある場合にのみその超過を裁判所の許可にかからしめるものであり、これによって被疑者の弁護権を実質的に損なうものではなく、ま

328）　申立人らは、抗告趣意でも同様に主張したが、本決定は、この点に関する判断を示さなかった。

た被告人弁護と比較して不合理な差別ではない。

（2）刑事訴訟法35条は、弁護人数について裁判所規則により制限できることを認めている。これを受けて、刑事訴訟規則は、起訴後の段階については、「特別の事情」がある限りで弁護人数を3人までに制限できるとしつつ、起訴前の段階については、「特別の事情」が認められる限りで弁護人数を3人を超えて許可するものと定めている[329]。このような形で弁護人数に制限を置くことは、旧刑事訴訟法までに規定がなく、現行刑事訴訟法が制定された際に導入されたものである。その趣旨は、一般的に、多数の弁護人が関与することによる訴訟の混乱・遅延を防ぐという点にあると解されている。ドイツ刑事訴訟法も、同様の趣旨において、（起訴前後を問わず）弁護人数を3人までとしており（ド刑訴137条1項2文）[330]、上記立法目的との関係では、3人という数自体は合理性が認められる。もっとも、我が国の学理では、資力の有無による不平等さを回避することもその根拠として挙げる見解がある[331]。しかし、無資力の者がそもそも3人もの弁護人を雇用することは困難であるし、逆に、資力のある者が自身の正当な利益を擁護するために財産を投下することは否定されるべきではないことからも、これを根拠に挙げることは妥当ではない。

問題は、現行規定上、弁護人数制限の在り方が、起訴の前後において原則と例外が逆転されていることである。この点について、刑事訴訟法35条自体が起訴後の弁護人数制限のみ「特別の事情のあるとき」に限られるとしており、刑訴規則における異なる取扱いも、本条との関係で（つまり、違法ではないかという点について）は問題を生じさせない。もっとも、憲法上の弁護人依頼権（憲34条前段）との関係では、かかる取扱い（違憲ではないかという点）については説明を要する。この点について、原決定は、捜査と公判の構造的な違

329）　本制限規定は国選弁護にも適用されるかという論点もあるが、裁判所が国選弁護人を任命しておきながらなおもこれを不許可とすることは考えられないため、実質的な意味はない。

330）　ここでも、訴訟の遅延・混乱の防止が、立法理由として挙げられている。BGHSt 27, 124, 128; BVerfGE 39, 156; *Meyer-Goßner*, § 137 Rn 4.

331）　青柳文雄他〔柏木千秋〕『註釈刑事訴訟法・第1巻』138頁（立花書房、増補版、1980年）。

いに加えて、身体拘束の時間的制約等からくる迅速捜査の要請を挙げて、憲法も現行規定によるような合理的な調整を否定するものではないと判示している。確かに、我が国の有罪率の高さを見ると、捜査段階で十分な弁護を尽くすべき必要は高く、捜査と公判とでその弁護の内容に実質的な差異が常に認められるとは限らない。しかし、身体拘束の時間的制約を考えると、多数の弁護人が関与することに伴い捜査手続に混乱が生ずる可能性が高くなることも否定できない。それゆえ、現行規定のとおり、原則として３人までに制限をしておき、例外的に特別事情がある場合にこれを超える選任を裁判所の許可にかからしめるという形で調整することは、不合理とまではいえない。

2　刑事訴訟規則27条の要件論

（１）前述のとおり、刑事訴訟規則27条による弁護人数を原則的に３人に制限する取扱いが合理的な調整といえるためには、例外的にこれを超える数の弁護人が許可されるべき基準となる「特別の事情」の存否が適切に判断されなければならない。

この点について、原々決定は、特段の事情を示さず「特別の事情」の存在を認めなかった。原決定は、これを補足する形で、本件事案の争点、共犯者等事件関係者の数、想定されるべき弁護活動の内容、それまでの捜査・弁護活動の状況を挙げて、原々決定が特別の事情を認めなかった点に誤りはなかったと判示している。

これに対して、最高裁決定は、被疑者弁護の意義（重要性）を前提として、事案の複雑性、頻繁な接見の必要性など広範な弁護活動が求められ、超過弁護人数を選任する必要性があり、それに伴う支障が想定されない場合には「特別の事情」が認められるべきであるとした。この点は、本規則の解釈適用に関する最高裁による初の判断であり[332]、被疑者段階で３人を超える弁護人を選任することが許された例はあまりないとされていることからしても[333]、今後の実務にとっての意義は大きい。

最高裁決定は、その上で、①税務申告書に架空の減価償却費用を計上する

332）「本件匿名解説」判タ1378号97頁。

などして多額の所得を秘匿したという事件につき、犯意、共謀等を争っている複雑な事案であること、②申立人は被疑事件につき接見禁止中であり、弁護人による頻繁な接見の必要性があること、③会社の従業員、税理士事務所職員ら多数の関係者が存在し、これらの者と弁護人が接触するなどの弁護活動も必要とされることなどの事情が認められること、④３人を超える数の弁護人を選任することに伴う支障も想定されないことを認定し、「特別の事情」の存在を否定した原決定の判断を覆した。もとより、この結論については、差戻し後に高裁が直ちに申立てどおり６人の弁護人の選任を許可していることからも、異論のないところである。

（２）もっとも、この特別の事情の存否に関する解釈として、最高裁決定が挙げるような条件が妥当なものであったかは検討の余地を残している。抗告申立人らは、本決定と同様に事案の複雑性、場所的関係（犯行場所が遠隔複数の場所にまたがる場合）などに照らして４人以上の弁護人を選任する必要性[334]を挙げつつ、できる限り被告人段階との区別をすべきではなく、捜査の流動性にも鑑みれば、「４人以上の弁護人の選任を相当とする蓋然性」があれば足りるとし、その際に許可されるべき人数も原則として請求に従うべきであるとして、事実上超過人数許可が原則的であるべきとの見解を示している。他方、本決定に対する評釈として、最高裁決定は複雑重大な事案で超過人数許可の申立てがあれば積極的に許可するように判示したものと簡単に単純化されてはならず、今後も多様な事情を適切に考慮すべきであるとの見解も見られる[335]。

333）　条解53頁。逆に、起訴後の段階で弁護人数が制限された事案もほとんどないとされている（名古屋高金沢支判昭28・７・18高刑６巻10号1297頁、大阪高決昭51・８・24判タ347号296頁。更に最決昭34・４・28判時195号5頁参照）。

334）　注釈１巻〔植村立郎〕331頁。

335）　内藤惣一郎・警論65巻８号159、168頁。内藤は、今後の個別事案における判断要素として、①接見等の弁護人のみなしうる活動以外の調査活動は弁護人でなくてもできる、②できるだけ多数の弁護人が選任されることが常に被疑者の利益であるとは限らない、③起訴前は主任弁護人制度が適用されず弊害支障に対応しがたい、④超過数を許可する場合の弊害はあくまで予測判断にすぎないことから、具体的な支障の想定を求めることは不合理である、⑤被告人段階の「特別の事情」とかけ離れた解釈をすべきではない、⑥被疑者国選弁護制度とのバランスから３人以上の弁護人選任が常態化されるべきものではない、という点を挙げている。

この点は、今後の実務を占う上で重要な問題であるが、いずれにしても当該事案における実質的な判断、すなわち、被疑者の防御の利益と迅速捜査に向けた公的利益との比較衡量が求められるものである。そして、その際には、被疑者の弁護人選任権が憲法上の権利であるとされていることの趣旨を踏まえて、多数弁護人が選任された場合の弊害についても、一律に超過数の選任を却下するのではなく、個別的に対応することができるか否かが問われなければならない。例えば多くの弁護人が立ち代りに接見に訪れるなどして捜査（特に取調べ）が十分行えないような場合には、接見指定（刑訴39条３項）という手段をもって対処することも可能である（第11章）。また、確かに、被疑者に４人以上の弁護人を選任できる資力があるという程度では「特別の事情」を認めることはできないが[336]、各弁護人の役割分担が明確に示されており、その分担が合理的である場合には[337]、弁護戦略の決定は基本的に被疑者・被告人の判断が尊重されるべきであることからしても、それに対する弊害に対処可能である限りで特別の事情が認められてよい。

3　超過弁護人数許可請求・決定の方式

超過弁護人数許可は、弁護人選任権者又はその依頼により弁護人となろうとする者からの請求に基づいて行われる（刑訴規27条２項）。捜査段階では、当該事件が係属しているという意味での裁判所は存在せず、国法上の裁判所がこの許可決定を行うことになるが[338]、そこでは選任されるべき弁護人数を事前に把握することができず、許可決定を職権で行うことはおよそかなわないことによる。

請求に際し、それが適法であることを示すために、請求者はその請求資格について疎明しなければならない。本件では、既に選任されていた３名の弁護人と、これに加えて弁護人となろうとする者の計６名の連名で請求が行わ

336）　注釈１巻〔植村立郎〕331頁。

337）　例えば、弁護人以外でも十分なし得る業務について、殊更弁護人に役割配分した結果、超過人数が必要となるような場合には、合理性が否定されてよい。本件のような税法違反において帳簿の調査等は、あえて弁護士でなくても、公認会計士や税理士に業務を委託した方が合理的である。

338）　注釈１巻〔植村立郎〕331頁。

れた。既に選任されていた弁護人らは、被疑者を代理して訴訟行為を行ったものである。これに対して、原々決定は、請求自体について、既に選任されていた弁護人らの請求として扱い、新たに超過して選任を求めた者らの請求自体を不適法として扱った。この点について、原決定は、この３名については、「被疑者の依頼により弁護人となろうとする者」であるとの疎明がなかったためであるとし、原決定の判断に誤りはないとしている。ただし、原々決定に対する抗告としては、この３名についても「原決定の効力を受ける者」に当たるとして、適法な抗告申立権者であるとして扱われている。

これらの手続的な問題は、従来、弁護人数超過許可の請求が行われること自体少なく、並行して進行された別件の抗告方法の問題[339]とも併せて、今後の実務に参考になる。

339）　最決平24・４・20刑集66巻６号645頁。

第４編

ドイツの刑事弁護

第15章　ドイツの刑事弁護の沿革と実態

I．総　　説

「刑事訴訟の歴史は、刑事弁護の歴史である」[1]。我が国でも代表的な著書[2]でよく引用されているこの格言は、現在の刑事訴訟における刑事弁護の重要性を表すだけではない。むしろ、歴史的に見て、刑事弁護の本質が必ずしも一元的に理解されてきたわけではないことも示している。刑事訴訟は一国の縮図であるともいわれることからすると、刑事弁護制度及びその運用は、それぞれの地域や時代における国家観が端的に表されたものといってよい。

もっとも、少なくとも現代の法治国家において、刑事手続が公正かつ公平な理念に基づいて実施されるべきであるという点では共通の理解があり、その理念は普遍的であるといってよい。それゆえ、我が国の刑事弁護制度に関する検討においても、比較法的な視点からのアプローチには、多角的な検討という意味においてその重要性が認められる。

本章では、その一つとして、ドイツにおける刑事弁護制度の沿革を、歴史的な考察を踏まえて紹介する。加えて、現在の実態を把握するものとして、いくつかの現代的な個別問題にも言及する。これによって、ドイツの刑事弁護制度がいかなる理念に基づいて構築され、それが現在の形にまで発展してきたのか、更には現在の新たな法律状況を踏まえて、弁護人は刑事訴訟にいかなる態度で臨むべきであるかが明らかになる。

1）　*Glaser*, Handbuch des Strafprozesses Bd. 2, S. 223, 1885.
2）　団藤115頁、田口136頁。

Ⅱ．ドイツの刑事弁護の沿革

1　歴史的概観

ドイツの歴史において、弁護人制度の本質にかかわるその機能や法的地位に関して二つのモデルが見られる（第２章）。

古代ローマ期、特に共和制時代では、裁判制度において民事と刑事がまだ分離されておらず、当事者の主導で運営されていた[3]。弁護人は私人の利益だけに配慮すべき者であると考えられ、いわば訴訟当事者の私的代理人としての地位に置かれていた。そこでの弁護人は、その内容に応じて、パトロニ、アドヴォカティ、ラウダトールの類型に区別されていた。パトロニは、感銘的な演説により当事者（原告又は被告）の主張を代弁する者、アドヴォカティは、訴訟当事者に法的助言を与えることによりこれを援助する者、ラウダトールは、過去から現在に至るまでの被告の人格を賞賛し、国民や裁判所の同情を集めるという責務を持つ者であった。いずれにせよ、この時代の弁護人（被告を弁護する者）は、当事者の純粋な代理人であり、訴訟において真実発見に向けて義務付けられる者ではなかった。

民事と刑事の分化が広まった中世初期の裁判手続においても、なお弁論主義が強く妥当し、裁判所は当事者の主張に拘束されるべき者とされていた。そこでは、当事者の主張の巧拙が訴訟の勝敗を分けたため、法的素養のある援助者の必要性は非常に高かった。当事者のために訴訟で弁論を行う代弁者が登場したのも、この頃である。その後、刑事手続における弁護人の地位は、糾問主義の発展につれて低下し、18世紀には、かつての「自由な弁護」の時代とは明らかに異なるものとなった。例えば、オーストリアでは、弁護人は刑事手続から完全に排除されたほどである。

3）　*Roxin*, § 67 Rn 1.

2　現在の法律状況

（1）　ライヒ刑事訴訟法制定

18世紀末からの一連の革命期を経て、19世紀に入ると、啓蒙思想に基づく刑事法（特に刑事手続法）の改革が活発となった。いわゆる「改革された刑事訴訟」の実現に向けた時代である。ドイツ諸州は、19世紀半ば頃から、公開主義や口頭主義といった諸原則の承認、陪審制度の採用などに努めてきたが、1871年にプロイセンを中心にドイツ帝国が成立し、早くも1877年には「ライヒ刑事訴訟法」が制定された（施行は1879年10月）。現行刑事訴訟法は、基本的にこのライヒ刑事訴訟法を根源とするものであり、それぞれの時代において改正が積み重ねられてきたものの、その同一性については異論がない。

弁護人に関する規定も、既にライヒ刑事訴訟法制定当時から第１編第11章（ド刑訴137条以下）に置かれている。もっとも、この規定の制定に当たっては、それ以前の歴史的な経過を踏まえた論争があった。すなわち、ドイツ帝国が成立する以前、プロイセンでは、刑事弁護は公務員である司法官に委ねられていた。ライヒ刑事訴訟法制定に当たっても、刑事弁護をいわば国家の自己目標として公権的に保障するといった方策が提示されていたが、最終的には、被疑者・被告人自身が自由に弁護人を選任し、そのための資源も基本的に自ら出損するという制度とされることになった。そこでは、個人の国家からの独立という意味での自由主義的な考え方が決定的であったといわれる[4]。すなわち、個人を中心に据えた社会は、その構成員である市民を刑事手続の場においても国家の客体に埋没させるのではなく、むしろ国家と対峙する主体として位置付け、弁護人はその擁護者として彼らの側に立つ者と理解されたわけである。このような考えに基づき、ライヒ刑事訴訟法は、弁護に関するその最初の規定である137条において、私選弁護を原則とすることを定めたわけである。

（2）　現行法上の弁護人に関する規定

ライヒ刑事訴訟法は、その後、ナチス政権時代の様々な改正（基本的に被疑

4）　LR-*Lüderssen/Jahn*, vor § 137 Rn. 17 ff.

者・被告人の権利を縮減する方向)、第二次世界大戦後の分割支配を経た後のドイツ連邦共和国の誕生に基づく「法統一を回復する法律」(1950年)、1964年の刑事訴訟法小改正、1970年代のテロ対策立法などの大小の改革を経て、現在の連邦刑事訴訟法に至る。以下、現行刑事訴訟法における弁護人に関する諸規定を概観する。

（ⅰ）　弁護人の選任・任命

私選弁護の場合、弁護人は、被疑者・被告人又はその法定代理人によって選任される（ド刑訴137条)。私選弁護人として選任され得るのは、ドイツの裁判所で資格を認められている弁護士及び大学の法学教員である（ド刑訴138条1項)。これら以外の者も裁判所の許可を条件に弁護人として選任され得るが、必要的弁護事件に限っては、有資格者と併せて選任されなければならず、単独で弁護人となることはできない（ド刑訴138条2項)。

これに対して、国選弁護の場合、公判の管轄を有する又は事件が係属している裁判所の裁判長が、弁護士（一定の事案については、第一次法曹国家試験を合格した司法修習中の者も含む）の中から任命を行う（ド刑訴141条4項、142条)。その際、被疑者・被告人には、自身が希望する弁護人を指名する機会を与えられ、裁判官は、その支障となる重大な理由がない限り、指名された者を弁護人として任命しなければならない（ド刑訴142条1項1文)。なお、ドイツでは、任意的弁護事件について国選弁護人が任命されることはなく、国選弁護は必要的弁護事件に限られている。それゆえ、国選弁護人が任命された場合でも、私選弁護人が選任されると、国選弁護人は解任される（ド刑訴143条)。もっとも、実務では、必要的弁護事件における遅延防止及び手続保全の必要から、私選弁護人が選任された後もなお、国選弁護人を解任しないという扱いが行われることもある（保全弁護人)。この点は、必要的弁護制度の趣旨と関連して、その当否についてしばしば議論が見られるところである（第12章)[5]。

ドイツでは、1個の手続で3人を超えて弁護人を選任することはできない(137条1項2文)[6]。この規定は、多くの弁護人が関与することにより手続が遅延し又は妨害されることを防止することを趣旨とする[7]。また、1人の弁護

5）　*Wohlers*, StV 2001, 420.
6）　日本の状況について、最決平成24・5・10刑集66巻7号663頁参照。

士が同一の犯罪について複数の被疑者・被告人を同時に弁護すること、又は１個の手続で複数の犯罪について複数の被疑者・被告人を同時に弁護すること（共通弁護）は禁止されている（ド刑訴146条）。この規定は、被疑者・被告人相互における利益相反を防止することを趣旨とする。

（ⅱ）　弁護人の除斥

ドイツでは、従来、弁護人が依頼者と共謀して司法機関としての権限を濫用する場合、裁判所が弁護人を手続から排斥するという取扱いが行われてきた。この実務は、1973年の憲法裁判所判決[8]において、弁護士の職業遂行の自由（基本法12条）に対する法律に基づかない制限であることを理由に憲法違反とされた。しかしそれ以後も、ドイツ連合赤軍によるテロ事件の訴訟で弁護人の濫用的活動が頻発したことから、刑事訴訟法138a 条以下に弁護人の手続からの除斥を認める規定が創設された。これによると、次の四つの類型に該当する場合、弁護人が手続から除斥され得る。

①弁護人に対して、当該手続の対象である犯罪への関与（共犯又は処罰妨害罪、盗品関与罪、人的庇護罪）の強い嫌疑又は公判開始が認められるほどの嫌疑が生じた場合（ド刑訴138a 条１項１号、３号）。

②弁護人が拘束中の被疑者・被告人との接見交通を何らかの犯罪を実行する目的で、又は行刑施設の治安を脅かす目的で濫用した場合（ド刑訴138a 条１項２号）。

③一定の国家保護犯罪に関する手続において、当該弁護人の関与が国の安全を脅かすと認められるべき場合（ド刑訴138b 条）。

④テロ組織に関する罪（ド刑129a 条）を対象とする手続で、弁護人がその共犯であること又は組織の犯罪のために接見交通権を濫用していることの嫌疑が、特定の事実に基づいて根拠付けられる場合（ド刑訴138a 条２項）。

上記除斥事由は限定列挙であるとされており、これ以外に、例えば弁護士法違反等を理由として刑事手続から除斥されることはない。また、国選弁護人の解任に関しても、従来の判例実務では任命の継続を妨げるべき「重大な

7）　BVerfGE 39, 156により、憲法違反ではないことが確認されている。
8）　BVerfGE 34, 293.

理由」があるときには広く解任が行われてきたが、連邦通常裁判所は、1996年決定[9]において、解任は弁護人除斥が行われるべき場合に限られると判示した[10]。

弁護人除斥に関する裁判は、原則として高裁が行うが、国家保護事件で検事総長が捜査を行った場合など例外的な場合には連邦通常裁判所が行う（ド刑訴138c条）。また、除斥事由に該当する嫌疑が消滅したなどの場合には、除斥の裁判が取り消される（ド刑訴138a条3項）。

なお、弁護人の濫用的な活動に対して、裁判所は、訴訟指揮権（ド刑訴238条1項）を行使することにより規制することができる。その際でも、裁判所構成法上の秩序維持、法廷警察目的での退廷を命じることができるかが問題となるが、通説は、弁護人自身も検察官及び裁判所と対等の司法機関であるとの理由でこれを否定している[11]。

（ⅲ）　弁護人の権限と義務

刑事弁護人は、被疑者・被告人の援助者として彼らを支援し、その正当な利益を擁護すべき者である。そのために、刑事訴訟において弁護人は様々な権限を有するが、他方で、それには一定の義務も伴う。ここでは、特に重要なものを概観する。

ⅰ）法的援助　　弁護人は、一般的に法的素養に乏しい被疑者・被告人を、主としてその法的知識と経験に基づいて援助すべき者である。例えば被疑者・被告人に対してその権利を教示し、手続への対応について状況に応じた助言を行う。また、必要とあれば、被疑者・被告人を代理して証拠申請等の諸手続を行う。それゆえ、たとえ被疑者・被告人が真犯人である場合でさえ、誤った手続によって彼らが処罰されようとしている場合には、それを阻止すべく手続全体を監視する権限も有している。

ただし、弁護人がそのような法的援助を行うに当たり、その権限を濫用するものであってはならない[12]。このことは、既に刑事訴訟法138a条以下の

9）　BGHSt 42, 94.

10）　ユルゲン・ザイアー〔辻本典央訳〕「国選弁護人の任命取消」立命278号216頁。

11）　*Roxin/Schünemann*, § 19 Rn 59.

12）　*Jahn*, “Konfliktverteidigung” und Inquisitionsmaxime, S. 51 f, 1998.

弁護人除斥規定にも示されている。また、弁護人の活動は、それが被疑者・被告人の無罪方向に向けて行われるべきときは、本質的に処罰妨害罪（ド刑258条）による処罰の対象となり得るものでもある。日本では、弁護人の弁護活動が刑法上の処罰の対象とされることは極めてまれであるが、ドイツでは、この問題が激しく議論されてきた（第8章）。当然であるが、弁護人の正当な権限行使が処罰されてはならないことから、正当な弁護活動と処罰の対象となる妨害行為との区別は、刑事訴訟法上の重要問題として扱われている。

ii）訴訟外の活動　弁護人は、必要に応じて、被疑者・被告人に有利な事情及び証拠を自ら調査することも要請される。刑事訴訟法上、強制的権限は訴追機関に限定されているが、弁護人は、犯行現場を調査し、被疑者・被告人に有利な証人を求め、物的証拠を私的鑑定させるなどの調査活動を行うことができる。また、重要証人が被疑者・被告人の家族や親類等の場合、被疑者・被告人に不利となる証言を控えさせるべく、彼らの証言拒絶権（ド刑訴52条1項）を行使するよう要請することができる。なぜなら、証言拒絶は被疑者・被告人の黙秘権と同じく証人に与えられた権利であり、それによって被疑者・被告人の処罰が困難になったとしても、それは法自体が既に予定していることだからである。もっとも、それを超えて証人に偽証を教唆し又は弁護人自身が証拠を偽造するなどの行為は許されない。

iii）手続への立会い　弁護人は、公判手続だけでなく、捜査段階においても相当な範囲で手続に立ち会う権限を有している。例えば、裁判官が行う証拠調べ手続には、弁護人は、無制限の立会権を与えられている（裁判官による証人尋問や被疑者尋問＝ド刑訴168c条1項、2項など）。他方、検察官が主宰する捜査活動については、基本的に密行的に行われるべきこととされており、例えば検察官が行う証人尋問への立会権は保障されていない。また、被疑者に対する尋問は、検察官が行うべきときは弁護人の立会権が明文で定められているが（ド刑訴163a条3項2文準用168c条5項2文）、警察の尋問に際しては規定がない（ド刑訴163a条4項参照）。もっとも、被疑者は、警察の尋問に際しても黙秘権を保障されており、弁護人の立会いがなければ供述を拒否すると宣することで、これを要求することができる（第9章）。

ドイツにおいても、公判中心主義の建前にもかかわらず事実上は捜査段階で事案の解明がなされることが多く、捜査段階における弁護人の関与権限の拡充が立法論としても常に議論されている[13]。

ⅳ）記録閲覧　弁護人は、基本的に、手続の全ての段階において記録及び訴追機関に保管された証拠を閲覧する権利を保障されている（ド刑訴147条1項）[14]。これによると、我が国の証拠開示制度に比べて、ドイツの記録閲覧権の方が弁護人に有利なものとなっている[15]。また、弁護人は、必要とあれば、記録を閲覧するだけでなく謄写することもでき、重大な反対理由がない限りこれを持ち帰ることも許されている（ド刑訴147条4項）[16]。もっとも、そのようにして持ち帰った記録を被疑者・被告人に閲覧させ又は交付することが許されるかについては争いがある。かつては、被疑者・被告人自身は弁護人が選任されている場合には記録閲覧権が保障されていないことから、被疑者・被告人への閲覧・交付を否定する見解が有力であった。しかし、被疑者・被告人は、裁判所において法的聴聞を受ける権利（ド基本103条1項）を有し、また自ら弁護することもその自由であることから（欧州人権条約6条3項c）、肯定説も有力となっている。

弁護人の記録閲覧権は、捜査終結前の段階においては、閲覧により捜査目的が阻害される虞があるときは制限を受ける（ド刑訴147条2項）。例えば被疑者宅の捜索や身体拘束が予定されている場合において、その情報が漏洩することにより当該処分の執行が危ぶまれるような場合が、これに当たると解されている。ただし、被疑者が未決勾留に付される事案については、弁護人に対して「身体拘束の適法性を評価するために本質的な情報」が適当な方法で入手できるようにされなければならず、その限りで原則的に記録閲覧が保障されなければならない（ド刑訴147条2項2文）。これは、欧州人権裁判所がド

13）　Eckpunkte einer Reform des Strafverfahrens, StV 2001, 314 ff.

14）　ドイツにおける記録閲覧権について詳細は、斎藤司『公正な刑事手続と証拠開示請求権』207頁以下（法律文化社、2015年）。

15）　*Roxin/Schünemann*, § 19 Rn 66.

16）　筆者が刑事弁護人に聞き取り調査したところ、最近は、タブレット型PCなどの普及により、PDFファイル化したデータを受け取ることが多いとのことであった。その理由は、便利であるだけでなく、原本を持ち帰ることの精神的な負担等も大きいとのことである。

イツの事例に対して下した裁判[17]に基づいて、2009年に新しく導入された規定である。

v）接見交通権　弁護人と被疑者・被告人間の書面及び口頭による交通は、被疑者・被告人が身体拘束中の場合であっても、原則として制限することはできない（ド刑訴148条1項）[18]。この規定は、その文言を超えて、弁護人となろうとする者との間で弁護契約を結ぶための会話にもその保障が及ぶものと解されている。ドイツでは、テロ犯罪を対象とする一定の場合を除いて（ド刑訴148条2項）、弁護人と被疑者・被告人との間における文書や物の授受も自由であり、それを妨げるような検査を実施したり遮蔽板を置くなどすることは許されないとされている。また、電話での会話も基本的に許されており、それを傍受することは、接見交通権の優先を理由に許されないとされている。

1977年に、ドイツ連合赤軍によるテロ事件をきっかけに、これに対する特別措置法として、裁判所構成法を改正する形で接見禁止を許す規定が導入された。この規定によると、人命に対する危険が存在し、それがテロ組織によるものであることが疑われ、その危険を避けるため必要である場合に限り、弁護人と身体拘束中の被疑者・被告人との接見を禁止することができる。本規定に対しては、学理上、憲法違反であるとの批判が強く、また、実際に適用された実例は、本規定が措置法として導入されるきっかけとなった事案を除いてないようである。

17）欧州人権裁判所は、2001年に、裁判官による勾留決定の適法性について、被疑者と弁護人は、被疑者の供述や捜査記録等によって検討できる機会と、対審に基づく武器対等性を保障された手続で争う機会とが保障されなければならないとし、捜査上の秘密保持の利益は、身体拘束に際しての弁護権の実質的な制限を正当化するものではないと判示した（EGMR NJW 2002, 2013（Lietzow/Deutschland）; 2002, 2015（Schöps/Deutschland）; 2002, 2018（Garcia Alva/Deutschland））。欧州人権裁判所は、2007年にも、武器対等性の要請からは、弁護人において被疑者・被告人の身体拘束の適法性を判断するための情報が十分に与えられるべきことが要求され、それは、単に記録に記載された事実及び証拠について口頭で提供されるだけでは足りないと判示している（EGMR StV 2008, 475（Mooren/Deutschland））。

18）高田昭正『被疑者の自己決定と弁護』147頁（現代人文社、2003年）、福井厚「電話接見に関する論理的検討―ドイツを例に」刑弁26号62頁。

3　弁護人の法的地位

刑事弁護人の法的地位は、いかなるものか（第２、３章）。この問題は、従来、弁護人の真実義務の問題（第６章）と密接にかかわるものとされてきたが[19]、我が国では、これを弁護士倫理の問題として捉える傾向があった。そのため、実際の事案で、正面からこの問題が論じられることは少なかった。

これに対して、ドイツでは、やはり弁護人の真実義務の問題と密接にかかわって論じられているが、多くの裁判例にも見られるとおり、刑事手続における様々な場面での弁護人の行為規範を導くために活発に議論されている。

機関説は、弁護人は被疑者・被告人の利益にのみ奉仕するのではなく、公的利益への配慮をも義務付けられる公的地位を担うべき者であるとする見解である。機関説は、既に19世紀半ば頃ドイツの刑事訴訟法学に登場し、以来、判例及び学理の多数が支持する通説的見解となっている。他方、代理人説は、刑事弁護人は被疑者・被告人の私的利益の代理人であり、公的利益への拘束は一切否定されるべきとする見解である。この見解は、基本的に、機関説に対する批判として主張されてきた。近時は、通説的立場である機関説からも、弁護人において手続の進行に向けた積極的な協力義務を否定する見解が主張されている。*Beulke* が主張する限定的機関説がそれであるが[20]、これによると、弁護人に課せられる義務は司法の核心を害さないという消極的なものにとどまるのであり、それ以上積極的に事案解明、手続処理に協力する義務は、被疑者・被告人の正当な利益を保護する義務との関係で劣後するものとして否定される（第２章、第８章）。

以上から、ドイツにおいて、弁護人の法的地位に関する現在の争点は、弁護人に課せられる義務の範囲・内容という点にある。

19)　次のような場合、弁護人はいかなる態様の弁護を行うべきか。①被疑者・被告人が犯行を否認しているが、接見交通に際して実は真犯人であると打ち明けられた場合、②逆に、被疑者・被告人が犯行を自認しているが、実は一定の理由で真犯人を庇おうとして嘘をついている場合。

20)　*Beulke*, Verteidiger, S. 200 ff.

Ⅲ．ドイツの刑事弁護の実態

近時、ドイツでは、刑事司法に関する大きな法改正が続いている。中でも、刑事弁護との関係で重要と思われるのが、未決拘禁法改正と、合意手続の導入である。そして、我が国に比してドイツでいまなお切実な問題となっているのが、弁護活動に際しての弁護人自身の処罰という問題である。

1　未決拘禁法改正

連邦議会は、2009年７月29日に、「未決拘禁法改正のための法律」[21]を可決した（2010年１月１日施行）。同法は、特に「拷問及び非人道的又は屈辱的な取扱い又は刑罰の防止に向けた欧州委員会」及び欧州人権裁判所の裁判例からの勧告を受けて、連邦政府より提案されていたものである[22]。欧州委員会からは、被拘禁者の家族への連絡手段が不十分であること、また欧州人権裁判所からは、身体拘束の適法性に関する情報についての記録閲覧権が不十分であることがそれぞれ指摘されていた。

本改正法において、以前から懸案とされてきた未決拘禁と国選弁護との関係についても改正されることとなった[23]。前述のとおり、ドイツでは、国選弁護は必要的弁護事件に限り被疑者・被告人に弁護人が付されていない場合に任命されることになっているが、従来の法規定（ド刑訴140条１項５号）によると、「被疑者・被告人が少なくとも３か月間」未決拘禁に付されていた場合に、初めて必要的弁護事件に該当するものと定められていた。この規定はなおも残されているが、改正法は、これに加えて、刑事訴訟法140条１項４号において「被疑者・被告人に対して、112条、112a 条による未決勾留、又は126a 条、275a 条６項による仮収容が執行される場合」も必要的弁護事件に該当することを定めた。これにより、未決拘禁が執行されてなお被疑者・

21）　BGBl I, 2009, S. 2274.
22）　BT-Drs. 16/11644.
23）　この問題に関する調査研究として、日本弁護士連合会『第12回国選弁護シンポジウム基調報告書　みんなで担う国選弁護―全ての被疑者に弁護人を』101頁（2012年）。

被告人に弁護人が付されていないときは、既にこの段階で国選弁護人が付されることになった。

本規定は、従来よりも被疑者・被告人の弁護権に配慮したものであり、その権利保護の観点から前進するものであることは疑いがない。もっとも、その運用及び解釈をめぐっては、既に問題点も指摘されている。

まず、弁護人が任命されるべき時点について、改正法では、「執行開始のあと遅滞なく」と定められた（ド刑訴141条3項4文）。この規定によると、未決勾留の場合、勾留命令が発せられ、その命令の執行が開始していることが国選弁護人任命の条件となる。それゆえ、被疑者・被告人に弁護人がいないときは、勾留命令が出された時点での異議申立てなどの防御を行うことはできない。また、勾留命令に基づいて身体拘束が行われる場合は、その後「遅滞なく」弁護人が任命されることになるが、仮逮捕が先行し引き続いて検察官が勾留命令の発令を申し立てる事案では、勾留命令が発令され、身体拘束の根拠が勾留に移るまでは、国選弁護人の任命は行われない。この点については、立法段階でも仮拘束が行われた時点とする案も出ており[24)]、また仮拘束後の尋問で直ちに被疑者が自白するような場面を想定すると不十分なものであるとの指摘が見られる[25)]。

また、弁護人は、未決拘禁の執行開始後に「遅滞なく」任命されなければならないとされるが、他方で、被疑者・被告人には、弁護人が任命される前に「指定の期間内に自身が希望する弁護人を指定する機会」が与えられなければならない（ド刑訴142条1項1文）。この規定は、従来、国選弁護人の任命に当たっても、基本的に被疑者・被告人の弁護人に対する信頼を保護するため、弁護人の人的選択に当たってのその意思を尊重すべきことから置かれたものである[26)]。それゆえ、弁護人を任命する裁判長は、その妨げとなる重大な理由がない限り、被疑者・被告人が指定した者を国選弁護人として任命しなければならない（ド刑訴142条1項2文）。そこで、一方では弁護人が遅滞な

---

24)　BT-Dr 16/13097, S. 16.

25)　ラインハルト・ミカルケ〔加藤克佳＝辻本典央訳〕「未決勾留の改革―チャンスは潰えたか？―」近法60巻2号75頁。

26)　*Meyer-Goßner*, § 142 Rn 9.

く任命されるべき要請と、他方では被疑者・被告人と弁護人との信頼関係の保護の要請とが、この場面で対立することになる。この問題に関して、連邦弁護士会は、仮拘束された被疑者・被告人に対して勾留命令が発令されたという事案については、被疑者・被告人が希望の弁護人を指定するための期間として1週間を要求している[27]。連邦弁護士会によると、1週間という期間は前述した双方の利益を調整するために適した期間であるとされている。もっとも、身体拘束が勾留命令に基づいて行われるときは、被疑者・被告人が管轄裁判所へ引致され、そこで被疑事件について尋問を受けるまでの期間、つまり身体拘束から起算して遅くともその翌日までの間に（ド刑訴115条1項、2項）、国選弁護人が任命されなければならないとされている[28]。この場合には、既に勾留が執行されていることから、被疑者・被告人は遅滞なき弁護人任命を放棄できないとして、その限りで仮拘束後の任命の場合との違いが説明されている。いずれにしても、できるだけ速やかに被疑者・被告人が希望する弁護人を指定できるような方策が講じられること（例えば当該地区で国選弁護を引き受ける用意がある弁護士のリストを交付するなど）が要請される[29]。

2　合意手続の導入

連邦議会は、未決拘禁法改正法が可決されたのと同じ2009年7月29日に、「刑事手続における合意の規制に向けた法律」[30]を可決し、ドイツの刑事司法においてここしばらく最大の懸案事項の一つであった合意手続の導入に関する議論についても決着させた。合意手続とは、刑事手続の進行及び結論について、裁判所と訴訟関係人とが協議し、一定の条件と引換えに例えば被告人の自白を要求し、これに基づいて有罪判決を下すという手続処理の方策である。手続打切りや、その他の条件を付すバリエーションもあり得るが、立法

27）Strafrechtsausschuss der Bundesrechtsanwaltskammer (BRAK), Thesen zur Praxis der Verteidigerbestellung nach §§ 140 Abs. 1 Ziff. 4, 141 Abs. 3 Satz 4 StPO i.d.F. des Gesetzes zur Änderung des Untersuchungshaftrechts vom 29.07.2009, StV 2010, 544.

28）BRAK (Fn 27), These II.

29）ダーヴィット・ヘルマン〔加藤克佳＝辻本典央訳〕「国選弁護の現在」近法60巻2号43頁。

30）BGBl I, 2009, S. 2353.

上は、基本的に刑の緩和と被告人の自白とが交換的関係に置かれる類型を念頭に制度設計されている。制度の概要及び問題点は、次のとおりである[31]。

ドイツでは、既に1980年代頃から合意に基づく手続が行われていることが報告され[32]、その適法性が問題とされてきたが、連邦通常裁判所が1997年[33]及び2005年[34]にこれを基本的に認める判断を示したことから、裁判所における日常的な手続方法とされてきた。もっとも、無制限にこれを許すものではなく、判例上、様々な形で法治国家に適した刑事手続の範囲にとどまるようコントロールされてきた。立法された制度も、基本的に、この判例ルールが具体化されたものである。

まず、公判前又は公判外に、裁判所、検察官及び被告人を代理して弁護人が手続の状況を踏まえて今後の進行及び結論について協議を行う（ド刑訴257b条）。協議において合意案がまとまると、公判において協議の経過及び内容が報告される。もっとも、あくまで合意が締結されるのは公判の中である（ド刑訴257c条）。それゆえ、裁判所が事前協議の報告に引き続いて、被告人が自白することを条件に、科刑の上限と下限を告知する。これを受けて、被告人が自白するのであるが、通常は、弁護人が事件に関する詳細を含んだ陳述を行い、被告人がこれを承認するという形で行われる。裁判所は、このようにして提供される自白の信用性を審査しなければならないが、これに問題がないとなれば、評議を行い、判決を下す。その際、事前に自白の条件として告知された刑の範囲のうち、大抵はその上限に当たる刑が宣告されるこ

31）　辻本典央「刑事手続における取引―ドイツにおける判決合意手続(1)～（3・完）」近法57巻2号1頁、58巻1号1頁、59巻1号1頁、辻本典央「ドイツの判決合意手続に対する外在的評価」近法60巻3＝4号35頁。そこでは、本制度が、職権探知主義を基本とするドイツ型の合意制度であり、例えばアメリカ型とは少なくとも制度設計上は異なるものであると述べている。ドイツ型の特徴は、例えば、裁判所が合意の主体となることや、他方で職権探知主義がなおも妥当し、上訴による是正機会が強く保障されていること、またそのような機会が実効的であるために、合意に向けた協議が可視化されていること、といった点に見られる。その後に公刊されたものとして、辻本典央「ドイツの司法取引と日本の協議・合意制度」法時88巻4号61頁、加藤克佳・辻本典央他「司法取引」名城65巻4号33頁。

32）　*Deal*, StV 1982, 545.

33）　BGHSt 43, 195.

34）　BGHSt 50, 40.

とが多い。この点は、具体的な刑の告知を禁止した趣旨との関係で問題があると指摘されている。また、判決合意が行われた場合、判決宣告に引き続く上訴の教示においては、通常の上訴権の教示に加えて、本判決が合意に基づいて下されたということにかかわらず、被告人はなおも上訴することについて自由に決定できることも告知されなければならない。なお、上訴放棄を合意の内容とすること、そしてそのような合意に基づいて上訴放棄したことの有効性が問題とされてきたが、立法段階で、合意に基づく上訴放棄は一律に無効とされた（ド刑訴302条１項２文）。

このような形で合意に基づき手続が処理される事案は、統計として正式に公表されたものは見当たらないが、数的に相当な割合で行われているものと推測される[35)]。従来は判例ルールとして行われてきたが、明確な規定が立法された以上、今後は、この形で手続を進めるに当たって、法定条件の遵守が求められる[36)]。その際、弁護人の役割は、通常の手続に比べて相当大きなものとなる。弁護人は、正に独立の司法機関として、裁判所における手続が適法に行われるよう自らが違法な行為を行わないだけでなく、他の訴訟関係人も同様に手続規定を遵守するよう監視すべき立場にある。

また、あくまで被告人の同意があることが合意締結の条件とされているが（ド刑訴257c条３項４文）、合意の内容が事前の協議で概ね決定されることから、弁護人において自身が保護すべき被疑者・被告人に最善の道をそこで探求することが要請される。その際には、関係法令に精通していることは当然として、当該事件の具体的状況を的確に分析し、結論を正確に予測し得るだけの能力と経験も要求される。そのためには、担当裁判官及び検察官の日常の業務に対する知識も必要である。そして、彼らと対等に協議できるだけの準備も怠られてはならない。もとより、弁護人が裁判官及び検察官との日頃の付合いを重視して、彼らの顔色を窺ったり、「話ができる奴」と思われるためにその言いなりになるなどして被疑者・被告人を売るなどの行為は、現に慎まれなければならない[37)]。

このようにして、合意手続において、弁護人の役割が不可欠のものとなっ

35）　*Altenhain*, Die Praxis der Absprachen in Strafverfahren, S. 27 ff, 2013.
36）　BVerfGE 133, 168.

ている。もっとも、立法に際して合意手続は必要的弁護事件とはされなかった。この点は、今後、立法上の課題となるであろう[38]。

3　弁護活動と可罰性

ドイツの刑事弁護を論じる上で、その行為が処罰妨害罪等の罪責によって訴追・処罰されることの問題[39]は不可避である。この問題は、既に早くから理論的のみならず、実践的にも重要なものとして検討されてきた（第8章）。ここでは、アウクスブルク[40]で起きた2件の注目されるべき事件[41]を基にして、この問題の現状を紹介する。

（1）　アウクスブルク地裁2011年3月14日決定

第一の事案は、アウクスブルク地裁2011年3月14日決定[42]である。この事件は、上告理由書における弁護人の主張が現実の手続事象と異なるものであったため、連邦通常裁判所が検察官に告発し、弁護人が処罰妨害未遂罪として起訴されたというものであった。事件の詳細は、次のとおりである。

被告人Xが弁護人として関与した事件において、依頼者（当時の被告人）が証人尋問に際して刑事訴訟法247条に基づいて退廷を命じられたのであるが、この点について公判調書には退廷の理由が記載されていなかった。そこで、Xは、上告理由書の中で被告人の退廷が理由を示すことなく行われたとして、手続的瑕疵を主張した。しかし、上告審において、原審の裁判官及び書記官から職務に関する陳述が行われ、実際には理由を示した上で退廷が命じられていたことが明らかとされたため、裁判長は、弁護人に対して公判調書の訂正を行うことを告げた[43]。Xは、この調書訂正手続における意見聴取に際しては、もはや当該公判期日に関する具体的記憶はないと答弁してい

37）　*Müller*, Probleme um eine gesetzliche Regelung der Absprachen im Strafverfahren, S. 64, 2008.

38）　*Tsujimoto*, ZIS 2012, 612, 621.

39）　*Beulke/Ruhmannseder*, Die Strafbarkeit des Verteidigers 2 Aufl, 2010.

40）　筆者は、2011年9月から1年間、バイエルン州のアウクスブルク大学において、客員教授として在外研究を行った。

41）　ヴェルナー・ボイルケ〔加藤克佳＝辻本典央訳〕「弁護人の新たな可罰性の危険―ドイツ・アウクスブルクでの2つの事件を手がかりとして」刑弁75号101頁以下。

42）　LG Augsburg NJW 2012, 93.

た。その後、予定どおり公判調書の訂正が行われたため、Xの主張はその事実的基礎を失い、上告が棄却された。

検察官がXのかかる行為について処罰妨害罪により起訴したが、アウクスブルク地裁は、次のように判断を示し、公判の不開始を決定した。まず、裁判所は、弁護人が明らかに見込みのない上訴をすることによって被告人の処罰を遅らせることになったとしても、それ自体で処罰妨害罪の客観的構成要件が充足されるものではないとした。また、裁判所は、弁護人が内容の誤って記載された公判調書をもとにして、上告理由において実際に起きた手続事象に反する内容に基づいて手続的瑕疵を主張することも、刑事訴訟法274条に規定された公判調書の絶対的証明力ゆえに禁止されるものではないとしている。弁護人が公判調書を援用して実際の事象と異なる事象を示して手続的瑕疵を主張する行為に対しては、先行の手続で行われたように調書の訂正という方法で対処できるのであり、訂正がなされるまでは、誤って記載された公判調書の内容に基づいた主張は正当な弁護活動として評価されるべきであるというのである。

もっとも、本決定では、被告人の不処罰を導くための補助的考察として、Xが調書訂正手続で実際の手続事象についてもはや具体的な記憶がないと陳述した点について、中止犯規定の適用も考えられることが示唆されている。この点については、逆に弁護人が最終的に調書の訂正前の段階でも従前の主張を維持した場合には、処罰妨害罪による処罰が要請されるとの印象を与える。この点に関しては、弁護人の行為を不処罰とする結論について、「誤った道から、正しい結果にたどりついた」との批判も見られる[44]。

このようにして、アウクスブルク地裁による開始決定の却下は、全体として正しいものであると評価されている[45]。もっとも、より本質的には、検察

43)　ドイツ刑事訴訟法274条は、「公判の本質部分が正しく行われたということは、公判調書によってのみ証明することができる。この本質文に関する調書の内容に対しては、調書が偽造されたことの証明のみが許される」として、公判調書には絶対的な証明力があることを定めている。しかし、連邦通常裁判所大刑事部は、2007年決定において、調書の訂正を行い、被告人に不利となる方向でもその証明力を減殺させることを認めた（BGHSt 51, 298）。

44)　*Jahn/Ebner*, NJW 2012, 30, 33.

45)　ボイルケ（前掲注41）110頁。

官が本件で弁護人の訴訟上の権限の行使に対して、（調書が当初から実際に虚偽であったことが推定されるとしても）そもそもの裁判所の過ちを利用する形で刑事訴追の対象としたことは、「けしからんことである」とする批判も見られる[46]。

（2）　アウクスブルク地裁2011年4月1日判決

第二の事案は、アウクスブルク地裁2011年4月1日判決[47]である。この事件は、被告人が弁護人としてかかわった事件の上告理由の中で原審の手続事象について虚偽の事実を述べたとして、処罰妨害未遂罪を理由に起訴された事案である。事件の詳細は、次のとおりである。

被告人Ｙは、自身が弁護人として関与した前の刑事手続において、原審において裁判長から合意が提案され、自白した場合には起訴された罪をすべて併合して4年6月の自由刑とすることが提示されたが、合意に至らず、起訴事実の幾つかが無罪とされたにもかかわらず、判決で8年6月の併合自由刑と宣告された点で、公正手続原則に対する違反があると主張していた。上告審において、前審の裁判官がそのような提案をしたことはないと陳述し、上告裁判所もその信用性を認めたため上告が棄却された。検察官は、Ｙの行為は虚偽によって当時の被告人の処罰を妨害するものであるとして、やはり処罰妨害未遂罪を理由に起訴したのである。

裁判所は、公判を開始したが、最終的にＹに対して無罪判決を下した。判決理由によると、Ｙの弁護活動は原審の訴訟手続について虚偽を述べており、これによって当時の被告人の処罰を不当に妨害しようとしたものであるとして処罰妨害罪の構成要件に該当するが、Ｙには同罪に関する故意が欠けているとされたのである。裁判所は、「許される弁護活動と可罰的な行為との識別に当たり、刑法258条1項〔処罰妨害罪〕の主観的構成要件及び訴訟上の権限濫用の問題については、特別な要件が立てられなければならない。なぜなら、法律上、弁護人が誠実さをもって行為したとの推定が働くからである（ド弁護士1条、3条3項参照）」として、従来のこの問題に関する判例上確立された理論を示した上で、本件においても、被告人が上告で虚偽の主張を

46)　*Kudlich*, JA 2011, 948, 950.
47)　LG Augsburg 3 KLs 400 Js 116928/08; *Jahn/Ebner*, NJW 2012, 30, 33.

した点について、「およそ無頓着又は怠慢な仕事ぶりに起因したものではないということが、必要とされる確実なレベルを持って排斥できない」と判断したのである。

このようにして、上告趣意における弁護人の虚偽の主張に対する可罰性の問題は、従来同様（第８章）、本件でも故意の問題として処理された。実際、これによって多くの弁護活動が処罰範囲から除外されることになるであろう。しかし、このような処理については批判も強い。すなわち、問題となる事実を弁護人が検察官及び裁判所と対抗する形で主張することは、基本的に正当な弁護活動に属することであり、武器対等性の観点からしても、検察官及び裁判所の側の主張を優先して真実であると位置付けることはできない。確かに、弁護人がある事実を歪曲して虚偽の事実を真実のものとして「でっちあげる」ことは、その権限を濫用するものであって許されない[48]。少なくとも訴訟を著しく破壊させるような濫用行為は断固として阻止されなければならないのであるが[49]、その際も、刑法上の処罰を直ちに用いるというのではなく、基本的に訴訟上の規定（例えば弁護人除斥）によって対処すべきというわけである[50]。

この事件では、裁判長が、判決期日において、検察官の公訴提起を強く批判し、刑事弁護人に対するこのような刑事手続は「今後は本当に必要不可欠なもの」に限られるべきであると述べたと報告されている[51]。このような見解は、たとえ無罪で終わったとしても、刑事訴追そのものが弁護活動に対する大きな圧力として作用することを考えると（実際、弁護士事務所等の家宅捜索や、弁護関係書類の押収などもしばしば行われるようである）、基本的に適切なものであり、ドイツにおける弁護活動とその刑法上の制限との関係について今後の展望を示すものである。

48）　*Barthe*, DRiZ 2011, 239.
49）　*Beulke/Kuhmannseder* (Fn 39), Rn 102.
50）　ボイルケ（前掲注41）108頁。
51）　ボイルケ（前掲注41）108頁。

Ⅳ．小　　括

以上、本章では、ドイツの刑事弁護に関する概略と、近時の法改正をめぐる問題点を紹介した。これによって、我が国との制度的な比較が明らかになり、その特徴を把握することが可能となった。また、その運用においても、我が国ではあまり見られない点が、理論的及び実践的に重要な問題となっていることも判明した。

もちろん、比較法研究の常として、法規定や各制度の違いが存することは検討の際に明確に意識しておかなければならず、単純に問題点を並べ立てるだけでは、有益な知見を得ることは困難である。それゆえ、ドイツで問題とされていることが、法制度を異にする我が国で直ちに問題となるわけではないことも当然である。もっとも、弁護活動は、その本質においては大きく異なるものではなく、法制度の違いを超えて共有できる部分も少なくはない。我が国でも、有効な弁護活動の保障とその濫用との限界付けは、程度の違いはあれど、まったく問題とされてこなかったわけではない。また、未決拘禁と弁護権保障との関係や、合意・取引型訴訟の導入といった問題は、我が国でも、将来を展望する上で検討を要する事項である。

第16章　参審裁判における弁護人の最終弁論

Ⅰ．総　　説

「裁判員の参加する刑事裁判に関する法律」（裁判員法）が2004年５月に制定され、2009年５月に施行されてから既に７年が経過した。

裁判員裁判は、職業裁判官に素人の裁判員が加わって、事実認定及び量刑を行う裁判である。それゆえ、これまでの研究も、法律の専門家であり、事実認定の経験も豊富な職業裁判官とは違い、法的知識に乏しく、裁判に不慣れな素人裁判員にとって、いかに分かり易い裁判を実現するかという観点が中心であったことは、自然の成り行きであった。公訴事実に関する事実認定や具体的量刑の基礎は、証拠調べ手続を通じて得られた資料に基づいて行われるものであり、刑事弁護も、証拠調べにおける証人尋問や、各種証拠の整理・明瞭化に努めなければならないのは当然である。しかし、証拠調べ手続に加えて、最終弁論も、実務上、事実認定及び量刑にとって重要であることも、改めて強調するまでもない。とりわけ、従来のような調書中心型の裁判とは違い、公判中心型を追求する裁判員裁判では、弁護人が何をアピールするかに加えて、どのようにアピールするかは、重要な問題となる。そして、集中型公判の場合、証拠調べ手続の直後に行われる最終弁論は、判断者に強い印象を残して評議・評決に向かわせるものであり、その意義は、従来型の刑事裁判と比べて格別のものとなる。

このように重要な最終弁論は、その効果を最大限のものとするためには、いかなる態様でなされるべきか。本章では、古くから職業裁判官と素人裁判官が協働する参審裁判[52]を行ってきたドイツの状況を概観し、我が国での実務の在り方を展望する。

52）　ドイツにも、法文上は「陪審裁判所」（Schwurgericht）の用語が残っているが、その実質は参審裁判であり、英米型のような陪審裁判ではない。

Ⅱ．ドイツ参審制度の概観

ドイツにおける最終弁論の意義を論ずるために、その前提として、参審裁判制度の意義及び内容を概観しておく[53]。

参審裁判とは、一般市民が職業裁判官と協働して裁判体を構成し、刑事裁判に臨む制度である。参審制は、陪審制と同じく、やはり刑事司法における民主的コントロールを目的とする[54]。ドイツでは、一般市民の裁判への参加は、以下のような形態において実施されている。

アメリカ型の陪審制とは異なり、ドイツの参審制では、市民が一定期間継続的に参審員としての地位において活動する。参審員の職務は名誉的なものとされ、彼らは、その職務遂行に対して報酬を受けることはない（ただし、必要費用は支給される）。

参審員が取り組むべき具体的事件は、裁判所構成法による裁判体構成規定及び事物管轄規定によって決定される。まず、区裁判所では、裁判体は、単独裁判官によって構成されるものと、参審裁判所によって構成されるものとがあり、参審員は後者の裁判体に参加する。参審裁判所は、１名の職業裁判官と２名の参審員とで構成され（ド裁29条１項）、主に中程度の犯罪、具体的には区裁判所に管轄がありかつ単独裁判官裁判体に管轄がないもの（２年から４年までの自由刑が予測される軽罪及び４年までの自由刑が予測される重罪）について裁判を行う（ド裁28条等）。

参審員は、地方裁判所での第一審裁判及び区裁判所判決に対する控訴審裁判に関与することもある。地方裁判所は、第一審に関しては、通常、４年を超える自由刑が予測される重罪及び軽罪、被害者証人の保護等特別の配慮が要請される事件等について、３名の職業裁判官と２名の参審員とで構成される大刑事部が裁判を担当する（ド裁74条１項、76条１項）。大刑事部は、特殊な犯罪類型について、一般大刑事部とは区別される特別大刑事部を構成して裁

53）　辻本典央「裁判員制度―刑事司法にみる『この国のかたち』」近法54巻４号291頁、最高裁判所事務総局刑事局監修『陪審・参審制度／ドイツ編』（司法協会、2000年）。
54）　*Roxin/Schünemann*, § 6 Rn 16.

判に当たることもある。例えば、謀殺罪及び故殺罪、傷害致死罪、監禁致死罪、強姦致死罪など死亡結果を伴う犯罪等については、陪審裁判所が管轄を持つ（ド裁74条2項）。ただし、陪審裁判所等の特別大刑事部は、裁判体の構成及び科刑権限において一般大刑事部と異なる点はなく、その構成からも実質は参審裁判所である。これ以外に、地方裁判所は、区裁判所判決に対する控訴審として、1名の職業裁判官と2名の参審員とで構成される小刑事部が裁判を担当する。

もっとも、ドイツでは、法的素養の乏しさ、口頭性及び直接性原理に基づく記録閲覧の制限等があることから、素人裁判官の関与による民主的コントロールの実効性について批判の目が向けられ、立法論として参審裁判制の廃止を主張する見解も有力である[55]。

Ⅲ．ドイツにおける最終弁論

1　最終弁論の概観

（1）　最終弁論の法的位置付け

ドイツ刑事訴訟法258条は、最終弁論について以下のとおり定める。

1項　証拠調べが終わると、検察官、続いて被告人は、弁論及び申立てを行うことができる。

2項　検察官は、被告人の主張に対して反論の機会を与えられる。被告人には、最終陳述の機会が与えられる。

3項　弁護人が被告人のために弁論した場合でも、被告人に対して、自身の防御のために主張すべきことがあるかどうかを尋ねなければならない。

刑事訴訟法258条1項によると、最終弁論の主体は検察官及び被告人であるが、弁護人も職務上当然に、そして3項の規定内容から解釈して最終弁論の機会を有するものとされている。検察官の最終弁論は、刑事訴訟法に明示

55）　*Lilie*, in FS-Riess, S. 303, 2002.

されてはいないが、刑事手続におけるその公的地位、並びに「刑事手続及び過料手続に関する準則」（RiStBV）138条の規定から義務的とされており、それが行われないまま判決手続へ進むことはできない[56]。これに対して、弁護人の最終弁論は、少なくとも訴訟法上は義務的なものではなく、それが行われなくても判決手続へと進むことができる[57]。しかし、弁護人の最終弁論は、その職責において最も重要なものの一つであり、弁護人がそれを十分な形で行わない場合には、任務違背責任を問われ得る[58]。裁判長も、弁護人に対し、特にその申立てがなされなくても職権で最終弁論の機会を与えなければならない[59]。

（2）　最終弁論の規律

最終弁論は口頭で行われるべきものであるが、書面や図画・模型を用いてその内容を明瞭・明確にすることは許される。

内容的には、最終弁論は公判の対象とされた事実及び証拠結果に基づいたものでなければならず、公判外で私的に知った事実を述べるなど、公判における証拠調べ手続を潜脱するようなものとなってはならない。また、証人保護のため手続の公開性排除や、証拠排除の手続が採られた場合に、その対象となった証拠や事実を述べるなどして右手続の趣旨を潜脱させるようなものとなってもならない。もっとも、弁護人は、中立性・客観性を求められる検察官とは異なり、証拠調べの結果について、被告人に有利な事実を片面的に弁論することを許される。また、検察官の最終弁論は一定の内容を整えたものでなければならない（刑事手続及び過料手続に関する準則138条）が、弁護人にはそのような制限はなく、弁論時間の制限もない。

2　参審裁判における最終弁論

（1）　参審裁判における最終弁論の意義

最終弁論は、ドイツの参審裁判においていかなる態様で行われているか。

56）　OLG Düsseldorf NJW 1963, 1167.
57）　BGH NStZ 1984, 468.
58）　*Meyer-Goßner*, § 258 Rn 11.
59）　*Meyer-Goßner*, § 258 Rn 5.

その前提として、ドイツ参審制における最終弁論の意義を確認しておきたい。

この点について、例えば「弁護人は、最終弁論の機会に裁判所の心証形成に決定的な影響を与えることができるなどと考えてはならない。弁護人は、先行する証拠調べ手続で、自身に与えられた手続的権利を駆使し、裁判所の心証形成に影響を与えなければならない。公判における弁護活動の失敗を、最終弁論によって補うことなどできないのである」として、最終弁論の意義が過度に強調されてはならないとの見解が見られる[60]。また、「弁護のスタイルは多様であり、弁護人による弁論の形式・内容も、時代を追って常に変化している。陪審裁判所の廃止や、参審裁判所の素人裁判官の減員といった、裁判所の構成の変化にも影響を受けている」、「一部の刑事弁護人の間では、被告人の運命は既に証拠調べが終了するまでに決定しているのであり、最終弁論でこれを覆す可能性はおよそ低く、そこにはあまり重い価値を認められていない」として、歴史的な視点から最終弁論の意義が昔にくらべて低下しているとの分析も見られる[61]。ただし、論者は、続けて、「公判の最後に包括的な陳述を行うことは、現代の刑事手続でも不可欠の事柄である。弁論は、弁証法的に形成されるべき裁判所の心証形成に作用する有効かつ適切な手段である」、また「被告人の主体性保護」の観点からも最終弁論の意義が考察されるべきであり、「弁護人は、そのことも弁護戦略を立てるに当たって強く念頭に置かなければならない」として、現代の参審裁判制においても、なお、最終弁論には積極的な意義が認められるべきとも主張している。

このように、現代でもなお高い意義が認められる最終弁論は、素人裁判官の混在する裁判において、具体的にどのような態様で行われるべきか。そもそも最終弁論の理想的な形態は、具体的事件の性質、法廷の雰囲気、裁判官の気質、弁護人の能力・熟練度によって多様であり、一般的・抽象的に決定されるものではない。しかし、それでもなお、弁護実務家を中心とする自省を踏まえた報告の中から、幾つかの注意則を抽出することは可能である[62]。

60)　*Brüssow/Gatzweiler/Krekeler/Mehle*, Strafverteidigung in der Praxis 4 Aufl, § 9 Rn 412, 2007.

61)　*Hammerstein*, in FS-Tröndle, S. 485, 492, 1989.

（2）　参審裁判における最終弁論の具体的態様

（ⅰ）　弁論の名宛人

弁論の名宛人には、検察官、傍聴人、メディアを通じた社会全体も含まれるが、最も主要であるのは裁判所である。弁護人に望まれるのは、公衆に向けられた「派手な演説」ではなく、被告人の正当な利益を実現するために裁判所を説得することである。

参審裁判の場合、職業裁判官と素人裁判官が混在するが、弁護人としてそのいずれを聞き手として重視すべきかは、事件ごとに異なる。弁護人は、裁判体をリードする裁判長の性格や仕事ぶりについて、公判準備における打合せの段階から情報を得ておかなければならない。裁判長の性格に応じて、微に入り細にわたって積極的な主張を繰り広げるべきか、又は主要な点のみを述べて後は裁判官の判断に委ねるべきかを判断しなければならない。名宛人として強調するために、わざわざ裁判所に呼びかけるべきか（「尊敬する裁判長殿」など）、参審員（素人裁判官）にも声をかけるべきかといったことも、裁判体内部の雰囲気、事件の性質、弁護人自身の弁論能力に応じて適宜判断しなければならない[63)]。

（ⅱ）　弁論の方法

弁論を行うに当たり、その準備のため書面を作成しておく必要がある。特に大規模な事件の場合、証拠調べの最中から逐一準備を進めておかなければ、間に合わせ程度の弁論しかできなくなってしまう。

もっとも、書面はあくまで弁論の助けとして作成するものであり、その全文を朗読するなどといったことは避けなければならない。書面には弁論の構成、キーワード、参照資料等を記述するにとどめ、弁論の最中でも柔軟にその時々の雰囲気等に合わせて適宜修正していくことが要求される。

また、書面の全文朗読は、特に参審員を相手にする場合には避けなければならない。裁判官は、緊張した証拠調べがようやく終わり、弁論の時間に「一息つける」と感じることが多いといわれるが、特に参審員にとっては、全文朗読の単調な弁論はおよそ苦痛を与えるものでしかない。それゆえ、弁

62）　*Dahs*, Rz 717 ff.
63）　*Dahs*, Rz 719.

護人としては、裁判官をいかに退屈させずに自身の弁論に集中させるかを考えて、身振りを交えたり話法を工夫するなどに努めなければならない。

また、弁護人の弁論時間には制限がないが、当然ながらそれを濫用するようなことをしてはならない。もとより、弁護人は、裁判官の弁論を無視するようなあからさまな態度（例えば居眠りなど）に対しては、毅然と抗議すべきであるが、逆に皮肉や侮辱などといった言動で礼を失するような態度を取ってはならない。ユーモアや機転は聞き手を退屈させない有効な手段であるが、あくまで節度を守ったものでなければならない[64]。

（ⅲ）　弁論の構成・内容

検察官の弁論内容は、刑事手続及び過料手続に関する準則に規定されており、そこで定められた構成に従って行われなければならない。これに対して、弁護人の弁論については規定がなく、自由に行うことができる。ただし、この点でも、弁護人は、事件の性質や法廷の状況によって適宜弁論の構成や内容を工夫しなければならない。一般的には、弁護人の弁論は、検察官の主張に逐一反論を加えるというよりも、起訴された犯罪事実の成否に加えて、裁判官の面前にいる被告人の人格を明らかにし、裁判官にそれを適切に理解させることに向けられるべきである。

構成上、特に重要とされるのは、弁論の端緒と末尾である。端緒においては、余計なことや退屈なことを並び立てるのではなく、端的に主張の要点を述べ、弁論に対する裁判官との「ボタンの掛け違え」を防がなければならない。また、弁論の最後に改めて確認と強調のため要点を述べる場合、弁護人は、特に弁論中の裁判官の態度等から判断して、適切な言葉を選びながら自身の主張を印象付けなければならない。しばしば、職業裁判官と参審員とで弁論に対する反応が異なることがある。そのようなとき、弁護人は、必要に応じて各々に対し異なる言葉で語りかけるなどの工夫を求められる。時折、高名な弁護人の弁論に対して拍手や喝采が送られることもあるが、弁護人は、このような外部の反応に流されるのではなく、あくまで裁判所に自分の主張がどのように受け取られているかをしっかり見極めなければならない。

64）　*Dahs*, Rz 759.

弁護人に求められるのは、劇場における喝采ではなく、依頼者の正当な利益を擁護することである。

弁論の主軸となる内容は、公判（特に証拠調べ）の状況に応じて、目的をしっかりと意識した上で、何を主張するのかを明確にさせるものでなければならない。証拠調べの結果から、有罪判決の可能性が高い場合には、なおも事実について争うのか又は量刑において酌量を求めるのか、逆に無罪判決の可能性が高い場合には、いかなる事実点又は法律点においてそのような判決が下されるべきであるのかを明確に主張しなければならない。弁論再開の申立てや、弁論における補助的証拠申請を行う際には、事件の具体的状況を前提に自身の主張と矛盾するものでないかを慎重に判断しなければならない[65]。

Ⅳ. 小　　括

以上、本章では、職業裁判官と素人裁判員が混在する裁判員裁判における最終弁論の在り方を展望すべく、同様の混在型パネルを採用するドイツの例を概観した。特に最終弁論は、職業裁判官だけでなく素人裁判官をも説得させるものでなければならず、型どおりの退屈なものに終わるのではなく臨機に応じたものとなるよう、様々な工夫がなされなければならないとされている。

もとより、職権主義を基調とするドイツの裁判事情を考えると、我が国では全く異なる弁論態様が求められることも考えられる。しかし、職権主義の下でも当事者（特に被告人）の主体性が承認され、その保護に向けた弁護人の役割において、我が国とドイツとで基本的な相違はない。それゆえ、本章で概観したドイツにおける実務の一般的な動向は、我が国の実務を展望する上で一つの参考資料となり得る。

65)　*Dahs*, Rz 750.

著者略歴

辻 本 典 央（つじもとのりお）

1998年　司法試験合格

2004年　京都大学大学院法学研究科博士後期課程中退

現　在　近畿大学法学部教授

主要著書

『刑事手続における審判対象』（成文堂・2015年）

刑事弁護の理論

2017年 3 月 3 日　初版第 1 刷発行

著　者　辻　本　典　央

発行者　阿　部　成　一

〒162-0041　東京都新宿区早稲田鶴巻町514番地

発行所　株式会社　成　文　堂

電話 03(3203)9201　Fax 03(3203)9206

http://www.seibundoh.co.jp

製版・印刷　藤原印刷　　製本　弘伸製本

ISBN978-4-7923-5212-7　C3032

定価（本体6,000円＋税）